千古人物

许 杰 ◎ 著

留取丹心照汗青

文天祥

中国书籍出版社
China Book Press

图书在版编目（CIP）数据

留取丹心照汗青：文天祥 / 许杰著. -- 北京：中国书籍出版社, 2023.10
ISBN 978-7-5068-9401-2

Ⅰ.①留… Ⅱ.①许… Ⅲ.①文天祥（1236-1282）—传记 Ⅳ.①K827=442

中国国家版本馆CIP数据核字（2023）第080195号

留取丹心照汗青：文天祥

许杰　著

责任编辑	王志刚
责任印制	孙马飞　马　芝
封面设计	东方美迪
出版发行	中国书籍出版社
地　　址	北京市丰台区三路居路97号（邮编：100073）
电　　话	（010）52257143（总编室）　　（010）52257140（发行部）
电子邮箱	eo@chinabp.com.cn
经　　销	全国新华书店
印　　厂	北京睿和名扬印刷有限公司
开　　本	700毫米×1000毫米　1/16
印　　张	18.75
字　　数	210千字
版　　次	2023年10月第1版　2023年10月第1次印刷
书　　号	ISBN 978-7-5068-9401-2
定　　价	56.00元

版权所有　翻印必究

前 言

> 辛苦遭逢起一经，干戈寥落四周星。
> 山河破碎风飘絮，身世浮沉雨打萍。
> 惶恐滩头说惶恐，零丁洋里叹零丁。
> 人生自古谁无死？留取丹心照汗青。

这是一首永垂千古的明志诗，作者是我们耳熟能详的南宋时期的文天祥。他生于风雨飘摇的南宋，是南宋末年政治家和文学家。他深受儒家学说熏染，天资聪颖，饱读圣贤书，从小仰慕先贤，有担当大义的情怀，二十一岁高中状元。

他做官有初生牛犊不怕虎的精神，不畏强权当道，击奸倡政，惩恶扬善，秉承"法天地之不息"，明知困难重重，依旧不改初心。在南宋走向危亡的时候，不惜毁家纾难。

尽管他无力挽救南宋走向灭亡的命运，时隔一千年，通过这首慷慨激昂的《过零丁洋》，我们依然能够感受到，那种山河破碎，身世飘零的无望之感下，文天祥置生死于度外，以道义为担当，舍身成仁取义的澎湃气势，时至今日也依然是仁人志士的榜样。

文天祥生于端平三年（1236年）的五月初二日，就义于元至元十九年（1282年）的十二月初九日。小名云孙，字履善，又字宋瑞，道号浮休道人、文山，天祥是其学名。江西吉州庐陵（江西省吉安市青原区富田镇）人，是抗元名臣，也是爱国诗人，与当时的陆秀夫、张世杰并称为"宋末三杰"。

他出生的年代，正是处在蒙古族攻略南宋时期。二十岁之前，生活比较安定，是接受教育、增长知识并树立远大理想的阶段，虽然在他出生的同一年，蒙古的军队，已经攻入南宋的边界，所幸的是，在他生长的环境当中，没有被战乱骚扰，人们普遍重视读书，重视个人的节操和气节，使他从小以做顶天立地的大丈夫为荣，这对他以后的人生价值取向断定了夯实的基础。

文天祥二十一岁就迎来了他人生中的高光时刻，在殿试中中状元。初入政坛不久边报告急，贾似道私自与忽必烈议和，董宋臣主张迁都，朝廷上下乱成一锅粥，文天祥却勇敢地站出来奏万言书，乞斩怂恿迁都的董宋臣以安社稷，并提出简文法以立事、仿方镇以建守、就团结以抽兵、破资格以用人的改革主张。

在他看来，以国家为利益广开言路，上下一心，集思广益，在战事上是有可能反败为胜的。

文天祥短暂的一生，虽然宦海沉浮十五年，担任过许多官职，最高官至丞相，但由于后期社会动荡，在位期间都很短暂，有的辞免不去，有的还没上任就被台官奏免，但是其政治立场是非常鲜明的。

他心忧国家，国家正处在危难之时，却是奸佞当道，既然不能还朝政以清明，他也不愿做些点校典籍、考证错误、辨别错讹等隔靴搔痒的政务，屡次辞免请祠。即便是入朝为官，也绝不是为私情攀附权贵。

他年富力强，又才能出众，体恤民情，政绩显著，但是他的仕途并不是一帆风顺的，在官场上，不断地被奸臣弹劾，起用、罢免，再起用、再罢免，他以忠义立身，虽位卑不敢忘忧国的立场不变。

四十岁时遭逢国家危亡，一纸《哀痛诏》打破他原本平静的生活，在应召者寥寥无几的情况下，本是文官的文天祥，却挺身而出，毅然决然散尽家财举兵抗元，虽不能力挽狂澜，却肩负起救国于危难之任。

文天祥的文学创作，也给后人留下了非常丰富的财富。除了殿试作的《御试策一道》是一篇哲学专著外，其诗、文、词也充满了强烈的爱国主义色彩。他的文稿特别丰富，也是位多产的诗人，他的诗歌都是其人生经历的写照，从中也可以了解到他当时所处的历史背景和人文百态。

他诗歌的艺术特色是直抒胸臆，通俗易懂，用口语化的语言常用来表达深刻的情感，巧用典故，不显得刻意衔接，反而会更令人动容，善于记事，继承杜甫"善陈实事，律切精深"的叙事风格，留下十分真切的自传材料，是首次将记载国家存亡与个人命运结合在一起的爱国主义奋斗史，著有《文山诗集》《指南录》《指南后录》。从另一个角度来说，南宋灭亡，成就文天祥在诗史上的贡献。

忽必烈非常欣赏他是位难得的人才，想尽办法劝其投降，能为己所用。最后亲自劝降，许以中书宰相之职，文天祥宁死不屈，最后从容就义。

时至现代，我们了解文天祥，大多还是先从他写的《过零丁洋》开始。他的忠君爱国思想，忧国忧民的博大情怀，以及大度雄壮的诗风，远远超出了他的事迹本身，诗中那句"人生自古谁无死，留取丹心照汗青"，鼓舞了一代又一代的爱国志士。

就像孟子所说：生，亦我所欲；义，亦我所欲也。二者不可兼得，舍生而取义者也。这句话也是文天祥视死如归，威武不屈的精神写照。

目录 Contents

第一章 山明水秀，造物无言映初心 ………………… **1**

1. 庐陵文家溢书香 ……………………………… 1
2. 父严子孝传风骨 ……………………………… 6
3. 内忧外患危机起 ……………………………… 11
4. 有志之士惜日短 ……………………………… 18
5. 求学白鹭洲书院 ……………………………… 25

第二章 一悲一喜，众人皆醉我无争 ………………… **32**

1. 光华分似及乡英 ……………………………… 32
2. 秉笔直书论国事 ……………………………… 37
3. 放榜提名状元红 ……………………………… 43
4. 父亲病故归故里 ……………………………… 51
5. 以忠信奏论国事 ……………………………… 57

第三章 初涉政坛，愿言竭节忠孝志 ………………… **67**

1. 君无大志荒朝政 ……………………………… 67
2. 不畏流俗守本心 ……………………………… 74
3. 言行一致亦诚德 ……………………………… 86
4. 公道执法平冤案 ……………………………… 96
5. 木秀于林遭恶风 ……………………………… 101

第四章　宦海沉浮，夜阑拂剑碧光寒 ………………… **106**

1. 一年三百于番醉 ………………………………… **106**
2. 一曲仙人铁笛腔 ………………………………… **112**
3. 草诏交恶贾似道 ………………………………… **119**
4. 但坚圣志持长久 ………………………………… **128**
5. 襄樊风雨空飘摇 ………………………………… **133**

第五章　公而忘私，握手相期出云表 ………………… **140**

1. 故人书言北风急 ………………………………… **140**
2. 湖南提刑政务忙 ………………………………… **145**
3. 极尽所能正风气 ………………………………… **154**
4. 鄂州陷落大厦倾 ………………………………… **157**
5. 国有难挺身捍御 ………………………………… **164**

第六章　功虽不成，唯有一腔忠烈气 ………………… **170**

1. 奸相作梗入卫难 ………………………………… **170**
2. 贼臣乱政救国难 ………………………………… **175**
3. 可歌可泣忠烈志 ………………………………… **181**
4. 力挽狂澜终不成 ………………………………… **188**
5. 千难万状脱虎口 ………………………………… **193**

第七章　慷慨激昂，臣心一片磁心石 ………………… **203**

1. 真州一场空欢喜 ………………………………… **203**
2. 世事多坚行路难 ………………………………… **212**
3. 松风一榻雨潇潇 ………………………………… **221**
4. 再起勤王志弥坚 ………………………………… **229**
5. 捷报频传慰亲人 ………………………………… **235**

第八章　浩然正气，留取丹心照汗青⋯⋯⋯⋯⋯⋯⋯⋯⋯**241**
　1. 空坑受挫即被俘⋯⋯⋯⋯⋯⋯⋯⋯⋯⋯⋯⋯⋯⋯**241**
　2. 崖山观战心悲切⋯⋯⋯⋯⋯⋯⋯⋯⋯⋯⋯⋯⋯⋯**250**
　3. 远去故国赴一死⋯⋯⋯⋯⋯⋯⋯⋯⋯⋯⋯⋯⋯⋯**260**
　4. 国亡家破见忠臣⋯⋯⋯⋯⋯⋯⋯⋯⋯⋯⋯⋯⋯⋯**268**
　5. 成仁取义传千古⋯⋯⋯⋯⋯⋯⋯⋯⋯⋯⋯⋯⋯⋯**275**

主要参考书目⋯⋯⋯⋯⋯⋯⋯⋯⋯⋯⋯⋯⋯⋯⋯⋯⋯⋯**286**

第一章　山明水秀，造物无言映初心

1.庐陵文家溢书香

北宋徽、钦二帝被金人掳走之后，徽宗第九子赵构有幸逃到江南，被拥为帝，建立南宋。南宋是个平和开明的朝代，它延续着北宋初崇文抑武的国策，使得国内政治稳定，经济繁荣，百姓安居乐业。一百多年后，掳走徽宗和钦宗的金国，在蒙宋联盟夹击下灭亡，举国上下沉浸在一派歌舞升平的祥和中。

在青山环绕，草木茂盛的江南西路吉州庐陵县，长江主要的河流之一——赣江自南向北穿行其中，是北方通往岭南唯一的航道，也是咽喉要道。人们傍水而居，经济发达，自秦朝建制以来，人才辈出，名士荟萃，文化内涵厚重，民风淳朴。

离庐陵县城往东南约百里，在淳化乡有座依山傍水的小村。村前有条河水，从群山中蜿蜒而出，穿村而过，其流程自东南向西北，经庐陵县，汇入赣江。这条河叫富水河，这个村子叫富田村，是个水美鱼肥、土地富饶的鱼米之乡。

村子东南方群山叠嶂，山上翠竹满坡，樟树成林；西北方向稻田千顷，从绿油油的生长季节到金灿灿的秋天，为村子里增添浓墨重彩的一组风景画。村子四周用石块筑起围墙，村内九街十八巷，街景繁荣，商贾云集，居民安居乐业。

村内有户傍水而居的老宅，住着一户姓文的人家，男主人叫文仪。文仪的父母是文时习和梁氏，因叔父文时用无子嗣，从小便被过继给叔父。他们祖上已经在富川村生活了好几代，文家虽是庶民，但是家中老一辈都有良好的道德风范，在当地也颇有名望，被称为"君子长者"。

文家的祖上，是四川成都人，虽没有显赫一时的丰功伟绩，但也曾有过声望。据清朝乾隆年间修纂的《文氏通谱》上记载，远祖文时，字春元，是西汉景帝时蜀郡太守文翁的后裔。五代后唐庄宗同光三年（925年），以作战勇猛封为帐前指挥使、轻车都尉，并立下战功，带兵攻下了洪州（今江西省南昌市），因此留镇江西。文时是江西文氏的始祖，文氏家族从此在江西扎根生活。

文时的后代，在北宋初期，也当过一些不大的官职，如文时的孙辈文光大，在宋太祖年间，官至承事郎、郴州判官；第四代文彦纯，在宋太宗淳化年间当过桂阳（今广东省连州市）县令；第五代文卿，在宋太宗至道年间考中进士，官至吉州知州，文卿在退休后，把家从永新搬到了山明水秀的庐陵，完成了一次有意义的迁徙。从此，文氏家族的分支庐陵文氏，就在这山明水秀的地方，繁衍生息，虽寂寂无闻，却也与世无争。

庐陵不光是风景秀丽的山水之城，更值得一提的是，这里的文化氛围非常好，读书人多，书院学堂多，文风盛，人们深受儒家文化的影响，重道义，敬老尊贤讲礼节，建功立德者多，文学大家苏轼，曾用诗句来夸赞庐陵文化历史悠久，"巍巍城郭阔，庐陵半苏州"。

远在唐代，颜真卿被贬在庐陵做司马时，他在这里广辟学舍，大兴教育，开启了庐陵文章节义之风。这里有广为人知的先贤欧阳修，有开创诚斋体诗风格的杨万里和他的族叔宁死不降金人的杨邦义，还有号称世上脖子最硬的胡铨，他中进士不久，不畏强权，即向宋高宗上书要问斩祸国殃民的秦桧。后人以他们为风范，"以通经学古为高，以救时行道为贤，以犯颜敢谏为忠。家诵诗书，人怀慷慨"，形成了良好的教育风气和深厚的儒家文化底蕴。

文仪的生活以读书教书为主，他是饱读诗书的儒士，爱书如命，还有买书的嗜好，当他喜欢上一本书，即便是手头不宽裕，宁可把身上穿的衣服典当出去，也要把这本书买下来。虽然家境清贫，但读书不倦，喜欢上一本好书，简直到了废寝忘食的地步，夜里常常伴着一盏清油灯读到天色微明，然后再站到屋檐下继续看书。时人曾经写诗赞叹文仪读书的痴狂劲儿："卖尽黄金只爱书，尽教冷口笑贫儒。"

他参加过两次科考，虽没有中举，但是并不影响他求知的欲望。他广泛阅读各类书籍，求学问不拘于片面，熟读精思，不光精研于经史百家，上至天文，下至地理，医药、占卜之书也有所专研。

他为人处事特别开明，不顽固保守，也不拘于旧学，敢于推陈出新，提出"滞学守固，化学来新"的教学主张。他一生完成《宝藏》三十卷、《随意录》二十卷，可谓工程浩大。

他关心时事，心忧国家，在腰间的玉佩上，刻上一个"革"，取自《战国策·齐策六》："矫国革俗。"这不是说他想出风头，而是居安思危，北方的游牧民正在崛起，虽说是蒙宋联合灭金，报了"靖康之耻"，难保强悍的蒙古军没有进犯南宋的野心。

文仪的担心并不是多余的，这时蒙古军已经在蜀、汉及江淮地区开始大肆掠夺。关心时事的文仪，很想为朝廷分忧，奈何心有凌云志，无有鲲鹏之身，只能以教书为生，凭自己的微薄之力，跟学生一起教学相长，尽自己所能，给予学生丰富的知识和做人的道理，有望日后报效国家。

他自号革斋，家有薄田几亩，因他有学问，又以教书贴补家用，生活不算富裕，却也吃穿不愁，他待人宽厚，乐于扶危济贫，在人困难的时候，总愿帮上一把。当地人们更愿意尊称他为"革斋先生"。

宋理宗端平三年丙申（1236年）五月初二子时，夜还很深，却已是新一天的开始。人们还在睡梦中，文仪没有睡，他就要当父亲了，妻子在偏厦腾出来的临时产房内就要生了，按照习俗他不得近前，只好在书房里坐立难安地等待着。

文时用本来是想等消息的，他一直视文仪为己出，儿媳妇马上要生了，无论是抱上孙子还是孙女，对于他来讲都是喜上眉梢的事。只是他上了年岁熬不得夜，刚刚歇息就寝，就做了一个梦。

他梦见天空乌云压境，遮住了爬上竹梢上的明月，也遮住了满天星斗。这是大雨欲来的征兆，他慌忙要躲雨，却又不知自己身在何处，被眼前漆黑的景象吓得不知所措的工夫，天空渐渐放晴，乌云逐渐隐退，从东边飘过来五彩祥云，文时用这时才看清，自己站在自家院子里。只见从云朵上飘下一头麒麟落在屋顶上。麒麟乃是瑞兽，梦中的文老爷子高兴得叫出了声："此乃祥瑞之兆！"

这边的话音刚落，那边偏厦有了动静，有人急忙上书房给文仪道喜："夫人生了，是个男孩！"

文时用知道了也很高兴，他给孙子取名叫云孙，字从龙，因他出生时自己梦见麒麟送子，想必这个孩子，日后会成大器。

刚出生的云孙，在母亲曾德慈的精心喂养下，茁壮成长。待到云龙长大后，以贡士①之身入京参加会试，又以天祥为名一举夺魁，不仅当了官，还像他父亲那样著书立文，流传后世。

文天祥出生的时代，正是蒙古攻略南宋的时代。自蒙、宋联合灭金后，南宋朝廷当时没有坚持向蒙古要求河南归宋的诺言，对蒙古进一步扩张的野心没有警惕性，企图借蒙古军队回北方休整的机会出兵收复河南。

这恰好为蒙古攻宋制造了借口，窝阔台汗以南宋背盟为由，分兵两路，渡过黄河，反过来攻打南宋。一路由其长子阔出率军攻打荆襄地区；一路由二子阔端率军攻打四川。

蒙古数十万大军自东起淮河，西至巴蜀的一千多公里战线上，对南宋发起全面进攻。襄阳自古是兵家必争之地，老百姓口头相传这样一句话："襄阳破，大宋危。"另一路突破四川防线，攻陷成都，对南宋构成严重的威胁。

尤其是阔端引兵攻掠四川。

四川被誉为人文荟萃的地方，拥有最大数量的官办郡县学校，时称"人文之盛，莫盛于蜀"，有北宋著名的"三苏"②，南宋初年的文臣张浚、虞允文都是四川人。虞允文在采石矶大战中指挥有力，以不足两万的兵力，击退金朝四十万大军的进攻，一举击溃金朝的进攻。

四川不光是人文荟萃的地方，工商业繁荣，科学技术也达到巅峰，先进的雕版印刷术在四川得到长足的发展。史上首次规模

---

① 贡士，在州、县科举考试中中试者称乡贡士。
② 三苏：苏洵、苏轼、苏辙。

宏大的官刻《大藏经》，十三万块的刻板就是源自四川。

在战争爆发之前，四川人口密集，农产品等经济作物在全国销量名列前茅，甚至于连坚硬贫瘠的土地也都用来耕种。当地官员上书朝廷，还建言四川居民向人烟稀少的荆襄移民。

阔端攻占四川，宋军名将曹有闻战死，四川腹地防御空虚，蒙古军很快占领多年没有战备的成都。阔端大肆放火烧杀城内居民。在蒙古军血腥的屠城下，繁华的千年古城被毁之一旦，火光照百里，人口密度高度集中的城内百姓无一幸免。

蒙古人嗜杀成性和野蛮的抢掠，给南宋造成严重的威胁。以刚强好义为代表的血性男儿——文天祥，将在国家危难之时，不畏生死，一手执笔，一手倥偬依剑，勇敢地走向为国尽忠的战场！

2. 父严子孝传风骨

文天祥两岁时，文家又添一子，叫文璧；文天祥长到五岁时，文家再添一子，叫文霆孙；又过十三年，文家还添一子，叫文璋。家中多了四个男丁，文仪的希望总算有了着落，他教书更卖劲了，另外，他还有三个女儿，分别是文懿孙、文淑孙、文顺孙，她们也很聪明乖巧懂事。

文仪在家中，如何培养儿子和女儿的学习有明显的不同。儿子长大了，要成家立业，要做顶天立地的大丈夫，他侧重男孩的教育要多一些，培养他们文化的积累和道德的操守；女孩跟妻子曾德慈做一些烹饪女红。夫妻俩感情很融洽，家庭和睦，孩子们也都其乐融融。这样的生活场景，给文天祥的童年留下了很多幸福美好的回忆。

文天祥是家里的长子，孩子中的老大，文仪对他寄予很深切的希望，也希望他能给弟弟妹妹们起到一个表率的作用，对他的教育十分严格。两三岁时，说话还不全呢，就把他抱在怀里，教他认字看书，背诵简单的古诗。

认字先从身边的亲人认起，从祖父、祖母、父亲、母亲这样的字教起，让他懂得如何以孝为先尊重长辈；兄弟、姐妹，教他手足情深的道理；再从"家"到"国"，家是一个人出生的来源，国是一个人的根。幼小的文天祥虽然对这些还懵懵懂懂，却在脑海里刻下了印记。

文仪教他第一首古诗是简单易懂的《静夜思》：

床前明月光，疑是地上霜。
举头望明月，低头思故乡。

文仪还特别解释诗中的"床"，不是屋子里的睡床，他说唐代的窗户是有窗棂的，住在这样的房子里，是看不到天上月亮的。诗中的床指的是水井边用青石铺成的井床，其作用是为了保持井里的水干净，不让泥沙流入到井中。

为什么要这样说呢，他说与李白同时期的杜甫也在诗中描写过井床："后院凿井银作床，金瓶素绠汲寒浆。"只不过杜甫写得比较直接，李白写得比较含蓄。李白是在背井离乡的情况，深夜无眠，坐在一家旅店的院子里乘凉，这时月光照落到井床上，照射的光亮，使人误以为是降的霜，这时他又抬头望向那轮皎洁的月亮，明月照千里，不由得思念起家乡，所以才有了这首诗。

文天祥别看只有几岁，天赋聪明，记忆又好，教过几遍就能记住。不得其解的是，文仪当时为什么选这样一首离愁诗来教尚在年幼，且不知离别之苦的文天祥呢？难道冥冥之中早有定数，预示了多年以后，文天祥被迫离开家乡，离开故土被俘北上，在阴暗狭小的土牢内，心中珍藏着那轮明月，那是对故国的思念，面对敌人高官厚禄的诱惑，却威武不屈，为已灭亡的南宋谱写下一首气壮山河的挽歌。

在学习上文仪要求很严格，孩子学习稍有懈怠，他就会施以颜色。在他严厉的管教下，文天祥和弟弟们读书都很刻苦勤奋。在他们家中，墙壁、门柱、桌子上，都贴着摘抄的文章义理，方便孩子们随时随地都学习、背诵。遇到难题，文仪也会深入浅出地加以辅导。面对严厉而且学识渊博的父亲，兄弟几个唯诺诚服，且心情愉悦。知不足而好学的场面，使他们更像良师益友一般。

有时候，父亲把一篇文章讲给文天祥，再由文天祥讲解给弟弟们。一家人在一起和谐美好，有时高声咏诵古诗，有时为了答疑解难沉思静坐，有时评点古人，有时畅谈时事或者为一篇好文章掩卷长叹，文天祥为有这样好的学习氛围而勤学不辍。

为了给渐渐长大的孩子们更加良好的教育，文仪还请当地有声望的文人学者，教文天祥和弟弟文璧一起读书。第一位老师是胡鉴，他是庐陵当地人，其相貌堂堂，仪表庄重，文章写得华丽多彩，是小有名气的才子，只是科场不得志，屡试不中。第二位老师是王国望，也是庐陵人，擅长诗词，教学也特别得法，他早年隐居家乡，后来得赐进士，那一年文天祥正好被任命为殿试复考官，曾经的学生成了考官，先生倒成了考生。后来他官至从政郎、袁州军事推官。跟前两位老师一样也是庐陵人的朱涣,也是进士出身,后官至大理寺丞、衡阳知州,为文做官皆受赞誉。曾凤则是太和梅溪人,字朝阳,是江南宿儒,在梅溪开办私塾,以其"清文粹德"受到乡人尊重,他教过的学生大都学有所成,文天祥小时候经常去梅溪外祖父家,得以在梅溪拜曾凤为师。后来曾任衢州府学教授、国子监丞的萧粹叔是吉水人,他家学渊源深厚,博学善文。

这五位受当地人尊敬的儒生,都是文天祥的恩师。他们品行端正,学问深厚,虽然教授文天祥的时间都不长,不过对文天祥的影响颇深。

更让文天祥引以为傲的是,他有一位吃苦耐劳、通情达理的母亲。他的母亲曾德慈,是太和梅溪曾钰的女儿,出身书香门第。她侍奉公婆恪尽孝道,对待丈夫也是言听计从,对他遇到心仪的书一时没有钱买,拿衣服去当也没有怨言,还非常理解丈夫对孩子教育的用心,她跟丈夫一样,宁肯自己多吃苦,也要供孩子念书,有时还要变卖自己的嫁妆交学费。她还经常给孩子们讲先贤的故事,鼓励他们多读书,长大后,利用所学,为国为民做些有意义的事情。

随着家中的孩子越来越多,原先住的房子,已明显不够用。文仪筹备着盖一间大一点儿的房子,木料都已经准备妥当了,跟盖房的工匠也都定好了日期,可惜天有不测风云,村子里突发瘟疫,接连死了好多人,更有不幸的人家,几乎是家破人亡,尸骨都无人收殓。文仪看到很难过,决心为这些死难的人打造棺材,并说"吾可无居,人不可无殓",他认为人死了,也要有所尊严,入棺为安。于是,请来木匠,把自己家堆得能有院墙高的木料打成棺材,无偿送给穷苦人家。

第一章　山明水秀,造物无言映初心

文仪的义举，得到人们普遍的称赞，可是也有人不理解，说他书读多了，头脑过于迂腐。文天祥也不理解父亲，明明是自己家的东西，为什么拿出来白送给别人。他做梦都想住在新房子里，能有自己的一张床，而不像现在这样，跟弟弟们挤在一张床上。小孩子怄气，在心里是藏不住，显现在脸上，父亲让他做什么，他都心不甘情不愿地嘟着嘴，可不像平常，总爱缠着父亲问这问那。

看在眼里的文仪，没有说他，拿给他一本书，指着其中的一篇文章让他读。等父亲走后，文天祥才看一眼那篇文章，题目叫《义田记》①，受好奇心的驱使，文天祥拿起书读了起来，第一小节是这样写的：

　　范文正公，苏人也，平生好施与，择其亲而贫，疏而贤者，咸施之。

看到这里，他就觉得，父亲跟这个文正公好像啊，父亲也是个乐善好施的人，不光是捐出家里盖房的木料，遇到有灾荒的饥民，父亲总是拿出家里的粮食来救济，其实家里也不是很富裕。

不一样的是，父亲不像文正公那样有一官半职，但是镇子里有什么事、左邻右舍谁家有了困难，父亲总是第一个站出来，有所担当或者伸出援助之手。别人的困难在父亲的眼里就是自己家的事，甚至比自己家的事还要上心。

他明白了父亲让他看这篇文章的用意，就像文章中显贵之时

---

① 《义田记》是北宋政治家钱公辅创作的一篇散文。全文记载了范仲淹购置义田的经过，赞扬范仲淹乐善好施的精神。

的范文正公，不忘自己的初心，个人出钱购置千亩田地，起名义田，用来帮助生活困难的同族人播种，使他们衣食用度有最起码的保障，自己却过着清贫的生活，以至于他死后，没有钱财举办像样的丧事，其贤明之举，可谓"独高其义"。

文天祥领会了父亲的用意，并对父亲立下誓言说："我以后要得志，也要像文正公那样，以道义为担当，为百姓做有益的事情。"多年以后，文天祥真的践行了自己的誓言，不但为百姓办有益的事，还倾尽家财，尽自己所能救国事于危亡。

自古文人墨客，多喜欢竹，宁可食无肉，不可居无竹，这是文人超世拔俗的精神向往。文仪也特别喜欢竹子。文家门外，有一片竹林，有绿竹千竿，文仪在竹林里专门盖了一间书屋，起名叫"竹居"。在翠竹的掩映下，有一条青石板铺成的小径通向那里，显得特别清静幽深。年少的文天祥和弟弟们，没少跟着父亲走在这条路上，去书屋学习。

从读书练字开始，文仪先是培养他们做一个有文化修养的人；从行为做事上，文仪更是教导孩子们要像竹子一样，做事要有坚韧不拔、硬朗有节的精神。

3. 内忧外患危机起

每个人的生命，都不是白来这世上一遭，或好或坏，或多或少，都是带有自己的使命。

蒙宋联合灭金后，理宗迫不及待地派人前往曾被金人占据的河南，拜祭北宋皇陵。事后按照事先约定，宋将孟珙将金哀宗的遗骨带回临安，送到太庙告慰徽、钦两位先帝之灵，以洗"靖康之耻"。

理宗是赵匡胤之子赵德昭第九世孙，原名叫赵与莒。赵德昭是赵匡胤的次子，因长子赵德秀早亡，赵德昭应为赵匡胤之后皇帝首选，却因为"金匮之盟"[①]和"烛光斧影"[②]事件失去继承权，由赵匡胤的弟弟赵光义接任。直到二百年后，孝宗继位，皇位才又回到赵匡胤这一系。又过了几十年，宰相史弥远弄权篡改遗诏，才将赵德昭已经沦为庶民的后世子孙推上皇位。

在臣民眼里，理宗虽坐在皇位之上，却是名不正言不顺的继承者，只是宰相史弥远把弄朝权的一枚棋子。理宗前一任皇帝宋宁宗赵扩，虽有八个儿子，但都未及成年便夭折。嘉定十四年（1221年）六月，宁宗册立弟弟沂王赵柄之子赵贵和为养子，更名为赵竑，

---

① 金匮之盟，皇太后杜氏得了重病，皇帝赵匡胤在近前服侍不离左右。太后自知命不久矣，命宰相赵普入宫记录遗言。皇太后问儿子赵匡胤："你知道你为什么可以得天下吗？"赵匡胤哭得说不出话。太后又问一遍，赵匡胤这才说："我之所以能得天下，全是先祖和太后积德行善的结果。"太后摇摇头说："不对，是因为周世宗让一个幼小的孩子当皇帝。假如周室能选一个年长的君主，这个天下就不是你的了。你百岁之后，要把皇位传给你的弟弟。能够立一个年长的君主，是社稷之福。"赵匡胤听完不住地磕头流泪，表示不敢不听教导。为了保证万无一失，太后命在一旁的赵普将这件事记录下来，封存在金匮里，故称为"金匮之盟"。

② 烛光斧影，太祖赵匡胤大病，召晋王赵光义议事，也有史料记载是召太祖的儿子赵德芳进宫商议后事，被赵光义知晓后未召进宫。赵光义和赵匡胤在一起喝酒聊天，晋王命所有的宫女和宦官退下。他们在席间说些什么，没有人听到，只能远远地看着。期间有人看到赵光义离席，像在躲避什么，又听到赵匡胤大声说："好为之，好为之。"这晚赵匡胤驾崩，赵光义接受遗诏，在灵柩前即位。

作为皇帝的继承人。

已当十余年宰相的史弥远,对这位领养的皇子不了解,怕他登基之后,会罢免他手中的权力,就在赵竑身边安插自己的亲信爪牙。赵竑喜欢鼓琴,史弥远投其所好,为其送上一位色艺双绝的美人,暗地里窥伺赵竑的一举一动。

赵竑起先还提防着这位美女,可是时间久了,竟误引这位美女为红颜知己,对她放松了警惕。赵竑对史弥远专权表现出强烈的不满和反感,不通权谋的他在纸上还记下史弥远的不法之事,还在旁边补白上"弥远当绝配八千里",还指着地图上最偏远的海南发誓说:"我日后要当上皇帝,一定要把史弥远流放到那里。"

那位美女将这一切都告诉了史弥远,史弥远大惊,决定先发制人,以绝后患。他密奏宁宗,建言多选出一两个宗室子弟安置在宫中,作为皇子的候选人,以便择其优立太子。宁宗认为史弥远考虑周到,史弥远见机行事,当日立赵与莒为沂王嗣子,授为秉义郎,更名赵贵诚。这样一来,赵贵诚以宁宗侄子的身份,具备当选皇子的资格,为以后废立做好了最重要的步骤。

嘉定十七年(1224年)八月宁宗驾崩,史弥远逼杨太后废掉由宁宗亲立的皇太子赵竑,改立自己挑进宫来的赵贵诚(赐名赵昀)为皇帝。没想到经历了几代人,赵德昭的后世子孙,终于当上了皇帝。可惜有十年之久,当上皇帝的理宗,在史弥远的挟制下,完全不敢过问政务,他勤奋好学,韬光养晦,直到史弥远死后,才开始亲政。

他立志中兴国事,意图有所作为。在史弥远死后的第二年,改元为"端平",决心在政治、经济、军事、文化等各方面,采取一系列改革措施。他仍对史弥远所做之事曲加维护,却毫不留情地铲除史的党羽。

理宗为政勤勉，招揽贤才。如深孚众望的真德秀、魏了翁，所用之人大多贤良称职。一时间，朝堂之上，人才济济，政风为之一变。

早在绍定五年（1232年）十二月，蒙古派使臣商议宋、蒙合作，想要以南北之势夹击金国。宋金可谓有世仇，北宋亡于金朝之手，南宋立国之初，又遭金朝屡次进犯。

联蒙古对南宋来也讲并非福音，因蒙古军比金军更为强悍。"万一鞑靼①得志，直犯中原，或虏酋②逃遁，通进边界，或恐中原有豪杰。"这是对联蒙灭金战事上的担忧；"一弱虏灭，一强敌生，犹未足以为喜也"，无论是金军，还是比金朝更胜一筹的蒙古军，重文抑武的南宋，都不是他们的对手。两个强大的敌国交战，为了保全本国，起初南宋只是闭守观望。

为了躲避蒙古的侵略，金国放弃中都（今北京）迁都南京（今河南开封）后，南宋在看到金朝在蒙古的进攻下，日益衰落，逐渐有北盟之心，在听取名臣真德秀"金有必亡之势"的奏请后，停止给金岁币。

金国打不过蒙古，却决定分兵南下，全线讨伐南宋。想要以攻占南宋的领土，来挽回被蒙古攻占的损失。南宋通过一番斟酌，两害相较取其轻，在蒙古军胜利在望的时候，理宗不顾"唇亡齿寒"的道理，还是答应了联蒙。蒙古答应灭金以后，将河南归还给宋朝，但双方并没有就河南的归属问题，达成书面协议，只是口头的约定，

---

① 鞑靼，这里指蒙古军。
② 虏酋，金军。

这为蒙古灭宋留下了隐患。

灭金国之后,蒙古大汗窝阔台考虑到天气逐渐转热,粮饷配给不足,便带领大军撤往黄河以北,河南成了无人管制地区。河南是中原腹地,自北宋被金覆亡一百多年以来,南宋臣民报仇雪恨、收复中原的呼声,从没停止过。

这时有大臣开始提出"踞关守河"的建议,就是"西守潼关、北依黄河、占据潼关、收复三京"形成与蒙古有利的对峙局面,其中三京是指原北宋的三个都城:东京开封府(今河南省开封)、西京河南府(今河南省洛阳)和南京应天府(今河南省商丘)。这条建议有着切实可行的历史依据,金国就是靠着潼关至黄河防线与蒙古持续作战二十多年,迫使蒙古人不得不借道南宋以转攻金国后方。

理宗也急于夺回河南,尤其是想夺回原来在西京河南府的先祖陵墓,他在金亡之后两个月内,连续三次派出使者到河南拜谒祖陵,并暗中进行军事侦察,从而下诏支持"踞关守河"的建议。

朝中臣僚虽有主张对蒙古开战,但大多数还是反对。

参知政事乔行简有病在家,听说此事后,不顾病体,连忙上书:"今边面辽阔,出师非止一途,陛下之将,足当一面者几人?勇而斗者几人?智而善谋者几人?陛下之兵,能战者几万?分道而取京、洛者几万?留屯而守淮、襄者几万?"知官告院张煜认为:"蒙古非金仇可比,当选将、练兵、储财、积粟,自固吾圉",意思是说先做好战前的准备。敢于直言,曾为废太子赵竑鸣冤的名士真德秀也指出:"移江、淮甲兵以守无用之空城,运江、淮金谷以治不耕之废壤,富庶之效未期,根本之弊立见。"

驻守在地方的武将更是直接反对,赵范的参谋官丘岳就说:"方兴之敌，新盟而退，气盛锋锐，宁肯捐所得以与人耶！"淮西总领吴潜认为："河南取之虽易，守之则难，兵戎之资，所费何巨！民穷不堪，激而为变，今日之事，岂可轻议！"主持灭金之战的史弥远侄子史嵩之，虽然对理宗亲政以来，罢黜史党心有不满，却也说得中肯，他说京湖之地连年闹灾荒，没有能力承担粮饷的供应，而河南连年兵祸，要在当地获得补给也不现实，并表示自己宁肯抗旨也不发兵。

在一片反对声中，端平元年（1234年）七月初五，亲政没多久的理宗，还是选择悍然出兵。他只派出六万军队北伐，试图以这六万人去收复中原。要知道，原先即使是主战派制定的作战计划，仍然表示要在收复潼关和黄河以南后，至少要用十五万百战精锐之师来专职防御，才能守住黄河防线，而理宗皇帝仅仅派遣淮东军出战。

刚开始，战事还很顺利。收复旧山河，这是多少仁人志士梦寐以求的梦想，又有多少人，无法实现这一志愿郁郁而终。等到宋军进驻汴京时，触目惊心的一幕，让所有的宋军目瞪口呆。昔日商铺林立繁华的汴京，人口超过百万的北宋都城，放眼望去已到处都是残垣断壁，腐烂的尸体和森森白骨。经历连年的战火，呈现在眼前的只是一座空城，这座盛极一时的大都会，经历连年的战火，早已形同废墟。

宋军在占领开封后，问题来了，粮草无法取自当地，而是从两淮千里迢迢转运，粮草供应不上，以致无法继续进军，贻误了战机。又过了半个月，宋军又兵分两路，也是在粮饷供应不及时的情况下，继续向洛阳进军。宋军到达洛阳后，遭到蒙古军队的伏击，他们没有骑兵，以步兵之阵顽强抵抗蒙古骑兵，是饿着肚子在拼命，结果可想而知,几乎是狼狈撤回,这就是历史上"端平入洛"。

这次战役以失败告终,数万精兵死于战火,投入大量的物资也付诸东流,国力受到严重的削弱,理宗恢复故土的愿望落空了,又使蒙古找到进攻南宋的借口。

端平二年(1235年)六月,窝阔台汗[①]以南宋背盟之由下令进攻南宋。派出蒙古数十万骑射无敌的大军,兵分三路,他的两个儿子,阔端兵走西路,由陕入川;阔出兵走中路,进攻荆襄;成吉思汗的侄子口温不花走东路,进攻两淮。自东起淮河,西至巴蜀,一千多公里的漫长战线上,对南宋发起全面进攻。

朝野上下对于出兵河南的失败,以及由此带来的严重后果,开始议论纷纷,一时间,舆论甚嚣尘上,面对这种局面,理宗也不得不下"罪己诏",检讨自己的过失,以安定人心。

事实上,两军交战只是迟早的事,早在打三京之战前,蒙古谋臣耶律楚材就向窝阔台呈报过《平南之策》;谋士李实也献策"先谋犯蜀,顺流而下窥江南"。宋军发起"端平入洛"的同月,蒙古汗国召开了规模巨大的诸王大会,会上窝阔台就说"今中原、西夏、高丽、回鹘诸国尽以臣附,唯东南一隅,尚阻声教。朕欲躬行天讨,卿等以为何如?"大将塔察儿回答道:"臣虽驽钝,愿仗天威,扫清浙淮,何劳大驾亲临不测之地。"

作为刚刚兴起的游牧民族,有着强烈扩张掠夺的野心,进攻南宋只是迟早的事,即使没有三京之役,两国之战也不可避免。只是两国兵力悬殊,究其原因,与宋王朝的开国皇帝赵匡胤不无关系,他由于手握重兵,"陈桥兵变"后被拥为开国皇帝。登上

---

① 窝阔台汗,成吉思汗第三子,是蒙古汗国第二位大汗。

皇帝宝座的他，为了避免下属拥兵自重，重蹈他"黄袍加身"的覆辙，国策上重文轻武。这项政策在治国之初看不出破绽，经过五代十国大分裂，将领和士兵都是身经百战，具有极强的战斗力，对于军事上影响不大。到了积贫积弱外患深重的南宋，仍然延续这个国策，越发显露出弊端，所打战争战了又和，和了又开战，总是被动挨打，朝中大臣也是在战、和之间摇摆不定。有些大臣为了弄权，对内打击政敌，明争暗斗，不一致对外抗击来寇，反而纳币称臣，拖垮朝中财政收入，致使新增的苛捐杂税名目繁多，百姓苦不堪言。对外防御力明显下降，丧失了一呼百应、一战到底的锐气。

4. 有志之士惜日短

年幼的文天祥，不经历战争，哪里知道战争的残酷和给人们带来的痛苦。这一天，有位头发枯槁，衣衫褴褛，佝偻着身躯，手里拄着拐杖的老头儿行乞到富阳村，惹来调皮的孩子们围观。

文仪见状忙让孩子们散去，他扶着乞丐走到自己家，唤出妻子拿些吃食给他。他打听出老人的年岁，原来跟他同岁，却明显比他苍老。看着他吃饱，又听他讲蒙古军烧杀抢掠无恶不作，来自苏东坡故乡眉州的乞丐，用他们听不太懂的方言，讲述曾经寸土寸金的四川，已变得地旷人稀。

年轻力壮的男丁都死于战争，百姓居住的房屋在战火中烧得残破不堪。蒙古军将士在四川烧杀抢掠，无所不做，以至于幸存的百姓，一听到马的嘶鸣声，就以为蒙古军队又来烧杀抢掠，吓得慌不择路四处奔逃。

百姓生活无法安定，为了生存下去，手脚利索的只好拖儿带女出来讨生活。这位如同乞丐一样的难民，说他的妻儿还在村口等他，给他的米饭，他没有全吃，而是留下一多半，准备带回去。

乞丐的窘状，唤起了文天祥的同情心。他又偷偷从家拿了些干粮，送给乞丐。曾德慈看在眼里，默许了他的做法。

文天祥学习勤奋扎实，除了完成自己的学习，还要教弟弟们学习。懂事的文天祥深得长辈喜欢，弟弟妹妹们也爱听他的话。只是听到大人们的谈话，一提到战事，就看到父亲紧锁眉头，母亲低声叹息，他深恶痛绝蒙古人在战争中犯下的罪行，发誓要好好学习，有朝一日，能为朝廷所用，抵御蒙古军队。

时间过得真快，到了新的一年，文天祥十二岁。曾德慈做了一大桌子丰盛的菜，文家像普通人家那样，有四个素菜不能少，分别是芹菜、豆腐、芋头和青菜。芹菜寓意着勤俭持家，豆腐代表着富裕，芋头暗示着家有余粮，青菜也叫大菜，新年到了，预示要发"大财"。这是当地的风俗，也是普通人家对新年美好的愿景。

眼看着孩子们一点点儿长高，曾德慈也为每个孩子做了身新衣服。其实，说是新衣服，因为家里条件有限，不过是大的穿小了旧了的衣服，缝缝补补给小的穿，只有大儿子文天祥和大女儿文懿孙，穿的是新衣服。

吃过新年饭，文仪和孩子们先后去给村里的长辈们拜年。拜过年后，孩子们也不用急于回家，父亲已经给他们放了假，没有功课做，可以在外尽情玩耍。竹林就成了男孩子们的战场，以竹条为马,木棍为刀,跨马舞刀个个威风凛凛,仿佛都是骁勇善战的猛将。

群龙不能无首,只见这些小将,都在听凭一个人的调遣,这个人英姿飒爽,容貌俊朗,双目炯炯有神,这个人不是别人,正是文天祥,他手一挥,一大帮孩子不由分说,呼啦啦地跟着他一起冲锋陷阵。

等回到家时,文天祥才发现,穿的新衣服,不知在什么时候,刮破个口子。曾德慈拿过衣服,看了看刮破了的地方,命文天祥取来针线笸箩,开始旋针走线。文天祥坐在旁边,看着母亲的手在衣服上上下翻飞,针脚细密匀称。在母亲巧手的缝补下,刮破的地方又缝合好了。

文天祥借机缠着母亲讲故事,曾德慈曾给他讲过许多有趣的故事,有些故事他也听过很多遍,但还是想听。曾德慈只好给他讲岳飞的故事,说岳元帅出生的时候,他家屋顶上飞过鲲鹏似的大鸟,他的父亲看到了,就给他取名叫岳飞,希望他有鲲鹏之志。岳飞小的时候,家里很穷,母亲就用树枝教他写字。岳元帅非常聪明好学,长大了不但学到了渊博的知识,还练就了一身好武艺,成为难得的文武双全的人才。

当北方的金兵打到中原,国家有难的时候,他的母亲鼓励他报效国家,并在他的背上刺下"精忠报国"四个字。岳飞无论走到哪里,都牢记母亲的教诲,把自己的生死置之度外,作战时非常勇猛善战,从一名士兵很快升为一军元帅,带领手下将领打了很多胜仗,立下赫赫战功,名声也响彻大江南北,后来被奸臣秦桧陷害,直到现在人们还十分怀念岳元帅。

说完她把衣服整理好,看着听得聚精会神的文天祥,又给他讲了几位先贤的故事，比如说庐陵四忠：欧阳修、杨邦乂、胡铨和周必大的故事，文天祥非常爱听忠烈传，每次听母亲讲完都是意犹未尽，同时，在心中播下了爱国的种子。

曾德慈也借机教导他说："母亲希望我的孩儿，能以岳元帅和几位忠义之士为榜样，做个有担当的大英雄，在困难面前要勇于担当，不做欺瞒别人的事，做个堂堂正正、品德高尚的君子，忠于所事，即便是为此付出生命也不要退缩。"

母亲的话，牢牢记在文天祥的心里，在他抗元失败，亲眼看见崖山海战国家败亡，面对威逼利诱，也时刻不忘母亲的教诲，在一首诗中，他就写到"母尝教我忠，我不违母志"。

曾德慈出身于书香门第，她的父亲，也就是文天祥的外祖父曾钰，家庭条件优渥，读遍诸子百家，也是饱读诗书之人，住在太和县梅溪村，为人处事慷慨正直，是当地德高望重的长者。文天祥经常跟母亲去外祖父家，深受外祖父的影响。外祖父很是疼爱这个聪明伶俐的外孙，还出钱请私塾先生为他授课。

文天祥是何其有幸，生在书香世家，从小以学高为师，以德高为范。更有幸生在庐陵——人杰地灵之乡，忠贞义节之地。人们不光在口头上，传颂先贤的故事，还专门设有先贤祠，以供后人瞻仰。

为了方便学生们观瞻，庐陵乡校旁就设有先贤祠。走进祠内，首先映入眼帘的是欧阳修画像，文天祥一下子就认出堂中端坐的老者，是欧阳文忠公，他四岁时父亲去世，家里没钱供他上学，母亲用芦苇秆，教他识文断字，后来在叔叔的资助下，才得以学有所成。他勤学到"昼夜忘寝食，唯读书是务"程度，凭借自己的勤学苦读，在两次科举不中的情况下，逆袭三元，在国子学的广文馆试、国学解试中，均获第一名，成为监元和解元，又在礼部省试中再获省元。他倡导诗文革新，强调文章要反映现实，在宋朝的文坛上起着承上启下的作用，开创了一代文风。他"先天下之忧而忧"的士人情怀，更为后人所景仰。

欧阳修画像的左边是忠襄公杨邦乂的画像，画像中的杨邦乂身材魁梧、神情明秀、风姿祥雅。杨邦乂生于"世以儒学相承"的家庭，他还没出生父亲就已逝去，家里生活过得很清苦，母亲让三个哥哥弃学事农，全家人省吃俭用，唯独培养杨邦乂读书，十六岁时母亲又去世。杨邦乂一生坎坷，金人不费一剑夺取建康时，任溧阳知县的他不幸被俘，在金人面前却宁死不降。咬破自己的手指头，在衣襟上写下"宁做赵氏鬼，不为他邦臣"，金主帅又诱惑他说："你家境清贫，现长兄又年迈，又有寡嫂无依，如果你有不测，叫他们依靠何人？你死不足惧，你就不为家人着想吗？再说，国家之事已到了这步田地，你不投降，又能起到什么作用？"并承诺，只要屈服于金，可以官复原职。杨邦乂听了，不为所动："你所言都是人之常情，难道我就无情无义吗？在这国难当头之时，家国不能两全。"并以头碰石柱，顿时血流如注，却依然不改赴死的决心："我死都不怕，你的利诱又怎能玷污我，快点儿杀掉我。"还破口大骂道："你们女真图谋中原，虽得逞，上天又岂会长久帮助你，早晚有一日定会将你碎尸万段。"完颜宗弼听了恼羞成怒，令人割其舌头，挖其心脏，杨邦乂慷慨就义，时年才四十四岁。

欧阳修画像的右边是忠简公胡铨的画像，胡铨南宋四大名臣之一，从小潜心学问、强记博览。胡铨参加宋高宗在淮海策问进士时，针对御题"治道本天，天道本民"，他是这样应对的："汤、武顺从民众而兴起，桀、纣顺应天道而灭亡。现在陛下起于干戈锋镝之间，外乱内讧，而策问臣下数十条，都质问于天道，而不倾听民众呼声。"他为官忠诚耿直，一生致力于抗金，曾上书斩杀奸臣秦桧。

胡铨画像旁边是文忠公周必大的画像，周必大四岁时，父亲病逝，由母亲和外祖父抚养长大。他传承北宋儒学传统，反对空虚不时之风，言事不避权贵，处事有谋，是极富才干的政治家，并工于文辞，是文坛盟主。

最左面的是杨忠襄公的族孙、文节公杨万里的画像，杨万里出生于穷苦家庭，幼年丧母，由父亲培养他长大，并教他读书学诗。他一生力主抗战，始终反对屈膝议和。他主张国家命运系之于人民，指斥官吏只会敲骨吸髓地压榨人民，激起人民的仇恨、愤怒和反抗。他立朝刚正，敢于直言，指摘时弊，无所顾忌，因而始终不得大用。他更是一位学问渊博的诗人，才思健举，写作极为勤奋，平生著述颇丰，留下了大量抒写爱国忧时情怀的诗篇，相传有诗二万余首。

这些先贤事迹，很大程度上影响文天祥的立身出处，也影响其气节的形成。什么是气节？气节，是儒家所提倡的一种凛然正气和道德操守。气和节本是两个概念，"气"指志气和气质，是一种至大至刚的精神状态，是孟子所说的"浩然正气"；节，指节操，是一种道德境界。文天祥内心非常景仰和羡慕这些先贤，参观完先贤祠，他立志要振兴国家，刻苦求学，并发誓：也要像这些先贤一样，死后不置身这些受后人敬仰的忠臣之间，就不是大丈夫。

为了这个誓愿，文天祥和弟弟文璧，在竹园旁种下两颗柏树。文璧种下柏树，期望它冬夏常青；文天祥却突发奇想，倒着栽树，并对文璧说："如果这棵倒着栽的柏树能发芽，它日一定会实现我精忠报国的梦想。"果不其然，文天祥栽的柏树，青枝绿叶，躯干挺拔如铁，树顶根须盘旋向上，直指青天。

在家人的教育和先贤的熏陶下，文天祥如饥似渴地从典籍中，吸吮着丰富的知识和智慧、美德和义理。他在与朋友的书信中，是这样写道他刻苦学习的："某少也驱驰，尝有意于事功，鸡鸣奋发，壮怀不已。"他有一首五言诗，可见他的志向非同一般，诗的题目是《提钟圣举学斋》：

东家筑黄金，西家列珊瑚。
叹此草露晞，良时聊斯须。
古人重孜孜，殖学乃菑畲。
彼美不琢雕，椟中竟何如？
空同白云深，君子式其庐。
棐几照初阳，垂签动凉嘘。
方寸起岑楼，一勺生龙鱼。
辰乎曷来迟？竞诸复竞诸。

这首诗大致的意思是：聚敛钱财的人需知道，财富就像早晨的露水，时不长久。比起富贵，学习更要像农人种田，靠的是吃苦耐劳，勤学不辍。否则即便是不经雕琢的美玉，终日放在盒子里，就不能成为有用的器物。方寸之木可以起高楼，杯水之积可纵鱼龙，光阴似箭啊，我要进取、进取、再进取。

5.求学白鹭洲书院

相传很久很久以前,在赣江中心地带,双水夹流之处,有一座如中流砥石的沙洲,洲上茂林修竹绿荫如盖,是世外桃源般休养生息的理想之所。只是由于地势低洼,每到发大水的季节,这座绿洲都会被洪水所淹。

有一天,飞来两只白鹭。其中一只幻化成美丽的渔姑,一只变成身手矫健的渔夫,他们织网捕鱼,在绿洲上过着安逸的生活。自从有了这两只白鹭,每到发大水的季节,绿洲都是有惊无险地过去。

可是天有不测风云,接连下了一月的大雨,导致洪水来势凶猛,浊浪滔天。这对白鹭夫妻使出浑身解数,依然阻止不了洪水肆意的泛滥,眼看着绿洲要毁于一旦。于是他们飞向天庭,求助于王母娘娘。

王母娘娘迁怒于龙王,说:"天降淫雨,一定是老龙王干的好事。办法倒是有一个,就是付出的代价太大了。"说到这里,王母娘娘欲言又止。夫妻俩一听王母娘娘有办法,忙异口同声地说:"哪怕用我们的生命为代价,能保护住绿洲,我们也在所不惜。"

就这样,夫妻俩在王母娘娘的指引下,潜入到洲底,用自己的身体拖起绿洲,使绿洲浮出水面。从那以后,无论洪水如何肆虐,沙洲都会安然无恙。渐渐地,沙洲又恢复到往日的平静,江水如碧,鱼虾肥美,为了纪念这对白鹭夫妻,人们就把这座美丽的绿洲,叫作白鹭洲。

看着长高的文天祥和文璧,文仪说道:"白鹭洲的由来,除了人们口头上的传说，还有一个由来，诗仙李白曾经写过一首《登金陵凤凰台》，其中有句诗云……"还没等文仪把话说完，看着江中绿洲上的景色，两兄弟不约而同抢先道："三山半落青天外，二水中分白鹭洲。"

文仪听了脸上露出欣慰的笑容，两个孩子越来越有出息，都以优异的成绩参加完乡校帘试，文天祥还以《中道狂狷，乡原如何》名列榜首。这回他是送两个孩子到庐陵的最高学府——白鹭洲书院求学深造。

说起白鹭洲的由来，他又详细地讲解道："虽然李白这首诗写的不是这里的白鹭洲，但是他诗中描绘的情景，跟这绿洲极其相似。江水如碧，烟波浩渺，鱼虾肥美，引来百鸟在这里栖息，白鹭成群结队觅食嬉戏，因为有这样的景象，人们便把这座绿洲取名为白鹭洲。白鹭洲离岸较远，洲心地势虽然比江岸高，我们用眼睛看时会产生误差，总觉得白鹭洲比江岸低，每到发洪水的时候，江岸水淹，洲心不殁，所以才有'水涨白鹭浮'的传说。"

比起白鹭洲的由来，文天祥更关心依洲名而称的白鹭洲书院。他站在江岸边上，迫不及待地眺望江心绿色葱茏的白鹭洲，在东南洲头的绿影丛中，隐隐约约可望见两座重檐高阁的楼宇，听码头上的人说，那便是白鹭洲书院。为了来往方便，岸边还设有摆渡的船只以供通行。

随着科举取士的规模不断扩大，书院也应运而生，为广大学子提供求学的场所。闻名于世的就有四大书院：应天书院（今河南省商丘市），岳麓书院（今湖南省长沙市），白鹿书院（今江西省九江市），嵩阳书院（今河南省登封市），书院的学术氛围浓厚，常有名儒大家游历讲学。

白鹭洲书院创建者江万里，曾经在白鹿书院求学，是朱熹门人林夔孙的弟子，是理学的忠实传人，后中进士入朝为官。他秉性耿直，遇事敢于直言，并说："君子只知有是非，不知有厉害。"为政清廉，关心农业生产，他有首《劝农诗》云："父老前来吾语尔，官民相近古遗风。预知太守乐其乐，乐在田家欢笑中。"非常具有范仲淹的"先天下之忧而忧"的家国情怀。

他在忙于政务之余，又热心于教育，宋理宗淳祐元年（1241年）时任吉州知州，见庐陵城东的白鹭洲风光秀丽，环境更是清幽，便在洲上以白鹿书院为样板建造书院。

学院门前设有水池，俗称泮宫池，池上中秋石为桥，拾阶而上进入白鹭洲书院的大门，这门是棂星门，是孔子尊天的象征，也暗示为学宫之地，把不同地方的学子会集于儒学门下。登门入殿，先是文宣王庙、云章阁、道心堂、石竹堂、风月楼、浴沂亭、斋舍、庖福及六君子祠等建筑，藏书阁里又有丰富的藏书，是读书人的好去处。

书院落成初期，还没有找到合适的人选任山长①，他亲自主持书院事务，在《祠堂记》中这样评价他："（先生）声名德业，高迈前闻，故能创白鹭洲如白鹿。"

招生实行择优录取，学院可容纳学生数百，以江万里的名望，学院的设施还没设置齐备，大批学生就慕名前来。他事无巨细，亲自制订规章制度，并为学生授课。

其办学的宗旨是兴理学、明人伦，讲求研究学问，注重身心修养，强调读书明理，推动庐陵的文风兴盛，使"缙绅德之，吏

---

① 山长，古时书院的主持人。

民怜之，悍卒化之"，而不是学得知识去沽名钓誉、唯利是图，为学院树立了发奋图强，为国建功立业的好学风。

师生朝夕相处，以诚相待，先生随时启发学生，并强调自学为主，学生思路活跃。在他离任时，经乡举荐，又亲自筛选有渊博知识、品性正直的欧阳守道为山长。

欧阳守道和前辈欧阳修同是庐陵人，只不过欧阳修是庐陵永丰人，他还和欧阳殊、欧阳珣同为庐陵永和人，后者还是北宋最后一名宰相。欧阳家族虽然身世显赫，可是欧阳守道的家中，却十分贫寒。在《送刘雷震入太学序》中他自况"予十余岁时受书父兄之侧"，因为家境十分贫寒，请不起老师，只好跟着父亲和兄长一起读书。不巧的是，在他十多岁的时候遭逢父亲去世，本来不宽裕的家境，更是雪上加霜，母亲含辛茹苦地把他和哥哥抚养长大，有时穷得连饭都吃不上，更别说上得起私塾了。

欧阳守道靠自学成才，并在乡里当教书先生，每当学生家派饭，为他做肉吃时，他总舍不得吃，偷偷将肉带回家中留给母亲。就是过着这样穷苦的日子，还要谨身守节，从不追名逐利攀附名贵。年纪未满三十，"翕然以德行为乡郡儒宗，人称庐陵之醇儒"。

江万里曾试探他："子于公（欧阳修）几世乎？"欧阳守道据实回答："非也。"江万里听后赞叹道："子乃不肯与他人附同姓名贤之后，他日必能于斯文中自立者也。"欧阳守道却说，依附他族，则愧对自己祖先，至于自立则不敢不勉。

宝祐三年（1255年），文天祥来书院求学时，担任书院山长的正是知名的"庐陵醇儒"欧阳守道。"山长"是对讲学者的称谓，欧阳守道山长是负责讲学并管理院务。

欧阳守道，字公权，一字迁公，初名巽，后因应举改名守道，晚号巽斋，曾自言："某本名巽，既易名窃第，念旧名乃先子所命，不忍舍去，因以名斋。"故被学者称为巽斋先生，是"巽斋学派"的创始人。

他自报"后生小子，未经师友"，因家境贫寒请不起老师，为生活所迫，年少时就帮人做苦力为生。在打工的间隙，"稍休辄读书，或时艺于手，书在目"，靠着边做工边学习的勤奋苦读，凭借"生而颖异，聪明绝人，年弱冠，卓然以文章行谊称"，为乡郡儒宗。

他做事严于自律，写下"为子有道，无不可事之亲；为臣之道，无不可正之君；与人交有道，无不可忠告之友；为人君有道，无不可心感知民。顺则从，逆则咈；顺则易，逆则强；顺则无迹，逆则近名。巽入也，而为风，风之入物，物无御者，夫顺焉往而不入，君子之道，顺焉而已矣"的箴言，用以自勉。

欧阳守道曾一举高中进士，历官零都主簿、赣州司户、使馆检阅、秘书省正字、校书郎兼景宪府教授、崇政殿说书等职，因其廉洁无私、正直不阿的性格，得罪权贵，任职时间都不长。

正因为他不为物役，致力于教育，并以身示范，尤其是倡导民主学风，师生可以互相探讨学问，活跃思维，学生进士中榜名列全国前茅。不仅庐陵学子踊跃入学，邻近州县的学生也慕名而来。不少达官贵人将子弟送来求学，请他关照。可他对学生不管家庭贫富，一视同仁。富绅送来的礼物，他一概回绝。

作为具有多年教龄的欧阳守道，深刻意识到学之衰微流露出的弊端：老师讲学迂腐不堪，学生则不知所云，皆以学院为饮食之地，讲学只注重教习"场屋之文"，以举子业为重。

教人立身处世的圣贤书不讲，实质上教化应是觉人心、明大义，学子却以追名逐利为晋身之阶，不以静心读书为要。对于依附名贤抬高自己身份的不正之风,欧阳守道深恶痛绝,认为依附他人,是自己有不足,不足当自省,"反求诸己,使充实有余"。

他主张教导学子立身成人,培养忠君爱国并具有独立人格气节之士,"上以正主,下以庇民",要先立其身,而后方能成人。为政之要,需诚心为民,尽心做事,他在《题萧氏顺安堂铭说后》有言:"必不得已,置安危于度外……夫安危之判不大于生死,然而孔子戒求生以害人,孟子许舍生而取义,苟有全于仁义,则生死不足计。"

文天祥在白鹭洲书院求学的时间还不到一年,却得以深研经史,开阔眼界,欧阳守道的治学精神更是深深地影响了文天祥。他曾撰文说:"某弱冠登先生之门,先生爱某如子弟,某事先生如执经。"他敬重老师的学识和德行,是这样赞叹道:

> 先生之文,如水之有源,如木之有本。与人臣言依于忠,与人子言依于孝。先生之心,其如赤子。先生之德,其兹如父母,常恐一人寒,常恐一人饥,而宁使我无卓锥。其与人也,如和风之著物,如醇醴之醉人。及其义形于色,如秋霜夏日,有不可犯之威。其为性也,如槃水之静,如佩玉之徐。及其赴人之急,如雷霆风雨,互发而交驰。其持身也,如履冰,如奉盈,如处子之自洁。其为人也,发于诚心,摧山岳,沮金石,虽谤与毁来而不悔其所为,天子以为贤,缙绅以为善,类海以为名儒,而学以为师。

白鹭洲书院在欧阳守道的管理下越办越好。宝祐四年(1256年),《登科录》记载了全国进士中榜的情况,有六百零一名进士,单庐陵就占有四十四人，绝大多数是白鹭洲书院的学生，庐陵进士数量列全国第一，还出了一位状元。理宗非常高兴，亲笔题写了"白鹭洲书院"的牌匾，悬挂于书院的大门之上，从此，白鹭洲书院名扬天下。

第一章 山明水秀，造物无言映初心

第二章 一悲一喜，众人皆醉我无争

1. 光华分似及乡英

到白鹭洲书院学习不到一年的时间里，欧阳守道精深的学识、高尚的德行深深影响着文天祥，聪明好学的文天祥，在欧阳守道的教导下，丰富了视野，学业上也有突飞猛进的进步。

时间过得飞快，转眼之间，就到了宝祐三年（1255年）的八月。在这暑热难耐的天气里，也到了三年一次的乡试大比之年。文天祥和大弟文璧一起参加乡试，他们都取得贡士，获得了参加省试资格。

当他俩高高兴兴地回到家中，将这喜讯告诉家人的时候，才知道弟弟文霆孙，在一个多月以前，已经离开了人世。文霆孙是兄妹几个中最聪明懂事的孩子，文天祥怎么也不会想到，年仅十六岁的弟弟，在他走时，还是生龙活虎的淘气包，回来只能祭奠一抔孤坟。

文霆孙的死，最伤心的莫过文仪，几个孩子当中，他最疼爱的就是文霆孙，眼看着孩子突然染上痢疾，几天之间，就折磨得形容枯瘦。孩子突然去世，这对文仪的打击不小。他事先没有把噩耗告诉文天祥和文璧，是不想影响他们考试。

看着两个孩子都考中了贡士，而且还要为参加省试做准备，文仪稍稍振作了精神，对着两个孩子说，他们的弟弟是带着遗憾走的，没能像两个哥哥考取功名，弟弟临终的时候，还不忘留话给两位哥哥，希望他们科举得中，也算是了了他的心愿。

兄弟双双考为贡士，不光是富田文家的一大喜事，也是庐陵人崇文向学的光荣。在他们赴临安考试前夕，知州李迪举亲自设宴为他们践行。席间，文天祥踌躇满志，为了答谢知州的盛情款待，他挥笔写下了《次鹿鸣宴诗》：

礼乐皇皇使者行，光华分似及乡英。
贞元虎榜虽联捷，司隶龙门幸缀名。
二宋高科犹易事，两苏清节乃真荣。
囊书自负应如此，肯逊当年祢正平。

诗中提到的鹿鸣宴，是科举制度中规定的一种宴会，起于唐代。因在宴会上歌《诗经》中《鹿鸣》篇，所以称为"鹿鸣宴"。这首诗虽是答谢诗，更是明志诗。在诗中，文天祥对李知洲的盛情款待表达了谢意，也分享了兄弟俩分别考取贡士，即将参加省试的可喜心情。

诗中"二宋高科犹易事"，说的是北宋的宋庠和宋祁两兄弟，人称"二宋"。因同时考中进士，在礼部主考官拟定的原始名单里，宋祁考第一，哥哥宋庠考第三。当时垂帘听政的太后刘娥看到排名，以长幼尊卑有序为由，将哥哥点为新科状元，宋祁则变成了第十名。但这并没有影响宋祁在民间的声誉，他有句很有名的词"绿杨烟外晓寒轻,红杏枝头春意闹",当时坊间还流传兄弟俩为"双状元"的佳话。

文天祥用这个典故暗含了比起用才华考取功名,不如像苏轼、苏辙手足情深那样更有荣耀。苏轼曾因"乌台诗案"被抓,为了不连累弟弟苏轼忍辱偷生,苏辙情愿交出官职换回哥哥一命。患难之中手足情深弥笃,千古罕见。

"囊书自负应如此,肯逊当年祢正平",诗中祢正平指的是东汉末年曾击鼓骂曹的名士祢衡。这句诗结合前两句的意思,点明人之所以为学,就要像恃才傲物的祢衡,不畏强权,敢于针砭时弊。

鹿鸣宴过后不久,在父亲的陪同下,父子三人从富田出发,取道信州等地,怀着无比激动又忐忑的心情,前往京城临安参加省试。如果考得顺利的话,接下来,文天祥和弟弟文璧还要进入殿试考取功名,来实现他们学以济世的人生理想。

虽然此时宋蒙之间的战争看似平息,但蒙古人始终没有放弃对南宋掠夺的野心。早在宁宗开禧二年(1206年),铁木真统一蒙古高原诸部,被尊汗号为成吉思汗,建立蒙古汗国后,毫不掩饰地说:"对一个男人而言,最大的乐趣就是战胜敌人,然后彻底摧毁他。"这位开国大汗,把战争和掠夺当成毕生的事业。

他有句名言:"以老狼一般的警觉,在白天注视;像乌鸦一样,在夜间充满警觉;和猎鹰一样,在作战中彰显勇猛。"身形剽悍、作战勇猛的蒙古人,在成吉思汗的带领下,极其注重战略战术。他们擅长在声势上威慑对手,让敌人在开战前就感到胆怯和畏惧。敌人固守的时候,他们也不会针锋相对。如果敌人的军队明显占据优势,蒙古军会佯装撤退,等到敌人追上来,他们再来个回马枪,大获全胜。

他们打仗不带军粮,打到哪里抢劫到哪里。蒙古军有一个得天独厚的优势,作战主要是靠战马,是生活在草原上,长在马背上的游牧民族,并拥有大量的战马,几乎所有的成年男子,不需要训练,上马就可以武装成为一名优秀的骑兵。

他们驰骋疆场,"来如天坠,去如电逝"。一般上战场时,一位士兵至少拥有两匹以上的战马,最多的时候,有五六匹马备用。马既是他们攻城略地的有力武器,马肉和马奶又是充饥的食物和解渴的饮料。

新兴起来的蒙古汗国,在成吉思汗的统治下,不断走上向外扩张之路。他们首先进攻的是甘肃、宁夏地区的西夏。这是蒙古军第一次对定居民族文明的侵犯,西夏军奋力抵抗,虽然蒙古军掠夺了大量的财物和人口,但首攻并不顺利。

到理宗宝庆二年(1226年)秋,成吉思汗的威名已经声震到中原和伏尔加地区。他再次转攻西夏,先拿下黑水城,然后进攻西夏都城。在围城时,成吉思汗不幸去世,临死之前,将三子窝阔台、四子拖雷叫到身边,命窝阔台继承汗位,传授他们消灭金国和南宋的谋略。

在不久后,西夏末帝投降蒙古,西夏全部沦陷,蒙古军依照成吉思汗的遗嘱实施屠城,所过之境,生灵涂炭,房屋建筑全部焚毁,宫室、陵园付之一炬,还在王陵和周边挖地三尺。废墟之上,尸横遍野,草木不生。西夏的书籍,特有的文字,全部化为灰烬,战争给西夏人带来的几乎是灭顶之灾。

理宗在收复三京失败后,成为蒙古宣战的导火索,蒙、宋之战就此全面展开。他们兵分三路开始南征:窝阔台汗命次子阔端与元帅塔海率领西路军，自秦州（今甘肃省天水市），巩州地区出兵进取四川；命三子阔出与侄子呼图克率领中路军，直奔荆州，襄阳地区；命宗王口温不花和大将史天泽、察罕率领东路军，攻取江淮等地。南下的蒙古军由蒙古人、契丹人、女真人和北方汉人为主，战线东起淮河，西至四川，延绵数千里。

直到理宗淳祐元年（1241年）十二月十一日，蒙古窝阔台汗去世，蒙、宋第一次战争结束。连年的战争，消耗了南宋的国力。铁蹄践踏之处，满目疮痍，青烟弥路，白骨成丘，人口大量逃散、死亡。

襄阳自岳飞收复以来的一百三十年间，生聚繁庶，仓库充盈，城高池深，攻守武器二十四库，由于荆湖制置使兼襄阳知府赵范处理不当，驻守襄阳的北军[①]与南军[②]将领之间发生矛盾。北军主将王昱、李博渊等将领带其部焚烧襄阳城郭仓库，率军投降蒙古，使南宋受到极为惨重的损失。好在宋将有孟珙，以一人之力，统御南宋三分之二战线上的部署，在他的指挥下，宋军反攻战取得了胜利，将初期失去的城池基本收复。

窝阔台去世后，汗位由其长子贵由继承。他在汗位时间不长，淳祐八年（1248年），贵由去世，过了两年，淳祐十一年（1251年），托雷的长子蒙哥继承汗位。蒙哥在南宋宝祐元年（1253年）就派出忽必烈攻打大理，经略云南，完成了从陆地上全面包围南宋之势，蒙古正在酝酿着又一轮的攻宋计划。

理宗宝祐四年（1256年），赴京考试的文天祥和文璧，已经

---

① 北军，金国灭亡前后投奔南宋的金军，常遭南宋军的歧视。

② 南军，南宋的正规军。

通过省试，均被录取为奏名进士。为了迎接五月份的殿试，他们找了家离考场近的客店，在临安城暂住下来。"东南形胜，三吴都会，钱塘自古繁华"，说的是北宋的杭州，此时的杭州，已是南宋的临安府，作为南宋临时国都，已有一百二十多年，历经几代皇帝偏安于此，已是非常繁华的都城。

临安地处江南的江河湖泊水网地带，不利于蒙古骑兵驰骋厮杀；又得益于土地肥沃，许多州县都是鱼米之乡，加上植桑养蚕，丝绸业迅速发展；还得益于这里是运河的终点，东南沿海的港口运输。使海上丝绸之路，进出口贸易十分繁忙，成为经济文化发达的一流大都市，城内殿阁楼台林立，市肆坊巷喧嚣，夜夜莺歌燕舞，商品琳琅满目，文化气息浓厚，一片繁荣景象。

2. 秉笔直书论国事

在临安城住了几个月，由于水土不服，文仪一直食欲不振，再加上之前痛失爱子文霆孙，始终没有让他从悲痛中走出来。为了不让文天祥和文璧担心，他忍着病痛强打精神。

这天是一年一度的端午节，又临近殿试，文仪从市场上买来一些新鲜水果，在餐馆点了新鲜的鱼虾做下酒菜，又要了四样下饭的菜，在陈家酒店买了二斤烧酒，当然王福记家的粽子必不可少，因为"粽"和"中"音近，希望为两个儿子考取功名带来好寓意。

正是华灯初上时，临安已是灯火通明，热闹非凡。文仪嫌外面太热闹，还是在客馆内清静些。点的菜也都送齐了，文天祥和

— 37 —

文璧围坐在父亲左右。父子三人面前分别摆上小巧玲珑的杯盏，一边喝着温酒，一边闲聊着。殿试在即，文仪不想两个孩子有多大的压力。从两个儿子跟他读书时算起，学业上的事都很刻苦，一直没让他操心，他感到很欣慰。尤其长子文天祥，学业上更是优秀，为他脸上增光不少。

对于他来讲，功名和学问，他更看重学问，庄子有句话说得好：至人无己，神人无功，圣人无名。虽然他不能像庄子那样超然物外，但他一生只求神清思澈，心地干净地研读学问。他不热衷功名，但是他不妨碍孩子们考取功名，有功名没有错，但是人不能为功名束缚，更不能急功近利，见利忘义。追求功名时，还要积累功德，因为有仁德的功名更重要。这天晚上，文仪跟两个孩子说了很多话，说到兴致高昂处，又多贪了几杯酒，很晚才睡下。

次日一早，已到了用早饭的时间，文仪却没有像往常一样早早起床。文天祥担心父亲的身体，近前一看，父亲嘴唇泛白，额头滚烫，忙叫来文璧侍候在父亲身边，他出去寻医问药。待到父亲服了两剂汤药，神志稍稍有了清醒，离五月初八的殿试只差两天。

眼看着父亲一病不起，那边殿试在即，这可急坏了两个孩子。关键时刻，还是文仪发话，他同意让文璧留下了来照顾自己，让省试第一的文天祥去参加殿试。文仪的决定是没有办法的办法，毕竟做弟弟的文璧以后还会有机会参加考试。文仪的这一决定，无形当中，又预示了两个儿子以后不同的命运。

黎明破晓，号炮三声，文天祥跟考生们一起，从丽正门走旁门进入宫中，聚齐在集英殿，找到与自己考号相对应的座位坐好。殿试对策，是贡士通过这种方式表达自己见解的一种方式，是以后踏上仕途从政的纲领。皇帝也可借此亲自考察人才，提拔新人，所以考取的人，也叫天子门生。

宋朝初期，虽然还处在南征北伐的半战争状态，太祖赵匡胤却对开科取士没有丝毫懈怠，开国的第一年，建隆元年（960年）便举行了第一次科举考试，本着宁缺毋滥的原则，开天下优秀人才为表率，录取了出类拔萃的佼佼者19人。第二次举行科考，只录取了11人。此后数年，每榜进士大约都在十人左右，最少的乾德四年（966年）仅录取六个人，可谓凤毛麟角。

为了笼络士子，开宝三年（970年），太祖给主持科举的礼部下了道圣旨，命他们整理近十年以及后周乃至后汉的举子档案，统计一下，看历经15次考试全部终场还没考中的究竟有多少人。礼部经过仔细核查，列出了以司马浦为首共计106人的名字。太祖将这些人全部特赐为本科进士。这种皇帝特许的进士，也叫作"恩科进士"。

宋沿袭唐制每年一考，自英宗时期的治平二年（1065年），定为三年一大比，人们俗称"大比之年"，就是指这一年有礼部会试，要出状元了。殿试是要考一天，从日出开始，日落收卷。并且实行弥封，也是从唐朝武则天开始实行的糊名法，把试卷卷首考生姓名、籍贯和初定等第都要封住或者裁去，为公平起见，以防评卷官徇私舞弊。

这时，集英殿上，考生都已坐好，时辰一到，关殿闭帘，由理宗亲自出题的殿试御策卷，也已发到手中。试题是《问天道人极》，理宗一直希望理学成为正统官学，他追封朱熹为信国公，"端平更化"后，朱熹和理学大师周敦颐、程颢、程颐、张载都先后被入祀孔庙。隔了几年，他又分别加封周敦颐为汝南伯、程颢为河南伯、程颐为伊阳伯、张载为郿伯。

理宗信奉理学，看重儒家尊君观念，及推行的仁政，然而收效甚微。他想借这次殿试，希望考生们贡献治国良策，帮他解决心中的困惑，因此他提出五个问题。

这五个问题分别是：一、儒家倡导修身、齐家、治国、平天下，这自然是圣人之道，朕也在奉行此道，却为什么成效不大？二、上古帝王行道天下太平，后继之王却达不到，是所行之道不同，还是道之外还有法？三、按理学的宗旨，可以检验世道人心，为什么汉唐君主，行仁政、推德化，却不能使国家大治，而不行仁德的君主，凭借严明的纲纪，可以维持统治？四、目前国家多灾多难，百姓困苦，财力衰微，人才匮乏，世风浮华，军力薄弱，盗贼猖獗，边防危机不断，这是天道失去了作用，还是教化出了问题？五、都说行道久，可见功效，朕预行变通之法，什么才是行之有效的变通之法？

理宗希望考生发表恳切的意见和建议，针砭时弊，"勿激勿泛"。

看过御试的题目，文天祥刚才还悬着的心，变得胸有成竹。他觉得他不是一个人在考试，而是带着弟弟们的希望在考试。他凝神静气，略加思考，文思如泉涌一般，挥笔写道："臣闻，天地与道同一不息，圣人之心与天地同一不息。上下四方之宇，往古今来之宙，其间百千万变之消息盈虚，百千万变之转移阖辟，何莫非道？所谓道者，一不息而已矣。道之隐于浑沦，藏于未雕未琢之天；当是时，无极太极之体也。"

大意是说，宇宙间万事万物的发展变化，都是不断运动的，而道则是隐藏于混沌之中，事物发展也与之有必然的规律。因此，他提出了"法天地之不息"的主张，即当政者应当根据形势的需要和社会的发展，不断改革创新，兴利除弊，才能使国家富强，社会安定。

文天祥一一回答了这五个问题。首先，他认为"进于道者，不可以中道而废"，"唯不息，则能极道之功化；唯不息，则能极道之证效"。他借北宋仁宗皇帝始终力行"一息之道，终使国家大治"的事例来说明，理宗皇帝感觉"志愈勤，道愈远"不是因为道没有作用，而是因为没有始终如一坚持不懈地行道。

第二关于"道之外又有法欤"，他认为，"臣闻帝王行道之心，一不息而已矣"，"以至六典建官，其所以曰治、曰政、曰礼、曰教、曰刑、曰事者，亦无非扶世道而不使之穷耳"。因此他劝诫理宗皇帝"求帝王之道，必求帝王之心"，仅仅思慕上古帝王的功德是不够的，必须秉持不息的行道之心，才能取得与上古帝王同样的政绩。

第三关于理和欲的关系，他认为道之不息为理，道之息则为欲，不行道势必将导致世道阴浊，即"不息则天，息则人；不息则理，息则欲；不息则阳明，息则阴浊"。汉唐两代"为道之累者，其大有二：一曰杂伯，一曰异端。时君世主，有志于求道者，不陷于此，则陷于彼"，汉文帝、汉武帝、唐太宗三代皇帝莫不如此。因此，如果理宗能以史为鉴，其治国之功效，必将大大超过汉唐。

第四对于天灾、民生、人才、士习、国计、盗贼、边备等八个具体问题，他分析说："天变之来，民怨招之也；人才之乏，士习蛊之也；兵力之弱，国计屈之也；虏寇之警，盗贼因之也。"就是说，天灾的发生是由于民怨招致的，人才的匮乏是由于士风的败坏造成的，兵力的孱弱是由于财政的不足导致的，而外患难平与国内政局不稳定有直接关系。他充满忧患地奋笔疾书道："陛下以为今之民生何如邪？今之民生困矣！自琼林、大盈积于私贮，而民困；自建章、通天频于营缮，而民困；自献助迭见于豪家巨室，而民困；自和籴不间于闾阎下户，而民困；自所至贪官暴吏，视吾民如家鸡圈豕，唯所咀哦，而民困。呜呼！东南民力竭矣。"他说弊端的源头不是因为贫穷，而是因为官府豪强的奢靡浪费、横征暴敛和层层压制。

第五关于行道久却不见功效的问题，文天祥直言不讳地指出，关键不是政策要不要改变，而是理宗皇帝"乍勤乍怠，乍作乍辍，则不息之纯心间矣"，他肯请"陛下自斟酌，自执持"，否则，顷刻之力不为继，将前功尽弃，何谈"征久之功"？

接下来他提出了两条建议：一是"重宰相以开公道之门"，即重宰相之权，重中书之体，不要轻信内侍和外戚，以安天下；二是"收君子以寿直道之脉"，即重用直言敢谏的君子，不可随意贬逐谏臣，以壮正人之气，养公论之锋。

他又写道："陛下乃戒之以'勿激勿泛'。夫'泛'固不切矣；若夫'激'者，忠之所发也，陛下胡并与泛者之言而厌之耶？厌激者之言，则是将胥臣等而为容容唯唯之归耶！然则臣将为激者欤，将为泛者欤？抑将迁就陛下之说，而姑为不激不泛者欤？"

二十一岁的文天祥血气方刚，来不及多想，理宗忌言"勿激勿泛"，他却大胆放言。文章直言论政，从自强不息、改革不息的观点出发，向朝廷提出了建议，对朝廷存在的缺点错误，也提出了真诚的劝解。文章有理有据，切中时弊，还提出对策，显示了文天祥的满腔热情、非凡的胆量和出众的才华。

他自早上寅时①进入考场,到午后未时②答卷完毕,他运笔如飞,一万字的内容,一挥而就,起承转合精当,主题明确,层层递进,有理有据,几乎是一气呵成。

写毕,他赶紧交卷,匆匆赶回客店,去照顾生病的父亲。

3. 放榜提名状元红

理宗宝祐四年(1256年),这一年殿试的主考官是王应麟,字伯厚,号深宁居士,也是位传奇人物,九岁通六经,博学多才,学宗朱熹,又涉猎经史百家、天文地理,熟悉掌故制度,长于考证。淳祐元年(1241年)进士,为官期间,不畏权臣,敢于针砭时弊,建言直谏,后遭排挤,无可建树,辞官回乡潜心于学术。一生著作颇丰,有《困学记闻》《玉海》《诗考》《汉艺文志考证》等六百多卷,其中《玉海》为百科全书式的著作,还著有家喻户晓的儿童启蒙读物《三字经》。

他在中进士时曾说:"今之事举子业者,沽名誉,得则一切委弃,制度典故漫不省,非国家所望于通儒。"又指出时政的三大弊端:民穷、兵弱、财匮,究其根源,是士大夫无耻。这与文天祥在《御试策》中,指斥学士"心术既坏于未仕之前,气节则可想于既仕之后",所抨击追名逐利、日益败坏的士风如同一辙。

---

① 寅时,凌晨三点到五点。
② 未时,十四时左右。

文天祥能高中，要感谢主考官是与他志趣相投的王应麟，按照规矩，主考官批完试卷后，取前十名的试卷，由宰臣复审，再送呈御前，由皇帝最终确定名次。当时，送呈给理宗阅卷的顺序，文天祥是排在第七名。

王应麟向皇帝奏报说："这篇《御试策》议论深宏，以史为鉴，其忠肝如铁石，臣敢为得士贺。"

理宗读了文天祥的对策后，也大合心意，赞赏不已，便将其提升为第一名。因原来的第一名更加有悖于"勿激勿泛"，为理宗所不容，因此把他从第一名抑置为第二甲赐进士出身。

五月二十四日，阳光明媚，微风轻拂，是传胪唱第的好日子。这一天，新科进士齐聚集英殿，每名考生都领到了一个号码，上面盖有"入集英殿试讫"的红印，作为唱名时进入大殿的凭证。等他们列队站好后，只见理宗头戴通天冠，身穿绛纱龙袍登上玉墀，端坐在御案前，这时，隆重而庄严的唱名开场了。编排官将试卷摆放在御座之西，对照号码依次拆封，再转送中书侍郎。中书侍郎与宰相对展进呈，以姓名呼之。军头司则站在御座之下，连呼三四声，唱出新科进士的名字。

卷子随即传到阶下，主考官开始唱名，这时四下里静悄悄的，只听主考官念道："文天祥！"话音刚落，一列一列的卫士，又连着传下去，"文天祥""文天祥""文天祥"，这种连声高呼的形式，余音绕耳，几名卫士遂齐声呼唱文天祥的名字。按照礼制，等呼唱三四声后，文天祥方从队伍中走出应答。卫士过来把他领往御前，边走边问他籍贯和父名。待到御前，文天祥躬身作礼，廷上问以籍贯、父名，由卫士一一代答。

这时，集英殿上的人们，都在关注这位新科状元的行为举止，只见他"体貌丰伟，美皙如玉，秀眉而长目，顾盼晔然"。文天祥仪表堂堂，皇帝见了，也甚是喜欢，又得知年仅二十一岁，日后会大有作为，心中非常满意，并脱口而出："此天之祥，乃宋之瑞也！"

这一年共录取六百零一名进士，其中平民出身的有四百一十七名，官宦子弟一百八十四名，寒门进士占了绝大多数。更值得一提的是，这六百零一名进士中，来自吉州庐陵的有四十四名，大多为白鹭洲书院的学生，其中文天祥还是理宗亲擢的状元。不由得感叹白鹭洲书院真是为国家培养人才的好地方。当下命人取来笔墨，亲笔题写"白鹭洲书院"，以资嘉奖。

还有两位重要的人物，与文天祥同榜登科，这两位也是首屈一指的竭忠劲节的人物，一位是比文天祥大十岁的谢枋得，即原来的第一名，因在试卷中直击宦官董宋臣和宰相丁大全，被下置为二甲第一名。后来谢枋得在知信洲时，拼死抵抗元军，城陷后，循迹福建乡野，后被元朝"访求遗才"抓获，并强行送往北方，因其宁死不就绝食而死。第二位是与文天祥同庚的陆秀夫，考的是二甲第十七名，此人稳重干练，也是铁骨铮铮的汉子，在抗元名将李庭芝府中任职，大敌当前，李府分崩离析，唯独陆秀夫临危不惧，誓死抗敌。宋、元大军决战崖山，时任左相的陆秀夫不受灭国之辱，毅然背起幼帝跳海殉难。文天祥在《集杜诗》记云："炯炯一心在，天水相与永"，赞扬他忠心可鉴。

唱第次日，朝廷大摆筵席，款待新科进士，参加者除了皇帝外，还有朝中大臣。几百人的宴会，金碧辉煌，礼仪烦琐，但不嘈杂，礼乐之声不绝于耳。宴会之中，状元、榜眼和探花，各人另赐御酒五盏，饮酒以后，依例要各自赋呈"谢恩诗"一首。文天祥的《谢赐进士及第》是这样写的：

> 于皇天子自乘龙，三十三年此道中。
> 悠远直参天地化，升平奂美帝王功。
> 但坚圣志持常久，须使生民见泰通。
> 第一胪传新渥重，报恩唯有厉清忠。

理宗也对文天祥尤为眷顾，亲握御笔，题写了《赐状元文天祥己下诗》：

> 道久于心化未成，乐闻尔士对延英。
> 诚唯不息斯文著，治岂多端在力行。
> 华国以文由造理，事君务实勿沽名。
> 得贤功用真无敌，能为皇家立太平。

君臣二人可谓是一唱一和，一个是满怀抱负的青年才俊脱颖而出，决心为国泰民安厉清忠，以报皇恩浩荡。一个是皇帝今觅得贤臣，期待着他辅佐左右，能出力报效国家。

接下来，殿上又传旨赐新进士的朝袍和朝笏。到这里宴会仪式基本完毕，紧接着是光耀无比的游街。只见他们身着绿袍，手执丝鞭，脚蹬官靴，插花披红，骑上高头大马，个个神采奕奕。出皇城的东华门，经由繁华的大街，浩浩荡荡往状元局走去。此时街道两旁，早已挤满黑压压看热闹的人群。

队伍中走在最前面的，当属文天祥，品貌双全意气风发的状元郎，引来多少路人交口称赞，路边铺子停止了买卖，行人忘了赶路，人们投来羡慕的目光。突然有人在他们走过的路口，高声唱起《神童诗》：

  天子重英豪，文章教尔曹；
  万般皆下品，唯有读书高。
  少小须勤学，文章可立身；
  满朝朱紫贵，尽是读书人。

  贫苦的读书人，要想实现"朝为田舍郎，暮登天子堂"，最直接和最有效的办法就是参加科举考试，一旦金榜题名，则意味着前程似锦，荣华富贵，直至实现自己终极的理想信念。可以说及第者飞黄腾达，落榜者前途暗淡，唐朝诗人孟郊，两试进士不第，有诗云：

  一夕九起嗟，梦短不到家。
  再度长安陌，空将泪见花。

  一朝登科后：

  昔日龌龊不足夸，今朝放荡思无涯。
  春风得意马蹄疾，一日看尽长安花。

  对于读书人来讲，落第和登科，真是悲喜两重天。宋人田况在《儒林公议》中非常详尽地写出这种场面，每次状元及第后，朝中公卿百官无不为之瞩目，即使权力至尊无上者也为之动容。

按照旧例，状元要游街示宠，自崇政门出东华门，围观者遍布大街小巷，人们摩肩接踵，观者如堵，锦鞯绣縠，追逐争先，甚至有登屋顶而从上往下鸟瞰者。平头老百姓真是人人钦羡，欢呼声震动京城。

继隋唐创立科举考试后，到了宋朝把读书人进阶的制度，发展得更趋于完备和规范。太祖赵匡胤虽然出身行伍，对读书人却是分外欣赏，一是怕手握重兵的戎马武夫，像他当年那样，上演黄袍加身成为开国皇帝；二是希望文人士大夫以天下为己任，做出自己最大的贡献。所以宋朝的达官显宦多是科举出身，这也给读书人，提供了绝佳的发展空间和衣食保障。

文人待遇提高了，就有了榜下择婚的风俗，其中有叫韩南老的福建人，殿试时已经七十多岁，因高中而蜚声乡里，许多人都想与他拉上关系，甚至有一富者竟托媒人前来求亲，想把年轻貌美的女儿嫁给他。韩南老觉得可笑，遂吟一首打油诗作答，诗云："读尽文书一百担，老来方着一青衫。媒人却问余年纪，四十年前三十三。"可见当时的社会风气，不管年龄多大，对于考取功名的读书人，是多么推崇。

同样是考取状元，高宗建炎元年（1127年），吉州永丰县勇士董藻，技压群雄，取得殿试第一，是名副其实的武状元，却不受待见；高宗绍兴十八年（1148年），仅隔二十一年，也是吉州永丰县，举子董德元，殿试第二，成为金榜题名的榜眼，高宗本想钦点董德元为状元，因其当过官，依照礼制，不能再当状元，只好谕旨其"恩与状元同"，时任永丰县的地方官，还为其修建状元楼。

状元及第究竟有多大的殊荣，北宋文学家尹洙曾有过对比：

"状元登第,虽将兵数千万,恢复幽蓟,逐强虏于穷漠,凯歌劳还,献捷太庙,其荣也不可及也。"连出生入死,立下赫赫战功,凯旋的大将军都比不上文状元荣光。举国上下,真是万般皆下品,唯有读书高。

文天祥一行在礼乐声中走到状元局,这里又是另一团忙乱的景象:有官差忙着向新科进士赠送钱物,配备差役;有住在京城里的亲朋好友或者老乡前来祝贺;还有江湖术士,也来凑这一份热闹,争先抢着要进士的题诗签名。

江湖术士俗话说就是相术算命,这是在社会广泛流行的一种占卜看相的行业,好多学子在殿试之前,都爱找相士算上一卦。如今会试中榜,应验进士,自然有相士来索诗,提升自己的声望。文天祥集英殿上,大魁天下,更是相士们热心追捧的人物,人们都争先恐后,想尽办法,"办一封好纸,觅状元诗"。

文天祥早期的诗歌创作,为相面、算命、卜卦等人作的诗就很多。其中赠相士之作,可为当时代表,如《赠梅谷相士》《赠赵神眼》《赠刘矮跛相士》等。这些诗作,大多从名字着眼,敷衍成诗,且多杂以游戏口吻。如《赠镜斋徐相士》:

> 邹忌不如徐公美,引镜自窥得真是。
> 门下食客才有求,昏昏便以妻妾比。
> 徐家耳孙却不然,自名一镜京师市。
> 世人无用看青铜,此君双眼明秋水。
> 君以无求游公卿,勿令此镜生瑕滓。
> 蹀子太面何难知,从今光照二百里。

— 49 —

这首诗以《战国策》之《邹忌讽齐王纳谏》中的城北徐公来比镜斋徐相士，夸说徐相士的神异相术，像这样的诗内容大体都是如此，属于应急之作，"题咏匆匆""酬应琐琐"，此类诗作跟一般文人的诗一样，属于平庸之作。可以断言的是，文天祥前期诗歌创作，与当时一般的社会风气及其状元出身，有着密切关系。

另一方面，文天祥本人"以诗为戏"的观念，也必然影响到他的早期诗歌创作。其《跋萧敬夫诗稿》云："累丸承蜩，戏之神者也；运斤成风，使之神者也。文章一小伎，诗又小伎之游戏者。"文天祥自称"幼蒙家庭之训""长读圣贤之书"，是在宋代理学盛行的背景下，接受的儒学教育，因而大多数理学家的重道轻文的思想，对他发生了作用。他把文章看成小伎，更把诗歌看成"小伎之游戏者"，即多少是这一观念的反映。反观文天祥参加殿式时的策题，及其所对策，就带有道学气。

对诗文应酬，文天祥也有自己的苦衷。他在给欧阳巽斋老师的信中，他感同身受地说："先生昔者于应酬亦苦之，今犹若此否？尝蒙见示：每许人作一文，如置一针胸次。今某畏为文辞，亦类此矣。"在另一封信里又说："某寻常于术者少所许可，而江湖之人登门者日不绝。彼诚求饱暖于吾徒之一言；吾徒诚悯其衣食之皇皇，则来者必誉，是故不暇问其术之真何似也。"文天祥具有一副菩萨心肠，怜惜相士的温饱而有求必应，而不顾及他是否占卜灵验。

文天祥在状元局待了一会儿，因为心中老是挂念着父亲的病，抽空溜到客店去看望父亲。见文仪病得不轻，文天祥告假，没有参加朝廷接下来安排的一系列庆祝活动。按照宋朝的制度，新科状元会被朝廷授予"承事郎、签书某军节度判官厅公事"的职务。

承事郎是虚职头衔，为正八品；签书某军节度判官厅公事，就是各州府管理文书公事的官员。

到了五月二十八日，文天祥中状元仅过去四天，还没等朝廷授官，父亲文仪病重不治，临终前他叮嘱文天祥道："朝廷策士，擢汝为状头，天下人物可知矣。我死，汝唯尽心报国家。"当天夜里，与世长辞，终年四十二岁。短短几天时间里，文天祥从金榜题名的大喜之中转入失去亲人的悲痛中，真是人生无常，令人猝不及防。

新科状元的父亲病逝绝非小事，临安府迅即将此事上报朝廷，朝廷随即派官吏前来料理丧事。六月初一，文天祥和弟弟文璧一起，离开临安，扶护父亲的灵柩归乡。

4. 父亲病故归故里

富田文家在六月初，先收到官府送来文天祥高中状元的喜报。那天来了好长的队伍，前面有三人骑着高头大马，高举彩旗、旌幌，后面跟着唢呐班子，一路上吹吹打打，鸣鞭奏乐，好不热闹，引来一村人的围观。早已望眼欲穿的曾德慈听到文天祥状元及第，很是高兴，赶忙张罗一桌好酒好菜款待，临走用红纸包了赏钱，送与这些人。随后官府又送来《进士名录》。

文家正准备扎起牌楼，挂上大红灯楼，好好为文天祥这位文家大长子庆祝一举夺魁的时候，紧接着一封家书又自临安快马加鞭而来，"文老爷已魂归西天"。文家生活打破了以往的平静，平常没事是没事，一有事，又是喜事，又是悲事，喜事悲事接踵而来。仅一年多的时间，文家失去了两位至亲。

一路心情哀戚，奔波劳顿的兄弟俩，直到七月二十四日才回到家乡。理宗宝祐五年（1257年）九月初九日，文天祥将父亲安葬于富田的风水宝地佛源，他又亲自撰写《先君子革斋先生行实》，记载父亲的生平事迹，以寄托哀思之情。时任提举绍兴府千秋鸿禧观的江万里，撰写了《革斋先生墓铭》，也颂扬文仪的高尚品德。庐陵县知县刘汝砺亲自参加葬礼，为了表彰文天祥为县学表率，特地在邑校建了"进士第一堂"。

由于父亲去世，按朝廷官场规定，官员家中直系长辈去世，必须回乡守丧三年。虽然文天祥还没委任官职，也要等到三年期满，方能出来做官。应了那句"十年寒窗无人问，一举成名天下知"，虽是在服丧期间，慕名而来，想与新科状元打交道的人比比皆是，文天祥不胜其扰。

文天祥在《纪年录·注》中，也就是父亲病逝的前一年，有天晚上，他做了一个很奇怪的梦。梦见自己飘飘忽忽，就被带到玉皇大帝的凌霄宝殿上，玉帝见到他，立马双眉紧锁，怒目圆睁，还斥责他不孝。文天祥听了，大呼冤枉，陈述自己在家如何孝顺母亲、敬畏父亲。玉帝听后说："我听闻人们传说你不孝，既然你已证明你是孝顺的，我赐你些赏钱，回家去吧。"

待到文天祥出得门来，忽然天雷滚滚，而文天祥又安然无恙，知道是玉帝在考验他，不免庆幸道："幸免不孝之罪，而又不免雷击。"方从梦中醒来，不觉竟至汗如雨下，庆幸自己在家没有违背孝义。从此，文天祥也谢绝一切不必要的应酬，专心在家守丧。

文天祥秉承父志，天天读书写字，也把两个弟弟带在身边，督促文璧和幼弟文璋的学业。有时学累了，他们便徜徉于竹林中，漫步于富田河边，行走于青原山间，畅谈心中的理想。这位名满天下的新科状元，又重新过起了隐居乡间的读书时光，与从前不一样的是，他更渴望为国事分忧。

宝祐六年（1258年）八月，文天祥服丧期满，朝廷解除了他的丧服，按朝廷的礼制，说是守孝三年，实际上守满二十五个月就可以解除丧服。这时有人劝他，何不先给宰相写信，先谋求个好职位，文天祥没有那么做。庐陵知州有心替他向朝廷提出申请，也被他婉言谢绝，因为他心中自有所想。

文天祥在家丁忧期间，和朝野友人多有书信交往，对国政边情略有耳闻。现在朝廷中深受理宗重用的是董宋臣和丁大全之流。董宋臣是内侍宦官，善于讨好献媚理宗，并为理宗所看重；丁大全是靠巴结董宋臣当上了参知政事右丞相兼枢密使，独揽大权，不顾国家安危，为图一己私利，干尽了坏事。

这时候，蒙古大军又向南宋发起了全面进攻，国家形势又危急起来。早在宋理宗淳祐十一年（1251年）六月，在忽里勒台大会上，蒙哥被诸王拥立为大汗，蒙哥为人沉默寡言，胸怀大志，遇事很有主张。他不乐宴饮，不好奢靡，生活节俭。因长年征伐四方，屡立奇功，因而受到拥戴，是大蒙古汗国第四任大汗。

蒙哥登上汗位后，励精图治，着手进行内政改革，巩固稳定政权。然后，他指挥蒙古大军重新踏上征伐之途，他发誓要超越成吉思汗的功绩。成吉思汗是大蒙古汗国的开国大汗，也是统一蒙古草原的英雄，又是纵横欧亚大陆的超级军事统领，只可惜在他六十五岁的时候病逝于六盘山。

他的妻子孛儿帖生有四子，分别是长子术赤，次子察合台，三子窝阔台，四子拖雷。尽管成吉思汗生前最喜欢幼子拖雷，却最终选定了窝阔台为汗位的继承人。在窝阔台统治下，蒙古汗国攻占了西夏和金国，还征服了西部的波斯及南俄。他毒杀了自己的亲弟弟拖雷。由于他嗜酒如命，最后豪饮致死。

窝阔台去世后，没在汗位人选之内的贵由，夺取了汗位。他是窝阔台的大儿子，他富有野心，登上汗位后不到两年就蹊跷地因酗酒而暴毙。汗位就由实力强大的托雷这一系继承。

托雷生有四子，其中长子蒙哥是蒙古汗国第四任大汗，次子忽必烈，三子旭烈兀，四子阿里不哥。

淳祐十二年（1252年）六月，蒙哥汗命其弟忽必烈南征大理国。大理国灭亡后，云贵高原并入到大蒙古汗国版图。宝祐元年（1253年）六月，时隔一年，蒙哥又命旭烈兀率10万西征军，从漠北草原出发，渡过阿姆河后所向披靡，先攻灭波斯南部的卢尔人政权，又于宝祐四年（1256年）攻灭了位于波斯西部的木剌夷国，在宝祐六年（1258年）灭亡了巴格达的阿拔斯王朝。然后，朝着埃及和北非方向，一路往西，势不可挡。

战事上的连连胜利，使蒙哥更加踌躇满志。他早年跟随拔都西征，接下来，他要为征服南方汉地树立自身的威望付出行动。宝祐六年（1258年）二月，发动了蓄势已久的第二次攻宋战争。他命四弟阿里不哥留守都城和林，自己则御驾亲征。共兵分三路，西路由他亲自率领，进攻南宋半壁江山的防御屏障四川；中路由宗王塔察尔从中原渡淮河，南下进攻战略要湖北鄂州；东路由大将兀良合台从云南北上，入广西，攻潭州（今湖南省长沙市），切断南宋西南方的支援。意图三路大军会师于长江，然后一举灭宋。

蒙哥大汗率军四万，先在六盘山祭奠成吉思汗，同时举行誓师大会，立志要平定南宋。他带领四万军队，经陕西入川，加上在蜀中的蒙古军及从各地征调来的部队，号称十万大军，相继占据剑门的苦竹隘（今四川省剑阁县北小剑山）、长宁山城（今四川省宜宾市长宁县）、蓬州运山城（今四川省南充市蓬安县）、阆州大获城（今四川省阆中市）、广安大良城（今四川省广安市大良村）等，进抵武胜山（今四川省广安市武胜县城附近），一路势如破竹，渐渐逼近合州的钓鱼城（今重庆市合川区东北）。

钓鱼城雄踞在嘉陵江岸上的钓鱼山上，江水逶迤北来，钓鱼山拔地而起，海拔四百余尺。东面是悬崖陡壁，南西北三面被江水环绕，分别是嘉陵江、渠江、涪江的交汇处，城周十二三里，筑有高达数丈的石墙，南北各建一条延伸到江中的一字城墙；城内有大小池塘十三个，井九十二眼，城内军民生活，自给自足；江边有水师码头，布有战船，上可控三江，下可屏蔽重庆，地势十分险要，易守难攻，是蜀中得力的防护屏障，也是兵家一夫当关，万夫莫开的雄关。

蒙哥希望钓鱼城之战能速战速决。先是派宋朝降将晋国宝前去招降，此人不仅是宋朝守将王坚河南邓州老乡，当年也和王坚同属名将孟珙的"忠顺军"。王坚十分痛恨晋国宝投降蒙古，严词拒绝并杀了晋国宝。蒙哥很愤怒，决定用武力征服合州。

蒙哥下令分兵进攻，宗王末哥攻礼义山城（今四川省达州市渠县东北），曳剌秃鲁雄攻平梁山城（今四川省巴中市西），命宋朝阆州降将杨大渊率军突袭合州旧城，切断外围诸城与钓鱼城的联系。蒙哥还派纽磷进攻忠州（今重庆市忠县）、涪州（今重庆市涪陵区），切断下游宋军的增援，使钓鱼城完全处于孤立无援的状态。

蒙哥亲自下渠江进发，至合洲城外石子山（今重庆市合川区）

扎营，出于安全考虑，蒙哥的军帐隐蔽在石子山下的一个大型岩洞内。这一阶段蒙哥都是以水路进攻为主，攻下的几个重要据点也全是江边重镇。

合州旧城被蒙古军占据，合州守将带领剩余宋军，转移到钓鱼城与王坚会合，凭险固守。术速忽里建议蒙哥避开这里，迁回夔州（今重庆市奉节县）直接东下。但蒙哥自视出动这么大阵势，兵力众多，不相信一座山城会阻挡自己的铁骑，决心攻下钓鱼城，打破宋人顽强固守的美梦。

从开庆元年（1259年）二月起，蒙哥在石子山亲督诸军强攻。三月，进攻城东之东新门、奇胜门、镇西门、小堡等处，但在守城军民齐心协力的抗击下，以失败告终。

从四月初一开始，天气连续降雨，直到二十二日初晴。蒙古军偷袭城南护国门没有得手。到次日深夜，经过一番激战，不善水战的蒙古军，先攻破城北出奇门至嘉陵江边一字城，在陆地打开攻入城内的缺口。但被王坚率宋军力战夺回。宋理宗闻讯，急忙下诏嘉奖，鼓励合州军民奋勇抗敌。

新任四川制置副使吕文德，接到命令兼知重庆府，率战船万艘溯江而上，趁涨水和顺风之利，攻下蒙将纽磷构筑在涪州的浮桥，进入重庆，然后北援合州。理宗知道后非常高兴，御笔题曰："吕文德身先士卒，攻断桥梁。蜀道已通，忱可嘉尚。"

六月初，吕文德率战船千余艘，继续沿嘉陵江而上，增援钓鱼城。一度冲破蒙古将领李进的防线至三槽山西（今重庆市合川区以南），遇蒙古水军阻截。蒙哥派出经略使史天泽迎战，史天泽亲率主力水军顺流迎战，夺宋军战船百余艘，以占据水陆两方优势和顺江而下的攻势，击退宋朝的这一批援军，吕文德战败只得退回重庆。

进入夏季,重庆地区一向湿润炎热,这一年又奇热无比,宋代遗民诗人萧立之在《郴旱檄北湖龙》有诗感叹:"山中从前无此热,早禾焦死晚禾枯。"瘟病开始流行,蒙古军基本都是北方人,不适应南方的气候,再加上僵持近半年,战斗力大减。

王坚乘机多次夜袭蒙古军营地,令他们疲于应战,此时军心动荡。七月初五凌晨,蒙古军前锋元帅汪德臣,通过挖好的暗道率军乘夜突破外城马军寨,进攻到西面护国门内,外城已被攻破,王坚率兵出皇洞,双方展开激烈的肉搏。天将亮时又下起了大雨,蒙古军攻内城的云梯折断,后续部队无法增援,只好被迫撤退。

在蒙古军士气低迷的时候,作为前锋元帅的汪德臣希望尽快结束战局,于是亲自到城下劝降,愿保一城的性命,劝说王坚投降,结果被城上飞石击毙。

蒙哥见前锋元帅阵亡,大怒,失去了理智,命人在东新门外筑建高台,试图窥探如空中之城的钓鱼城内的虚实,伺机决战。七月二十一日,蒙哥登上刚建好的高台,亲临现场指挥,不巧被飞石所伤,败亡在钓鱼城下。手下将领宗王末哥和史天泽用两头毛驴载尸,奉丧北还。

至此蒙哥汗由蜀图宋的作战计划以失败告终,合州解围。

5. 以忠信奏论国事

蒙哥汗生前,曾经将汉地管理权,交给他十分倚重的大弟忽必烈。忽必烈在原来金朝的行宫金莲川开设幕府，广揽汉地人才，会聚起众多文武豪杰，尤其对邢州的汉法管理大获口碑，其声望日渐提高。忽必烈又在名将兀良合台的协助下，攻灭大理，又采纳姚枢的建议，禁止原来的滥杀和征用奴隶的做法，尽量安抚当地各部族百姓的生活，做好善后工作，使云南较快从战乱恢复生产，这一举措，使忽必烈的威望迅速提升。

许多蒙古勋贵，听到忽必烈对当地的做法，获得"贤王"名声，就提醒蒙哥防范忽必烈，借口忽必烈在推行汉法治理上，有大量贪污舞弊行为。蒙哥夺去忽必烈的兵权，使其去职赋闲接受调查，遣大臣阿蓝答儿、刘太平等到陕西主管财务，钩考关中及河南钱谷。迫使忽必烈交出陕西、河南、河北等地的实际控制权，将设置的安抚、经略、宣抚和都漕等部门及下属机构全部裁撤。

知权达变的忽必烈，把家口送到都城和林，并亲自入觐，以证清白。忽必烈这一举措，消除了蒙哥汗对他的怀疑，也缓和了兄弟之间的对立关系。恰逢牵制宋军主力的东路大军，在塔察儿的指挥下作战不利，不得已，蒙哥改命忽必烈担任东路军统帅。

忽必烈到达汝南并正式接手了东路军。他吸取了塔察儿樊城下屯兵不前的教训，先整顿军纪，严肃军令，勿妄杀无辜百姓。命霸突鲁、伯颜率先由察州进军，直趋汉水，遣杨惟中、郝经等招纳降附，宣抚江淮。他率领东路兵马进抵淮河，以迅雷不及掩耳之势攻入大散关，抵达黄陂。与此同时，汉军世侯张柔率军攻破南宋五关之首的虎头关，不久，忽必烈抵达长江北岸。

南宋治江制置副使袁玠，因为横征暴敛，百姓都很痛恨他，这时纷纷协助蒙古军，把渔船献给他们，还充当向导。就在忽必烈调动兵马准备渡江的时候，宗王末哥和史天泽派人通报，蒙哥受伤身亡，劝他撤军北返。

忽必烈不想无功而回，而是想以胜利之师，再北归夺汗位。忽必烈派遣董文炳、董文用兄弟为先锋，以二百艘战船强渡长江，宋军前来迎战，两军在江中战斗十七次，宋军大败，损失兵士无数，战船被俘虏千余艘。蒙古军渡江成功包围了鄂州（今湖北省武昌市）。与此同时，忽必烈还派兵前去接应由兀良哈台率领的另一路大军。兀良哈台从大理出发，经广西打进了湖南。

蒙古大军压境，忽必烈直抵鄂州城下。此时，把持朝政的丁大全，仍想隐瞒军情，时任太常博士的王应麟，上书劝诫理宗不要轻信佞人谎言，而应切实加强防务。丁大全知道后很不高兴，立即将王应麟免职。开庆元年（1259年）正月，盱江（今江西省南城县）人廖应淮，也上书揭发丁大全误国，竟被丁大全乱用私刑，戴着重刑犯的枷锁，被押解出都城，发配去汉阳军（今湖北省武汉市）。

时任醴泉观使兼侍读的吴潜，忍无可忍，向理宗如实禀报军情。吴潜说："今鄂渚被兵，湖南扰动，推原祸根，良由近年奸臣士设为虚议，迷国误军，其祸一二年愈酷。"鄂州被围攻，奸臣当道，没有使理宗痛下决心。理宗宠妃贾氏的弟弟贾似道，伺机弄权，也借机参了一本：丁大全为人奸诈，贪财好色，遏塞言路，浊乱朝纲。理宗这才大怒，罢免了丁大全，同时下"罪己诏"安慰人心。

丁大全被罢相，贾似道任右丞相枢密使，吴潜任左丞相枢密使。为了抵御蒙古大军，贾似道率领援军，前去解鄂州之围，全权负责鄂州战事。

鄂州守将张胜此时正拼死据守，终于盼来了援军。百余日内，鄂州城下双方更是鏖战不休，死伤枕藉。张胜战死城楼，军士死伤多达一万三千余众，可鄂州城内的将士仍然誓死抵抗着。尤其是贾似道，率军进入城中后，负责守城全部事宜。蒙古军多次用掘洞的方式将城墙破坏，贾似道不负理宗所望，总是在一夜之间率将士用木栅栏修补完毕，让蒙古军望城兴叹。就连忽必烈也不禁感慨："吾安得似道者用之？"

鄂州城下的战斗出现胶着，而霸突鲁率军进攻岳州（今湖南省岳阳市），郑鼎等率军骚扰江西兴国、瑞州、南康、抚州等地都进展顺利。尤其兀良合台所率的由一万蛮兵和三千蒙古骑兵组成的南路军，更是势如破竹，从云南出发一路之上攻克广西衡山寨（今广西壮族自治区百色市田东县）、贵州（今广西壮族自治区贵县）、象州、柳州、静江（今广西壮族自治区桂林市），进入湖南后，又接连突破全州（今湖南省全州县）、辰州（今湖南省沅陵市）、沅州（今芷江侗族自治县）的宋军堵截，攻至潭州（今湖南省长沙市）城下。

而在鄂州城中亲临战场的贾似道，此时深知，鄂州城破只是时间问题，一旦鄂州失守，岳州、潭州等地必定出现连锁反应，南宋朝廷将会危如累卵。于是，他派宋京为使节，以割江为界，岁奉银、绢各二十万为议和条件。

如果忽必烈和兀良哈台，对鄂州形成南北夹击之势，一旦鄂州失守，蒙古大军很快就会从鄂州顺流而下，直接威胁到都城临安。理宗皇帝身边的那个宠臣董宋臣，早已吓破了胆，怂恿皇帝迁都四明（今浙江省宁波市），还振振有词地说："四明靠海，如果蒙军逼近，可以乘海船逃走。当年金兀术渡江时，高宗就是由临安到四明上海，逃过金兀术追杀的。"

董宋臣是理宗贴身的内侍，朝中最有势力的宦官，善逢迎，

— 60 —

很会讨理宗的欢心，恃宠弄权，不可一世。因为迁都的主张是董宋臣提出来的，附和他的人很多，就连丞相吴潜也没有提出什么异议。但是军器太监何子举却说："如果陛下迁往四明避难，那么京师里百万百姓必定惨遭生灵涂炭。"御史朱貔孙也跟着说："銮舆一动，守边将士必将军心瓦解，若有盗贼趁机四起，必将举国动乱。"朝中虽有反对之声，却还是占少数。

迁都消息不胫而走，临安城里顿时风声鹤唳，达官贵人打点金银细软，准备逃往别处，苦的是穷苦百姓，惶惶不可终日。

宝祐六年（1258年）九月，文天祥陪同大弟文璧一起去京城复试，他们再次从庐陵出发，从赣江乘船入鄱阳湖，出湖口入长江，经真州（今江苏省仪征市）、京口（今江苏省镇江市），一路游山玩水，拜同年，访故友，于开庆元年（1259年）正月，到达临安。

文璧已经参加过省试，取得贡士资格，可以直接参加五月份的殿试。在京的几个月中，兄弟俩朝夕相伴，文璧学累了，就和哥哥下棋和诗，无话不谈，感情甚笃。

通过充分的准备，文璧顺利地考中进士。等发榜后，兄弟俩先后被授官，文璧被授予迪功郎、临安府司户参军，文天祥被授予承信郎、签书宁海军节度判官公事，他未敢受官，因其父亲病故时，没有行谢门礼，故先乞请补行谢门礼，然后再受官，皇帝准奏。

此时身在都城的文天祥，决心不顾个人安危，放胆上书直言，因还没有就任官职，不能用职衔向皇帝上书，便以"敕赐进士及第"的身份，力在为宗社解难，写了万言的《己未上皇帝书》。

在奏章中他揭露了董宋臣的罪行，仗着皇帝恩宠，一手遮天，蒙蔽天听。言路阻塞，君民上下隔绝，奸邪为所欲为，搞得国事不可收拾。指出迁都之议是小人误国的行为，"六师一动，变生

— 61 —

无方，臣恐京畿，为血为肉者，今已不胜计矣！"恳请"陛下以宗庙社稷之故，割去私爱，勉以分众"，乞斩董宋臣，"付之有司，暴其罪恶，明正典刑，传首三军以徇"，来消解百姓迁都的疑虑。

文天祥希望通过处斩董宋臣，使理宗能够"改过更始，召还旧德"，中书政令得以施行，打消有才能之人不敢出来任事的顾虑，激发起忠义之士同仇敌忾，来挽救国家于危亡。况且"三江五胡之险，尚无恙也；六军百将之雄，非小弱也"。蒙古军虽饮马长江，侵入南方，但东南半壁江山并未沦丧，四川许多地方和京湖一带，都还在进行顽强的抵抗。如果朝廷能够因势利导，指挥得宜，蒙古想灭宋并不是容易的事。

接着他又在奏章中，对抗击蒙古军，提出了四项积极的建议。

第一是"简文法以立事"。即针对当前兵革四起、国势危难的形势，减少朝廷里的繁文缛节，减少文牍往来，精简行政程序，提高办事效率，建议采用"战时体制"，皇上可在宫中择一去处，每日召集两府大臣，商议军国大事。同时仿唐朝谏官随宰相入阁的做法，谏官与宰相同时议事，如有不当之处，当场辩论后再作决定，以免等中书省发令下文了，台谏官又予以驳回，导致贻误时机。另外，要加强六部之事权，清减中书省事务，使宰执可以从日常文书政务中解脱出来，集中时间精力处理重要事务。如有应急突发的事情，可以"马上治"。

第二是"仿方镇以建守"。增加地方军事，即针对"兵财尽关于上，而守令不得以自专"的弊病，建议加强地方军事建设，仿唐末五代方镇旧规，纳数州为一方镇，集中兵力，分地而守，州县互相联防，一旦有战事，则可调集优势兵力，击退来敌。如以江西为例，可在吉州立一镇，统领建昌军、南安军和赣州，在袁州立一镇，统领临江军、抚州和瑞州。朝廷可选派知兵且有声望的人，在各方镇任职，并授予他自辟官吏、自用各州财赋、自行征民为兵的权力，还可提拔数名果敢忠诚之人，委以重任，既能独当一面，也可为国对抗现下的蒙古军。

第三是"就团结以抽兵"。团结指的是地方州县的"保伍"和"义丁"组织。这是解决兵力不足的举措，针对当前兵力分散、多而不精的问题，由各方镇将帅从团结之中，每二十家抽兵一名，一州以二十万户计算，则可得精兵一万。每方镇有两三个州，则可得精兵二三万。东南各路都建立方镇，则可增兵十万以上。如果再"教习以致其精，鼓舞以出其锐"，做到兵强马壮。而且各州县现存租赋可以充军粮，现存财利可以备军需，二十家抽一兵，轻而易举，州县号令也不难，数月之内就可办好。

第四是"破资格以用人"。解决人才匮乏，即在此国家面临生死存亡的关头，应当摈弃"有才者以无资而不得迁，不肖者常以不碍资格法而至于大用"的陋习，破格起用那些为人正直，又有真才实学之才，避免把国家安危寄托在那些虽然有资格却平庸无才的人身上。在各州义甲和诸峒壮丁之中，如果发现有威望的豪武之士，也可选拔为将帅；有特别聪敏灵活之人，也可引用为谋士；如其中还有尤为突出之人，还可以委任以更重要的国家大事。

文天祥有感于诸葛亮在《出师表》里，对刘禅广开言路、赏罚分明、亲贤远佞的建言，最后感言"国家存亡之故，不在境外侵迫之寇，而内之阴邪常执其机牙"，他在奏章中也说，"亲见外患如火燎原，而内寇又复植根固，流波漫，则祸难无涯"，所以，他像他从小敬仰的先贤那样，冒死进言，希望能够感动圣听，上下一心，以求能够度国家于"存亡之秋"。

文天祥呈上奏章，接着又去拜见了右丞相吴潜。吴潜是位知人善用、爱惜人才的贤臣。他提出"一格君心，二节奉给，三赈惜都民，四用老成廉洁之人，五用良将以御外患，六革吏弊以新治道"的为政之道，与文天祥的政治主张十分吻合。自从殿试后，他们结下交情，平时也有书信往来。

文天祥和弟弟走水路再赴临安，走到湖口这个地方，这时他听到蒙古大军压境，心情沉郁，写下一首诗：

长江几千里，万折必归东。
南浦惊新雁，庐山隔晚风。
人行荒树外，秋在断芜中。
何日洗兵马？兵书四海同。

原题为《题黄冈寺次吴履斋韵》就是写给吴潜的诗。

这次拜见吴潜，文天祥是想冒死进上的万言书，能在朝堂上得到吴潜的支持。一个是激情澎湃的新晋文官；一个是为国事没有私欲、秉性刚直的老臣。文天祥昂扬奋进的政治主张，却没能使年近七十的吴潜热血沸腾起来。

文天祥不知道，此时吴潜的心中，正藏着愤懑。在朝堂之上，理宗问他迁都的意见时，他为保理宗安全，同意迁都，但是，他愿留下来誓死捍卫临安。这引起理宗的猜忌，当即就责问他：你是想做第二个张邦昌吗？听了这话，吴潜当时吓蒙了，竟无言应对。

张邦昌是什么人？百姓人人唾骂的卖国贼。他是北宋靖康年间的少宰①，汴京陷落时投降了金兵，被册封为伪楚帝，名声比秦桧还臭。理宗说吴潜想做张邦昌，明摆着是说他对皇帝有二心，想自立为王，这是对他高度的不信任，有辱于他的声明。

文天祥上奏乞斩董宋臣，吴潜深知，不会有什么结果，迷恋于声色犬马的理宗，再也不是早年"端平更化"想要振兴国事，有所作为的理宗，沉湎于醉生梦死的荒淫生活，更是离不开董宋臣之流的投其所好。

事实也是如此，理宗看过奏疏，既没有杀文天祥，也没有斩董宋臣。他刚下过"罪己诏"，表示要力行不息之道，还主动要求臣下上书直言。对文天祥的建言，却采取置之不理的态度不了了之。

在迁都之事举棋不定时，谢皇后坚决反对，说这是"动摇民心"的下下策，如果皇帝走了，百姓没了主心骨，必然人心不安，不打自乱。不迁都，反而会稳重人心，蒙古军不至于肆无忌惮。理宗虽然并不宠爱这位长相并不出众的正妻，但还是尊重了她的意见，迁都的事就没再做打算。

巧的是，忽必烈围攻鄂州有了新变化，他收到妻子察必传来的确切消息，证实蒙哥的死讯，还说他的弟弟阿里不哥试图抢夺汗位。当务之急是让忽必烈回去争夺汗位。为了能够顺利撤兵，防止被宋军追击，没有跟贾似道谈和议的书面事宜，临走前还虚张声势，说要攻取临安，却匆忙撤军北返。同时，兀良哈台也接到忽必烈撤军的命令，解除了对湖南潭州的包围，率军向北渡过了长江。

至此，一场近似亡国的鄂州之战终于结束。作为总指挥的贾

---

① 少宰，官名，掌管王宫里的政令。

似道班师回朝，绝口不提议和之事，上表称"诸路大捷，鄂围始解，江汉肃清。宗社危而复安，实万世无疆之休！"从此恃功自傲，开始在朝中独断专权。

第三章　初涉政坛，愿言竭节忠孝志

1. 君无大志荒朝政

　　文天祥为国家社稷着想，甘愿冒一死的决心，不惜得罪权贵，写下的万言书，竟没有得到任何答复。他不免心灰意冷，就连宁海军节度判官公事也无心去做，从殿试一举夺魁高中状元，到奏疏无果自请免职，这位二十四岁的青年才俊，在朝为官没有作为，还不如终老家乡，像他父亲那样，一辈子以教书糊口，还可以著书立说，也不枉活此一生。决心已下，他连招呼都没打，径自去职还乡。

　　话又说回来，文天祥为什么要乞斩董宋臣？董宋臣又是什么样的人呢？董宋臣自小长在宫中，整天侍候理宗的饮食起居，渐渐地对理宗的喜好了如指掌。为了深得皇帝欢心，他倾心尽力，凭借钻营取巧的脑瓜子，让理宗高兴的事，他都想在前面。刚进宫的时候，他不叫这个名字，为了讨好理宗，将原来的名字改为董宋臣，名字的寓意不言自明，就是死心塌地做大宋的宦官、皇帝身边排忧解难的家臣。

蒙古军撤退后，此时的理宗已是五十多岁，早已丧失了当初励精图治的锐气。仲夏时节，暑热难当，却是禁苑荷花开得最艳丽的时节，这位具有赵宋皇室的血统，却由平民一步登天的皇帝，怀念起小时候，在绍兴山阴县的家中，每到这个季节，人们泛舟荷塘，赏荷纳凉，采莲弄藕，享受夏日的清爽，真是好不惬意。

皇帝的心思泛动，哪能遗漏在董宋臣的眼里，他又怎能错过表现自己的机会。为了尽快满足皇帝的心愿，为了皇帝的龙体不受烈日炙烤，董宋臣一手策划在荷塘边建一座凉亭，他催促能工巧匠，限令一天把凉亭建好，还美其名曰"芙蓉阁"。隔日便领着皇帝游园赏荷。逐渐贪图享受的理宗，没有对董宋臣的劳民伤财加以责怪，倒是对董宋臣的做法甚是满意。

到了冬天，理宗又有赏梅的雅兴，董宋臣逢迎圣意，又在梅园建造一座可供休息、赏观的亭子"香兰亭"。理宗这回责备他劳民伤财，董宋臣敷衍道，不过是把荷亭移到这里。昏庸腐朽的理宗听了，又夸其办事得体。他还命令董宋臣强占民田，兴建佑圣观、梅堂等，以供寻欢作乐。

"端平入洛"之后，宋军的惨败令理宗痛心疾首，此后的连年战争更使他疲于应付，面对北方强大的蒙古军，理宗不图富国强兵，却逐渐怠于政事，沉迷于荒淫无度的糜烂生活——一日不可无女色。

本来在宋代，对后妃的选择采取了重德轻色，重出身门第的政策。董宋臣却投其所好，不断为其在民间选美。阎氏是理宗晚年最宠爱的妃子，是鄞县（今浙江省鄞州区）人，因为长得明艳绝伦，貌美如仙，有闭月羞花之貌，又有沉鱼落雁之色。阎氏入宫，理宗后宫众多嫔妃顿失颜色。初封宜春郡夫人，寻晋封为美人，后晋封为婉容，紧接着，又封为贵妃。对之言听计从，各种赏赐无度，宠爱全在阎氏一人。

国家将亡，当时有权有钱人家，兴造香火院，亦称功德院，用以供养菩萨，顶礼膜拜，寻求一丝虚无缥缈的心理安慰。身为贵妃，又得皇上百般宠幸，阎贵妃也提出要建一座功德院，理宗一口允诺，不惜动用国库，耗费巨资来建功德寺。

当时的右丞相兼枢密使赵葵，上奏表示坚决反对，认为这是祸国殃民，作为一国之君，不应听信谗言于声色犬马。赵葵是南宋的儒将，一生以儒臣治军，幼年就跟随父亲在军队中生活，有志于事业和功绩。他每次听到战事警报，都一马当先，冲在最前列，与敌人死战到底，为南宋偏安做出了卓越的贡献。可气的是，理宗忠谏不分，对之置若罔闻，令国家有功之臣寒心。

阎贵妃早知道，西湖旁边的灵隐山谷间，是建寺庙的好场所，奈何灵隐寺早已耸立其间，只好退而求其次，在灵隐寺东侧的集庆山下建寺。因为功德寺工程浩大，为了求得合适的梁柱，竟然有恃无恐，相中了灵隐寺山谷间的林木。

自东晋印度僧人慧理在这里开山建寺后，灵隐山一直是佛门净地，无人乱砍滥伐。因此林木华盖如云，樟树葱茏，松树苍劲，如云如虬。唐代大诗人白居易，有感于灵隐山林的苍翠，在《冷泉亭记》中，盛赞其"山树为盖"。如果把这里的古木砍光，灵隐风光锐减，幽僻清静的特色，也将荡然无存。

灵隐寺还是高宗和孝宗两位先皇四时八节进香的地方，闲暇之际，还常来这里挥毫泼墨。理宗更是把大雄宝殿改名为"觉皇殿"，把这里当成另外的皇宫，还亲赐御笔"妙庄严域"四个大字。明知道是佛门净地，却对手下的胡作非为置若罔闻。

消息传到灵隐寺，寺僧们敢怒不敢言，正一筹莫展的时候，颇有智慧和勇气的元肇法师，用委婉的方法写了一首诗，希望能够警醒理宗，达到讽谏的目的，他写道：

不为栽松种茯苓，只缘山色四时青。
老僧不许移松去，留与西湖作画屏。

理宗看到诗后，终于打消了在灵隐山砍树的念头。

皇上宠爱的贵妃要建功德寺，朝廷内司不敢怠慢，更是忙坏了董宋臣，他将建寺所需材料，分摊给个各州县，州县纷纷采伐树木。地方上的贪官污吏，借机中饱私囊，借着贵妃的旗号，在民间乱砍滥伐，闹得百姓叫苦不迭。百姓稍有异议，官吏就大打出手。轻则被殴打，重则追捕入狱。有些还是坟墓边上的树木也被砍个精光。人们由此吟诗讽刺道：

合抱长材卧壑深，于今惟恨不空林。
谁知广厦千斤斧，斫尽人间孝子心。

浙西荣王更是为了讨好阎贵妃，大力征用农民的土地，抢夺百姓家的木料及财务，手下人还仗着王府的势力，乱用私刑，草菅人命，死伤了不少无辜百姓。浙西提刑胡颖经办此案，他办案不畏强权，雷厉风行，从重判决荣王府12人死刑，并弹劾荣王的纵容之责。因为此事涉及阎贵妃，理宗心有不快，指责胡颖道："闻卿好杀。"胡颖义正词严地说："臣不敢屈太祖之法以负陛下，非嗜杀也。"意思是说，我办案，是根据祖上定的律法行事，不是根据自己的喜好乱杀无辜。

规模宏大的功德寺，前前后后修建了三年，其富丽堂皇的装饰，超过了已有几百年历史的灵隐寺。百姓人人愤懑不满，有人写一副对联，于天黑之夜，贴在寺内的大柱子上：

> 净慈灵隐三年竺，
> 不及阎妃好面皮。

功德寺的建成，更加膨胀了阎贵妃的虚荣心。利欲熏心的人，也看到了她的权势，纷纷投靠在她的门下。时任淮西知洲丁大全，虽然出身卑微，相貌也出奇的丑陋，却是个野心家，通过拉拢董宋臣，跟阎贵妃也攀上关系，一个是皇帝身边的内侍，一个是皇帝的宠妃，跟他们搞好关系，不愁在理宗面前说他好话。几年工夫，他的官位不断高升，先被任命为右司谏，后又被理宗亲自选为侍御史。

侍御史官位虽然不高，却能掌纠兴举百官、入阁承诏、知推（推鞫）弹（弹举）公廨（知公廨事）、杂事（御史台中其他各事）等事。朝中百官，不管职位大小，都是其弹劾的目标。如果正直的人在其位，有道德的操守，定会秉公办事；如果是位心术不正的小人，很容易公报私仇。

丁大全是个什么样的人，人送绰号"丁蓝鬼"，长着一张蓝色的鬼脸，为人又贪财好色。不满足妻子是宫中外戚家的一位婢女，听说儿子的未婚妻很漂亮，不顾及亲情抢过来做了自己的小妾；淮西总领郑羽家中富有，又打起了坏主意，编造谎言弹劾郑羽，抄其家，达到吞并郑家全部财产的目的。

跟丁大全职位一样的另外两个御史台，一个叫陈大方，一个叫胡大昌，他们沆瀣一气，臭味相投，还暗地里拉帮结派，表面看似很老实，其实背地里像狗一样，做着乱咬人的勾当，人们送他们仨一个绰号"三不吠犬"，只要跟他们不对眼的人，总是借机弹劾，朝中上下人人自危，更是招徕许多同党小人。

主张抗战的刚直大臣董槐，因赞同监察御史洪天赐的见解，认为宦官、外戚、小人是扰乱朝政的三种人，并要求理宗除去身边这三害。因此丁大全和董宋臣怀恨在心，尤其董槐还说丁大全是邪佞之人，不可近。更使丁大全日夜刻求其短，必除之而后快。他上章弹劾董槐，污蔑其结党营私，图谋不轨。理宗罢免董槐的圣旨还没下来，丁大全就迫不及待地在夜半，以台檄调隅兵百余人，带着兵刃包围了董槐的府邸，谎称要把董槐押送到大理寺，结果却胁迫他出城门，将他弃之在城外，乱呼呼的一伙人方才呼啸着散去。文天祥殿试时，董槐还是右丞相，殿试后一个月的光景，就被罢官。

丁大全明目张胆地驱逐董槐，震动了朝野，让朝中百官人人自危，敢怒不敢言。太学生陈宜中、黄镛、林则祖、曾唯、刘黻、陈宗六人，愤慨上书理宗，揭露丁大全嚣张跋扈的行径。丁大全使出卑劣的手段，指使台谏官翁应弼和吴衍弹劾六人，将他们开除学籍，流放边州，同时禁止三学①所有的学生妄议国政。士人一致称赞六位太学生为"六君子"，然而，理宗却忠奸不分，还任命胡作非为的丁大全，接替董槐的职务为右丞相。他不仅隐瞒军情，还委派同党袁玠为九江制置副使，造成江防危机，以致朝野上下

---

① 三学：太学、宗学、武学。

怨声四起。

理宗身边还有个奸佞之人马天翼，此人趋炎附势，理宗的独生女下嫁的时候，马天骥绞尽脑汁，送了一份别出心裁的大礼，准备了一百只镶着金银珠宝的螺钿箱子，用来装盛文武百官、豪商巨贾所赠送的礼物，得到了理宗的欢心，与丁大全同时任命为签书枢密院事。

阎贵妃、马天翼、丁大全、董宋臣，依仗着理宗的宠信，内外勾结，把持朝政，为所欲为，捏造莫须有的罪名陷害忠良，排除异己。引起很多正直人的不满，有人在上早朝的大门上写下八个大字："阎马丁当，国势将亡。"意在警告理宗如果再信用奸佞之人，国家前途堪忧。理宗震怒，派人追查写字的人数月，结果不了了之。

理宗似乎也意识到，自己在用人方面的失误，迫于舆论的压力，采取一些补救的措施。马天骥任执政刚刚八个月就被罢免；由于蒙古南攻，丁大全隐瞒军情，被罢免了宰相职务，在众人的论劾之下，将丁大全再贬至南康军居住。后来，丁大全被一贬再贬，直到理宗将其流放海岛，在押解途中，船过藤州（今广西藤县）时，被押解官毕迁挤落水中淹死。阎贵妃也于景定元年病逝。只有宦官董宋臣，理宗念在旧情上，没有斩杀之心，将其流放到安吉州编管。

文天祥回到家乡不久，朝廷下诏书，改任他为镇南军节度判官厅公事。他不肯就任，此时，老臣吴潜已被罢相，贬谪到偏远的循州（今广东惠阳）。贾似道在理宗的支持下，排除异己，把持朝政。

理宗呢，早已没有年轻时厉行改革的奋发有为，变得尤为好色。远贤臣，权移贾似道。他自己则沉迷于声色犬马不自拔，甚至三宫六院都满足不了他的私欲。

人品极坏的董宋臣在做内侍的时候，为了讨好理宗，把名妓唐安安带入宫中。名义上是为指导宫女们排练歌舞，实质上是理宗爱恋唐安安超凡脱俗的气质、歌舞绝伦的技艺，将她留宿宫中，日夜缠绵，步唐明皇的后尘，重新上演了"从此君王不早朝"的历史画面。

有才学且人品正直的牟子才上书劝诫理宗："此举坏了陛下三十年自修之操！"理宗不以有损皇帝的修为为耻，反而转告牟子才，不得转告他人。不惧权势，排奸指佞的姚勉也劝谏道："请陛下以明皇、贵妃为戒。"理宗竟然厚颜道："吾虽不德，未如明皇之甚也。"他以为自己比唐明皇、杨贵妃还差得远，却不知五十步笑百步，荒误朝政，致使国势衰微却不自知。

2. 不畏流俗守本心

董宋臣引诱理宗淫乐，为文天祥所不齿，所以朝廷下诏叫他任职，他辞免请祠禄。祠禄也是一种官职，只不过是闲差，领俸禄，吃干饷，而无职事，是宋朝廷特意照顾罢职的大臣，而设的一种闲官，也是失意或无所作为的官员求避隐退，才会主动申请的差事。文天祥刚踏入仕途，就请求这样的官职，实属先例。朝廷便又改任他为建昌军（今江西南城）仙都观的主管。

仙都观是道教的宫观，时年二十五岁的文天祥，年纪轻轻，初出茅庐，为什么上任的第一个官职，会选择跟道教有关呢？想起几个月前,不怕自己人微言轻,不畏言多招祸,自己踌躇满志,写下万言上皇帝书,面对国家的危难,毫不犹豫地挺身而出,"有仓卒等死之虑,无毫发近明之心",直指迁都之议是小人误国之言,董宋臣恶贯满盈,当以斩首,他信心满满地针砭时弊,认真地为国家改革献计献策,得到的结果却是,理宗没有采纳他的意见,他改革的梦想落空了。

如果说对朝廷不感到失望,那是假话,可是又如何在这样的官场上立身呢?原是意气风发的少年郎,现在有些迷茫地看着远方,长眉紧锁,他那双炯炯有神的大眼睛,逐渐泛出光芒,他宁愿置身于政治漩涡之外,也不愿混迹官场与奸佞之臣同流合污。正所谓"邦有道则仕,邦无道则隐"。

仙都观建在建昌城外十余里的麻姑山上,当地人叫麻姑庙,是一座非常有名的道观。相传是麻姑在此修炼成仙的地方。晋代道士精晓医学和药物学的葛洪曾在这里炼丹,他强调"欲求仙者,要当以忠孝和顺仁信为本。若德行不修,而但务方术,皆不得长生"。到了唐代开元年间,道士邓紫阳在麻姑山上主持修建了这座仙都观,香火盛极一时,是东南道教中心。

唐代大书法家颜真卿,在任抚州刺史时,也多次登游麻姑山,对这里的自然景观赞不绝口,并亲自撰写《麻姑山仙坛记》,全文九百余字,笔力刚健雄厚,布局充实,被誉为"天下第一楷书",后人特意为此书在此建碑立亭。文天祥也非常喜欢颜真卿的书法,经常临摹他的字,在仙都观任职时,他的书法水平日渐提高。

他仰慕颜真卿的耿直狷介的性格,也尊崇他运筹帷幄的赤胆忠心。"安史之乱"前,颜真卿任平原太守,属安禄山管治范围。安禄山是唐玄宗宠信的大臣,颜真卿早看出安禄山有谋反迹象,苦于没有真凭实据，故未雨绸缪，假托因长期阴雨，城墙坍塌，平原郡内受灾严重，要加高加固城墙，疏通护城河，招募壮丁，储备粮草，还为了麻痹安禄山对他的怀疑，大张声势地跟一些名士、宾客，在江上划船饮酒，制造出荒于政务的假象。

安禄山于范阳（今河北保定一带）起兵造反，河北境内各大城市基本沦陷，这时颜真卿镇守的平原郡防守严密，固若金汤。玄宗听到安禄山反叛的消息，曾叹息道："河北二十四个郡，难道就没有一个忠臣吗？"待他得知，颜真卿坚守平原，等待援军时，他激动得大喜，对身边的官员说："我不了解颜真卿的为人，他做的事，竟这样出色。"

权臣卢杞十分忌惮颜真卿的能力和政绩，故意使坏说服皇帝，派颜真卿去招降叛将李希烈。李希烈想要拉拢颜真卿为宰相，奈何他不肯屈服于胁迫，只求一死保持名节，最终被缢杀。

文天祥后来被元军押解到元大都燕京（今北京）途中，过颜真卿曾镇守的平原时，写下一首《过平原作》诗，借以抒发自己对颜真卿的倾慕之情：

平原太守颜真卿，长安天子不知名。
一朝渔阳动鼙鼓，大江以北无坚城。
公家兄弟奋戈起，一十七郡连夏盟。
贼闻失色分兵还，不敢长驱入咸京。
明皇父子将西狩，由是灵武起义兵。
唐家再造李郭力，若论牵制公威灵。
哀哉常山惨钩舌，心归朝廷气不慑。
崎岖坎坷不得志，出入四朝老忠节。

当年幸脱安禄山，白首竟陷李希烈。

希烈安能遽杀公，宰相卢杞欺日月。

乱臣贼子归何处，茫茫烟草中原土。

公死于今六百年，忠精赫赫雷当天。

一天，一位名叫朱山月的道士，将文仪生前游览麻姑山时题写的《题洞岩观》装裱成立轴送给文天祥。文天祥捧着父亲的遗墨，睹物思人，写下一篇《敬书先人题洞岩观遗墨后》，他敬畏父亲知识渊博、淡泊超俗的处事态度，更为没能使父亲过上"逍遥林下"的日子，感到内疚和难过，想起父亲生前的诸般教诲，不禁黯然泪下。父亲让他读书用以补世，可是，现在大志未酬就过起了闲居山野的日子，这如何又是他想要的生活。

景定二年（1261年）十月，朝廷又调文天祥入朝，任秘书省正字，因心有抵触不肯就任，文天祥乞求奏免。他写给江万里的信中明确表示，国家外阻内讧，大难将临，遂破脑刳心冒死上书，朝廷不但不欲与理会，甚至还有人讥讽为迂阔之论，这让血气方刚的文天祥，如何能够忍受。

他感到在官场上办实事，行直道之难，所以宁肯奉祠窃禄，过清闲的日子闭门读书也不肯赴职。朝廷不允，再次下诏，文天祥再次请辞，朝廷仍旧不允。朝廷下的诏令说："初以远士奉董生之对，继以卑官上梅福之书。天下诵其言，高其风，知尔素志不在温饱矣。麟台之召，何来之迟？"

在这封诏书中，肯定了文天祥是皇帝亲擢的"敢言之士"，同时又催促他去赴任。诏令出自著名词人刘克庄之手，经过驰援鄂州，功成意满的贾似道授意和首肯。万般无奈下，文天祥只得赴京。

秘书省是专门管理国家藏书的中央机构，秘书省正字从八品，虽然品级不高，也无实权，但是对任职者的学问要求颇高，主要负责校核典籍，勘正文章。朝廷如此安排，也算是对文天祥的一种器重。此时，离他高中状元已过去五年零五个月，其间的政局动荡，世事起伏，文天祥也深有感触，使他为人处事，多了几分沉稳和持重。他在接到任命后，依规矩写了《谢丞相》《谢皮枢密龙荣》《谢何枢密梦然》《谢江枢密万里》等书信，向推荐提携他的上司们表达感谢，并表示将更加自勉。

其中，文天祥给贾似道写的《上丞相》信中，阐明观点："用人者非私于其人，为人用者非私于其用。近臣之得所为主，皆所以事天也。"文天祥在信中明确表示，用人者和被用者，都不应图谋自己的私利，更不能结党营私。作为皇帝身边的重臣，所思所想都应是为了天下苍生大计。

文天祥身虽不在朝中，但是朝廷上的动荡，还是有所耳闻。贾似道把董宋臣这样的宦官逐出后宫，尚可大快人心；像吴潜这样的贤臣，不论是出任地方官，还是在朝中，所任要事都有所建树，也被贾似道弹劾出朝廷，这就令人匪夷所思，贾似道独揽国政大权图谋昭然若揭。

当年反对丁大全获得"六君子"美誉的太学生陈宜中等人，现在也被贾似道拉拢过去，都以他马首是瞻，效犬马之劳。贾似道有意笼络人才，建构自己的势力。但是文天祥做人做事，有自己的底线，即使是你任用我，提拔我，也不能加重个人感情的筹码，我也不能成为你的死党，而是要秉公办事。所以他又在信中提到为官之道——公而忘私，国而忘家。贾似道举荐他，他也不是不懂感恩的人，他接着又写道："某之补报知遇，将有日也。"

他将以对国家尽忠勤勉的工作,来报答贾似道这份知遇之恩。

可是,文天祥还没来得及启程,外祖父曾珏又病入膏肓。外祖父已是古稀之年,六十岁之前笃信佛教、道教,六十岁之后,又不拘于宗教信仰。他临死之际,神志还很清醒,面向也从容。看着为他伤心哀泣的子孙,反而劝道:"死生如昼夜,不足多憾!"然后唤家人拿出他最爱喝的酒,痛饮完毕,对人世不怀一点儿留恋,大喊一声:"吾真去矣!"随后便闭目而逝。

外祖父对死亡从容的态度,对文天祥触动很大,他撰文感叹道:"世能言死者不少,此非尝试事,臆度料想,靡所依据。公去来一息,实天祥所亲见,道之粲然,莫此深切。"对他日后舍生取义的影响也很深远,

景定三年(1262年)三月初三日,安排好外祖父的后事,文天祥终于从家乡赴京就任。恰好这一天是大弟文璧二十四岁生日,刚刚经历外祖父去世之痛,又想到孤身一人远在临安的弟弟,随即写了一首诗,诗名是《景定壬戌司户弟生日有感赋诗》:

夏中与仲秋,兄弟客京华。
椒柏同欢庆,萍蓬可叹嗟。
孤云在何处?明岁却谁家。
料想亲帏喜,中堂自点茶。

诗中怀念两年前,兄弟二人一起相伴京城,文璧考中进士,兄弟俩共同庆祝同朝为官的喜事。既有"椒柏同欢庆"的喜悦,也有"萍蓬可叹嗟"的愁绪,因当时文天祥上书的建言没被采纳,本人也没受重用,文天祥愤而回家,文璧一人孤身在外,任临安

府司户参军,兄弟就像"萍蓬"一样尝受着别离的滋味。

文天祥这次赴京,文璧任期也将满,不知道以后又将调往何方。诗中既是骨肉情深的欢愉,也有"料想亲帏喜,中堂自点茶"的思念。想到母亲在家,兄弟二人庆祝同朝为官的喜事,也只能在客厅里"点茶"以示庆祝。

文天祥上任后,端正的人品、出众的才学很快就显露出来了,理宗对他非常赞赏,一个月后就晋升他为校书郎,又恰逢三年一次的殿试,并让他担任当年科考的殿试复校考官。复考官就是对初选的试卷做进一步审读,避免遗漏人才。

他把初考官送过来的试卷逐一复读,发现其中有一卷,立论刚正,论辩充分,以民生为政要。文章写得非常好,却唯独有一个字,触犯了皇帝的名讳。按照常规,文章写得再怎么好,也不能被录取,甚至还有可能被定罪。

为了不使国家遗失栋梁之才,文天祥让另外两名复考官也看了试卷,他们也一致赞赏考生的才华,为其瑕疵感到可惜。文天祥不怕受牵连,认定人才难得,果断上报详定官,恳请从宽处理。结果御定录取进士甲第时,赐予这名考生进士出身。文天祥暗自为其庆幸,有才的人,终于有施展才华的机会,为之悬着的心,也终于落地。

令文天祥意外的是,当拆去卷头的封弥唱名时,才知道这名考生,竟是自己的启蒙恩师王国望。文天祥非常庆幸自己能够坚持原则,才不至于让恩师的才学被埋没。后来,王国望官至从政郎、袁州军事推官,为政为民勤勤恳恳,就像教导小时候的文天祥一样,对待工作上的事,不会因事情简单而轻视,不会因其苦而放弃,不会因事情艰难而退缩,更不会因小有成就而居功自傲,也不会因无过而自喜。

另外，这次殿试，还值得一提的是，在同榜进士中，还有文天祥的同乡，庐陵人邓光荐。他也就学于白鹭洲书院，此人聪慧，擅长写诗，负有诗名，后来与文天祥成为患难见真情的好兄弟。

当了一任复考官，文天祥发现一个不合理的现象，问题出在童子科的设置上。原来，早在宁宗嘉定十四年（1221年），为童子、少年设立的科举考试上，国子监从参加应试的童子中，选出10名参加中书考试，接着再参加太常寺的考试，考中者即可授予下科进士，没有考中还可以再考，考中后便可待诏做官。

文天祥认为这样做不合情理，这些童子，最大的才十五岁，能做什么事情，这违背国家选用和培养人才的规律，而且这样小的年龄，就享受如此特权，对童子的人生历练尤为不利，对那些没有背景，终身应试而得不到乡荐的山林之士，也有失公允。

他权衡利弊，写了一篇《壬戌章科小录序》，在文中说："予谓童子，其所已学者，经也。经载道书也，童子向记其言语而已。而沉潜义理，变化气质，蕴之为德行，行之为事业，未之及也。童子而能其所已学者，温而绅绎，深加践履，希贤希圣，求之有余师。而其所未学者，徐徐而勤之，不为后也。"

童子幼小年纪，虽天资不凡，也只是强记书中的言语，而要掌握其中的要领，学深学透，为其所用，是需要一个过程的，强求不得。礼部侍郎李伯玉，也十分赞成文天祥的观点，并奏于朝廷："人才贵于养，养不贵速成，请罢童子科，息奔竞，以保幼稚良心。"

人才贵在善养，不在速成，孩童自有他的成长轨迹，不要让孩子过早地暴露在成人社会的压力下，要还孩子以童真。后来，朝廷采纳了他们的意见，取消了童子科。

从文天祥在复考官位置上办的两件事，可以看出他做事的原则，是出于本心，也正如他自己所说："某他无能为役，至于守其本心，不与流俗为轩轾，以求上不负知己，下不负鬼瓌之所存，则或可无愧作于此。"（《贺签书枢密江端明古心书》）

在官场上，最难得的是守住本心，保持清净自性，不趋炎附势，不为外界所迷惑，坚守公德。由于文天祥有这些品德和气节，他不久后兼任景献太子府教授，给太子赵禥授课。因讲授"四书五经"有方，得到理宗赞赏，特赐他一只金碗。这只金碗，文天祥后来还借给了贫穷的恩师欧阳守道救急。

景定四年（1263年）正月，文天祥又升任著作左郎，掌管编修国史、历法，撰写祭祀祝词，跟先前正字官职一样，都是供职秘书省，做案头工作。二月，兼任刑部郎官，整天跟刑事打交道，"钩考裁决，昼夜精力不倦"，他办案认真，深入调查和研究案情，使"吏不能欺，慑服焉"，在办案过程中，文天祥充分发挥出他的才能和智慧，使基层的办事人员都不得不服气，贪赃枉法的行径，也有所收敛。

文天祥在京任职，恰逢其弟文璧也在临安府任司户，公务之余，兄弟俩与馆阁文臣多有聚会，这时候，文天祥的唱酬诗比较多。如这首题目很长的《次韵刘左司前以著作郎主秘书省营缮事时落成适潘秘丞得郡槜李并饯行有诗》：

蓬壶日月四时春，金碧新来绚帝宸。
俎豆幸陪麟省隽，衣冠中有虎符新。
诗馀和气生谈麈，坐久风光入醉茵。
多谢兰台旧萌主，好归群玉领儒珍。

诗中的表达倾向于形式美，辞藻华丽，音调铿锵，对仗工整，有宋初"西昆体"的遗风。再比如《秘省再会次韵》：

> 蓬莱春宴聚文星，多荷君恩锡百朋。
> 四座衣冠陪贺监，一时梁栋盛吴兴。
> 图书光动青藜杖，人物温如古玉升。
> 好是木天新境界，萤窗容我钟金灯。

第一首和第二首的诗名中，都出现了秘书省和秘省。秘书省是文天祥任职的机构，秘省是秘书省的简称。两首诗写的都是文天祥和同僚之间酬酢的应景之作。

宋代科举，是选拔人才最主要的途径。三年一大比，因为官员俸禄优厚，举国上下，有十万人参加考试，在文天祥高中状元那一年，录取进士者才六百人，参加的人数多，录取的人数少，人们求功名富贵心切，往往求助于占卜。因此，每到科举之年，那些所谓能推算人命运贵贱的相士，他们开的店铺像市场一样，求卜算命者络绎不绝。相士不光是给举子算，在生活中也普遍存在，如婚丧嫁娶、升迁等等，算卦就像是一种风气，在此期间，文天祥给江湖人士的应酬诗最多。如《赠神目相士》：

> 道茂数遁甲，长房得役鬼。
> 风鉴麻衣仙，地理青乌子。
> 择术患不精，精义本无二。
> 奇哉梦笔生，熊鱼掩前氏。

是夸神目相士的神异相术,此类诗大体如此。

文天祥在京城做官,一边忙着政务,一边忙着应酬,表面上看很风光,其实内心是很苦闷。文璧任临安府司户参军已满三年,按朝廷惯例,应再行差遣,经知临安府马光祖推荐,改任知瑞州新昌县。兄弟俩才相聚两个月,又要面对分别。所以他写下《别弟赴新昌》相送:

> 十载从游久,诸公讲切精。
> 天渊分理欲,内外一知行。
> 立政须规范,修身是法程。
> 对床小疏隔,恋恋弟兄情。

作为哥哥,他和文璧相处的时间最长,两人一起上学,一起长大,感情最为深厚。文璧就任新职,当哥哥的总是要叮嘱弟弟一番为政之道和修身之法。

在此之前,文天祥接到朝廷诏令时,还特意给任枢密院事的江万里写信,言自己的志向,对国家的担忧,对朝政的失望,文天祥特别崇拜这位白鹭洲书院的创始人,很想到京城后,能够拜见这位恩师。奈何江万里因生性耿直,遇事敢于进谏,触怒了把持朝政的贾似道,文天祥还没有到京城,江万里就被贾似道排挤走了。

左丞相吴潜,也是敢于直言的清官,因反对理宗立胞弟的儿子为太子,为理宗所不满。想要专权的贾似道,看准时机,故意在理宗面前搬弄是非。私下里,还指使侍御史沈炎和何梦然等人弹劾吴潜,顺着理宗说"忠王之立,人心所属,潜独不然",还故意诬陷吴潜"奸谋叵测"。

早就对吴潜心有不满的理宗，遂将吴潜贬至循州。贾似道又听说吴潜在循州带领百姓治水，建书院，受到当地人的拥戴，贾似道怕其东山再起，指派心腹武臣刘宗申到循州任知州，以宴请的名义，借机用毒酒害死吴潜。吴潜预知自己死期将近，不禁愤慨地对身边人说："吾将逝也，夜必雷风大作。"是夜果然电闪雷鸣。吴潜还在临终前，写《谢世颂》三首，其中第三首诗象征性地概括了他的一生：

　　生在湖州新市上，死在循州贡院中。
　　一场杂剧也好笑，来时无物去时空。

吴潜暴卒的消息传到临安，文天祥非常悲恸，想到当年乞斩董宋臣时，没有得到吴潜的支持，自己一度还对他有所误解。现在阴阳两隔，回想起来，真是懊悔万分。吴潜也是皇帝亲擢的状元，不管是在朝中做官，还是出任地方，与国与民都有所建树。还擅长写诗词，词风接近辛弃疾，常抒发济世忧国的抱负和壮志难酬的悲愤。

文天祥跟吴潜，既有知遇之恩，又有忘年之交，可谓是情深意厚。如今噩耗传来，文天祥强忍悲痛，写下《挽湖守吴西林》以志哀悼：

　　倾盖岁年晚，相知江海深。
　　春天思北树，夜雨话西林。
　　五岭生前梦，中原地下心。
　　英雄凋落尽，慷慨一沾襟。

更让文天祥感到痛心的是，吴潜的支持者牟子才、刘应龙等人，也相继被逐出朝廷，与吴潜共同执政的饶虎臣、戴庆炣也被罢免，本来对出来做官犹豫不决的文天祥，这时更感到朝中黑暗，直道难行，对前程感到十分迷茫。

3. 言行一致亦诚德

自从董宋臣被逐出京城后，理宗时刻没有忘记他。景定二年（1261年）就给董宋臣升了官，紧接着一升再升，到景定四年（1263年）七月二十日，理宗干脆将董宋臣召回宫中，重做大内主管，继续掌管他的吃喝玩乐以供享乐。不久，又让董宋臣监管太庙、往来国信所、同提点内军器库、翰林院、编修敕令所、都大提举诸司、提点显应观等等，可以说对董宋臣特别宠信。最重要的是，还让董宋臣分管景献太子府事，成了文天祥的顶头上司。

董宋臣又回到皇帝身边，引来朝中上下不满，忌于董宋臣有理宗庇护，朝臣们心有异议，却不敢言。也有少数的忠勇之士，不计个人安危，历数董宋臣的嚣张气焰，排挤大臣、去除台谏，其权之大足以为患朝政，扰乱纲纪。理宗不但不听忠言劝告，反而又任命董宋臣主管御前马院及酒库。

吴潜的死，让文天祥深感官场的黑暗，董宋臣又重入宫中，爱憎分明的文天祥又怎能坐视不管，任其胡作非为。何况自古忠奸不两立，他义怎能在景献太子府与之共事。想起三年前，他乞斩董宋臣无果，这一次，他依然要把国家的利益放在首位，将董宋臣依持权势，凶鸷歹毒的行径，呈现给理宗看。

文天祥在奏疏上说，当年外侵起于内祸，内祸又起于董宋臣，他想到，如果不是当年以董宋臣为首的阎贵妃、丁大全、马天翼等人扰乱朝政，滥用职权，使百姓怨声载道，百姓也不会背弃自己的国家，将所有的渔船都用来援助蒙古军，给朝廷带来极大的危害。接着他对董宋臣的复用，说出了他的担忧，"势焰肆张，植根既深，传种既广，未流之祸，莫知所届"，他用自己的肺腑之言，希望理宗能够听从公论，收回成命。这年正好是农历的癸亥年，所以他以《癸亥上皇帝书》奏呈理宗。

跟三年前的奏疏一样，他没有因言获罪，朝廷也没有罢免董宋臣，他倾尽肺腑之言，依然没有得到任何结果。这让文天祥感到心灰意冷，本来出来做官就是迫不得已，碍于朝廷催促，现在更让他有了去职归乡的念头。

关键时刻，贾似道挽留了文天祥。贾似道当年驰援鄂州回到朝中，就将自己的政敌董宋臣逐出宫中。见文天祥两次弹劾董宋臣，所言之事为其振奋，又因其年轻有为，认为是个难得的可塑性极强的人才。听说文天祥在打点行装，准备走人，忙命手下前来挽留，还在朝中极力为其斡旋，并任命文天祥为瑞州（今江西高安）知州，派到地方去历练。

瑞州隶属江南西路，在早叫筠州，下辖高安、新昌、上高三县。理宗即位后，因"筠"字与自己赵昀的名字同音，触犯了皇帝的名讳，又恰逢州治后山的碧落堂，发现一株十四茎灵芝草，此物一现，视为祥瑞之兆，顺势将地名改名为瑞州。

瑞州地处长江中下游平原，灵山秀水，物产丰足，本是富庶安康之地，然而开庆元年（1259年）的秋冬之际，蒙古军占领瑞州，烧杀劫掠，无恶不作，直到景定元年（1260年）正月才撤军。短短几个月的连续破坏，瑞州数百年来的繁荣付之一炬，城池横遭毁坏，百姓流离失所，文物古迹被洗劫一空，四处断壁残垣，满目疮痍，人们食不果腹，生活极其艰难。

文天祥是在景定四年（1263年）十一月到达任上的，战乱过去四年之久，所过之处，依旧是满目疮痍。可越是穷苦的地方，越是讲究多，就在文天祥一行即将到达瑞州城的时候，远远听见城门口锣鼓喧天，鞭炮齐鸣，一群人等各立两旁，坐在车舆里的文天祥好生奇怪，见到前来迎接的州府官员，不免问道："现在一不过年，二不过节，弄成这个阵势为了哪般？"一席话，说得迎接他的官员手足无措，只好硬着头皮说："这是为了迎接知州大人，往常新官上任，按规矩还要宴请三天。"文天祥却说："瑞州遭逢战乱，百业待兴，人民生活还是困苦不堪，如此铺张浪费，实在是不足取。规矩是人定的，到我这里，就要打破这个规矩，我们吃国家俸禄的人，应该做的是要多为老百姓办实事。"

为任一方，文天祥首先要勘察民情。上任的第一天，他看见一位白发苍苍的老汉，颤巍巍地爬上自家的房顶上揭瓦，问其缘故，老汉愁苦道："家里已经三天揭不开锅了，为了等米下锅，只有揭瓦片换米下锅。"原先文天祥只知道战后百姓生活艰难，不是亲眼所见，哪里会想到，百姓生活水平连吃饭都成了问题。

更让文天祥没有想到的是，衙门的外墙上，不知道被谁胡乱涂鸦，写满了对州府的不满，可气的是，州府发布的文告，还被涂上了牛粪。经过了几天的暗访，文天祥了解到，百姓过得穷苦，社会治安混乱，官兵目无法纪，肆意欺压百姓，市井小人趁机敲诈勒索，使得民不聊生。

文天祥着手的第一件事，就是先安顿好老百姓的日常生活，使其有屋可住，有饭可吃，还从税赋等收入中提取一大笔款项，建立便民库，一来可以救济民众，二来可以提供借贷之用，既方便群众，又可解燃眉之急。同时重振纲纪，匡正时弊，对扰乱社会秩序，对民众财产构成伤害和威胁的劣绅地痞流氓，一律严惩不贷。文天祥深入民间，暗中走访，了解到当地巡检刘金魁，仗着自己的职务之便，横行乡里，称霸一方，人送外号"刘虎"。在掌握了大量的确凿证据之后，文天祥将他绳之以法，起到杀一儆百的威慑作用。有效地纠正了社会风气，得到了百姓的拥护，社会治安得以迅速好转。

经过半年多的努力，百姓得到了实惠，生活有了明显的改善，就连逃荒在外的人们，也都陆续回来重建家园，荒芜的田地，也都种上了庄稼。到了秋风送爽的季节，金色的麦浪，洋溢着丰收的喜悦。

人们的生活有了保障，文天祥又着手组织修复或重建被战火焚毁破坏的名胜古迹，其中碧落堂是这项工作的主要内容之一。碧落堂建在州署后面的碧落山上。

碧落山原名叫凤山，据说在唐朝，这里的林木分外茂盛，风景幽美，引来无数只凤凰飞集此处，人们由此把此山叫作凤凰山，简称凤山。站在山顶居高临下俯瞰州城，山下是自西向东穿城而过的锦江，两岸房屋鳞次栉比，街衢纵横交错，行人车马穿梭如织。

到了宋初，人们在这山顶修建了碧落堂，成为瑞州一大人文胜景，引来无数文人墨客在此题记赋诗。著名诗人陆游，在此留下感发之作："我壮喜学剑，十年客峨岷。毫发恐未尽，屠钓求隐沦。"杨万里任瑞州知州的时候，直接把家安在碧落堂，原先的堂壁上还留有他的墨迹。陆游和杨万里都是文天祥敬慕的先贤，特别是杨万里，庐陵的"四忠一节"，其中"一节"指的就是文节公杨万里。文天祥小时候瞻仰先贤祠的情景，仍历历在目。

蒙古军占领瑞州后，碧落堂也没能在这场战火中幸免，文物被洗劫一空，碧落堂也被焚毁，杨万里的墨迹荡然无存，看到这一幕，文天祥很是痛心。经过他多方筹措，请来能工巧匠，并亲自监督施工，在碧落堂的原址上，仿照碧落堂的原样破土奠基，百姓也都积极投入到重建工作中，自发地从锦江岸边，将木料传运至山顶，工匠们日夜轮流施工，不出半月，一座重楼飞檐、装潢考究的碧落新堂，以动人的风姿矗立在人们面前。

在九月初九日重阳节这天，为了庆祝碧落堂重建竣工，文天祥先在州署设席，酬谢辛苦劳动的工匠，然后携客登堂赋诗，用以弘扬民族正气。他特意将从民间收集来的杨万里的《锦江尺牍》一帙，内有杨万里的四篇手笔，复刻在堂中石柱上，以示纪念，并著文《碧落堂记》以记之，"……下府万山，一水穿城，南北岸万家鳞鳞楼台，皆可指数诚斋先生杨文节公在郡日，诗为此堂赋者八章，其状烟云吞吐，晴阴变化，真若游汗漫而凌倒景"。并即席赋诗一首：

> 大厦新成燕雀欢，与君聊此共清闲。
> 地居一郡楼台上，人在半空烟雨间。
> 修复尽还今宇宙，感伤犹记旧江山。
> 近来又报秋风紧，颇觉忧时鬓欲斑。

庆祝重修碧落堂完工，本来是件欢天喜地的是，可是为什么文天祥要在诗中的结尾来一句"近来又报秋风紧"？原来忽必烈已经平定内乱，夺得汗位，又开始在南宋的边界上不断骚扰，前方战事吃紧，蒙古军大有卷土重来的趋势，文天祥心系国家安危，就在这首诗中，不免流露出对时局的担忧。

修碧落堂还剩下一些木料，在碧落堂的不远处，有一座亭基，文天祥又命人修复了废弃几十年的翠微亭。

在瑞州州治高安城的南街有一座"三贤堂"，也是瑞州的名胜古迹，是供奉北宋余靖、苏辙和南宋杨万里三位名贤的祠堂。余靖是北宋知名谏官，因不惧株连，上书为素无交情的范仲淹鸣不平，于庆历年间被贬至筠州，降职为筠州监酒税；苏辙是北宋著名文学家，官至宰相。元丰年间，其兄大名鼎鼎的苏轼被奸人所害被捕入狱，苏辙上书请求以自己的官职为兄赎罪，因而被牵连，被贬至这里监盐酒税；杨万里是南宋著名诗人，淳熙年间因力挺主战名相张浚，据理力争，得罪了宋孝宗，也被贬到瑞州任知州。

这三人不依附权势，敢于直言，都是有气节有风骨的名臣，在瑞州任职期间，他们勤政爱民，心忧天下，深受当地百姓尊重和敬慕。因此，瑞州人民特意兴建了"三贤堂"来纪念他们，不想，在战火中也未能幸免，被蒙古军一把火给烧毁。前任知州已经在原址上开始组织重建，但尚未竣工就被调离。文天祥接任后，立即接手完成了"三贤堂"的重建工作。

文天祥还注重文教事业，他召集全州儒生和乡贤，在西涧书院，举行了"释菜礼"。这个"释"和"舍"是通用，释菜礼最早见于周朝，先人拜师，都要以"舍菜"为敬，后来演变成一种尊师的礼仪，就是向先贤之位敬献菜蔬的一种典礼。

西涧书院的前身是"三刘祠"，是为纪念瑞州先贤刘涣、其子刘恕、其孙刘羲仲而修建。刘涣刚正不阿，廉洁奉公；刘恕继承父亲的遗风，他博闻强记，曾协助司马光编修《资治通鉴》，著有《通鉴外纪》；刘羲仲是饱学之士，著有《通鉴问疑》。

文天祥赞扬他们祖孙三人的品行，以"风俗之弊，士行不立""敬德修业，修辞立诚"为题，向学生宣讲为学为人之道。他指出："夫所谓德者，忠信而已矣""诚者，道之极致""天地间只一个诚字，更颠扑不碎""有忠信之行，自然有忠信之义；能为忠信方义，方是不失忠信之行"，这里的"诚"字，就是表里如一，言行一致。用以批评那种道貌岸然的伪君子，重学轻德的不正之风，他要求学子们，要立足忠信，以诚实为本，自拔于流俗，做一个言行一致、表里如一的人。他还告诫学子们，不要以借助议论国事浪得虚名，而应脚踏实地，于国于民，做一些有实际意义的事。

文天祥自幼博览群书，知识相当渊博，当年给太子授课，理宗还御赐金碗与之嘉奖。他给学生讲课，不但有问必答，还把当年在白鹭洲书院的学风，带到西涧学院。他要求书院的山长，改革原来的学风，不仅灌输学生学问，还要允许自由谈论时事，他倡导学生，看待事情要有自己的见解，认清国难现状，并在必要的时候，报效国家。

文天祥的讲稿，由学生们整理为《西涧学院释菜讲义》，在州县广为传布。经过如此郑重其事的祭礼和讲学后，对提振社会风气，凝聚百姓人心起到积极的作用。

除了抓教育，文天祥还注重思想工作，时刻不忘弘扬传统文化和人的理想价值。他在一篇文章中，借用一位邹道士和他高超的医术与"仙人"作比较："仙人之所以谓丹，求飞升也；高士之所以谓丹，求伐病也。仙人之心，狭于成己；高士之心，溥于济人。且夫兼人已为一致，合体用为一原，吾儒所以为吾儒也；重己而遗人，知体而忘用，异端之所以为异端。高士非学吾儒者，而能以济人之心，噫，高士不贤于仙人欤？"（《文天祥全集》卷九《送隆兴邹道士序》）

他说仙人炼丹的目的，是为了自己能够求仙得道；高士是指思想境界超出一般修为的人，炼丹是医人痛苦为人治病。仙人的心，是狭义自私的，只有自己没有他人；高士的心，却完全相反，心胸宽广，是为了救助别人。两者有着本质上的区别，儒家之所以是儒家，是因为儒家注重以人为本，将自己的生命和广大的生命相联系，推己及人；而那些求仙得道的人，只顾自己享乐，忘记了他是跟众生本是一体，却想不到别人。这样的高士，也许不是心怀天下的儒者，而他能有助人之心，你说，这样的高士是不是在情操和能力方面，要高于所谓的仙人呢？

文天祥除了修复碧落堂、翠微亭、三贤堂等一些古迹外，还新建了靖节祠、野人庐、松风亭等，其中靖节祠是为祭祀陆游所建。陆游曾在瑞州的新昌县居住过，他不畏强权，虽宦海沉浮，却心忧国家，他的风骨足以为后人的楷模。

瑞州名胜古迹多，是文化底蕴非常深厚的地方。离瑞州州府高安五十多里的地方，有一个叫坡山朱村（属村前乡）的村庄，因修建了一座叫垂裕堂的大祠堂，邀请文天祥去参加落成典礼。在典礼上，文天祥还即兴赋诗一首，诗名就叫《题朱氏垂裕堂》：

造物含至理，诗书尚余泽。
德乃福之根，寻常为谁植？
济济多云仍，绳绳继清白。

> 麟凤玉为姿，芝兰秀方硕。
> 非福安有此，唯善斯乃德。
> 甘棠荫蔽芾，五袴歌洋溢。
> 身虽佐一郡，位不满其德。
> 天将裕斯后，益见光显赫。

万事万物总有一定之规，"理"是自然界的最高原则，也是社会发展的最高准则。它既是事物中的道理，也是规范人的伦理道德。文天祥在诗中借用"玉"和"兰"来标明，人有"福"，是靠平时的道德修为所决定的，人的福气不是天生就有的，而是平时的行善积德，才能光显福气。

诗里的"甘棠"源自"甘棠遗爱"或"甘棠之思"典故，出自西周初期著名的政治家召公，他做事有条不紊，非常勤政廉洁，人们称他召伯。召伯南巡，经常就便在田间地头驻马办公，有一次公务烦琐，他就在路边的甘棠树（高大的落叶乔木）下，搭个草棚办公、过夜。地方官员看不下去，就动员百姓腾出房间来供其使用，召伯听了却说："不劳一身，而劳百姓，有失仁政，我不能为己方便，而有劳百姓。"

召伯离开此地的时候，还告诉地方官员，不要砍这棵树，留着给百姓在劳作之余可以在树下休息，渴了还可以摘树上的果子解渴充饥。召公这种不搅扰民间，又能设身处地为百姓着想的官员，得到百姓深深的爱戴。召伯死后，当地的人们还很怀念他，人们纷纷流传这样一首诗，来颂扬他：

> 蔽芾甘棠，勿剪勿伐，召伯所茇。

蔽芾甘棠，勿剪勿败，召伯所憩。

蔽芾甘棠，勿剪勿拜，召伯所说。

这首诗出自《诗·召南·甘棠》，老百姓也爱用歌声咏唱："茂盛的甘棠啊，不要剪不要伐，召伯搭过草棚。茂盛的甘棠啊，不要剪不要败，召伯休息过。茂盛的甘棠啊，不要剪不要拜，召伯说过的。"

文天祥在诗中借用这个典故，是很自谦的表达，自己为官虽然在治理一方，却还"位不满其德"，抒发他要像召伯那样，做个勤政爱民的好官。

文天祥重修了碧落堂，但是他没有住进去，而是在碧落堂边盖了一间小房子居住，取名"野人庐"。从这个名字可以看出，文天祥虽有自谦的美德，还有疏狂的表象，"野人"取其意，也是贫民、白身的意思，也正是这种疏狂，行不掩言，更体现了文天祥不在乎自己官员的身份，以贫民之身体恤民情，俭以奉身而极勤以救民的进取之心。

文天祥在瑞州任知州时，弟弟也在瑞州所属的新昌县任知县，政绩也很不错，县里录大狱二十余起，均判决公正，没有一起案件向州郡提出上诉的。

因为兄弟俩都在瑞州任职，于是就把母亲和家室都接到瑞州。文天祥的妻子欧阳氏，是欧阳守道的侄女，她知书达理，贤惠善良，与夫君感情深厚，是文天祥的贤内助。

十五岁的小弟文璋也跟着他们一起过。文天祥对这位小弟呵护备至，先是让他在西涧学院读书，后来感到西涧书院跟白鹭洲书院教学还是有差距，恰逢老同学聂吉甫赋闲在家，就请来家中授课。

文天祥因政绩突出，有恩荫及子的特权，他就把文璋奏名给朝廷，使其获得将仕郎的官衔。

文天祥在瑞州任职不到一年，民间颂声不断，朝廷召他回临安，升任礼部郎官。诏书出自马廷鸾之手："尔藻思清新，词华繁茂，业进素定，非徒托于高明；慷慨敢言，盖已观其初节。擢从郡最，登之郎闱。"（马廷鸾：《碧梧玩芳集》《文天祥除尚书礼部员外郎制》）诏词充分肯定了文天祥的德政与功绩。

可是文天祥还没来得及上任，朝廷发生了一件大事情，使得他的职务又有了变化。

4. 公道执法平冤案

景定五年（1264年）十月二十六日，理宗驾崩，享年六十岁。他在位长达四十年之久，占据整个南宋王朝历史的四分之一，早期是因为史弥远有意擅政，一手将他推上皇位，他只能做一个傀儡皇帝。等终于熬到他掌握大权亲政的时候，进行了一系列的改革，在整饬吏治、整顿财务、起用贤才、挽回战局方面，都取得了一定成效。后期由于痴迷于荒淫享乐的生活，对贤臣和理学都表现出了厌倦，被丁大全、董宋臣等佞臣所惑对政事倦怠，又任由贾似道等权臣只手遮天，使南宋陷入腐朽衰退之路，最终导致不可收拾的局面。

理宗在病重时，为了医好自己的病，曾下诏征求全国名医为其医病，没想到竟无一人应征。《宋史》这样评价理宗："蒙蔽抑塞，拘留不报，自速灭亡。吁，可惜哉！由其中年嗜欲既多，怠于政事，权移奸臣，经筵性命之讲，徒资虚谈，固无益也。"

更令理宗无法想象的是，他曾留言日后要迁葬汴京，逝世后，暂时埋葬在会稽永穆陵，由于设计墓葬比较简陋，埋葬得比较浅，给盗墓者提供了很大的便利。南宋刚刚灭亡，就被僧人杨琏真伽盗掘。

为了防止理宗的尸体腐烂，入殓时被水银浸泡，杨琏真伽为了沥取水银，将理宗的尸体从陵墓中拖出，倒悬于陵前树上，随后将理宗的头颅割下，制作成饮器，送给元朝统治者忽必烈。直到一百年以后，朱元璋攻占元大都后，才在皇宫中找到理宗的头骨，这才将理宗的头骨归葬到永穆陵，这些都是后话了。

朝中发生了大事，先皇驾崩，国不可一日无君，皇太子赵禥即位，是为度宗，改下一年的年号为咸淳元年。新皇上任，人事调整是必然的，文天祥被改任为江西提刑。

文天祥曾做过刑部郎官。刑部自隋朝以后是"三省六部"中的一个司法部门，主管刑罚。提刑官则是设置在"路"一级的地方行政机构，其主要职责是行使司法、监察职能，兼管地方人事、财政、民政和军政，可谓"事务寝繁，权势益重"，这个部门全称是"提点刑狱公事"，其掌管的衙署为提点刑狱司，简称提刑司。

提刑司不单单是一个司法机构，更是一个综合的地方行政机构。职权范围在人事上，可以举荐地方官员，使其得以升迁；可以弹劾贪官污吏，使其罢官免职。在财政上，提刑司可以征缴催收地方州县部分赋税、监察地方州县的财政账本、监督地方管理的"国有资产",包括户绝①没官财产②打击专卖物品走私,保证国家税收。还可以主管地方救灾赈济、水利建设、监管农业生产等。在军政方面,提刑司可以管理战马、军器、军粮等军事物资。

在唐宋以前,农民和地主的依附关系极强,地主阶级对于依附自己的劳动者有婚姻决定权、限制迁徙等权力,在刑法上讲,他们不受保护,不是独立的个人。到宋代时,租佃制普及发展,削弱了农民对地主阶级的人身依附,政府通过法律规定了佃户的法律地位,让他们具备了成为诉讼主体的资格。

诉讼主体范围的扩大,商品经济的发展直接导致的是民事、刑事诉讼案件的增加,尤其是涉及财产的民事诉讼案件增加更为迅速。民事诉讼案件的增加,导致原先主管地方经济财政事务,兼管地方司法事务的转运司不堪重负,迫切需要一个专门的机构来监察管理地方司法事务,提点刑狱司便应运而生。提点刑狱司在宋初时设置,到了宋仁宗明道二年(1033年)才成为定制,一直伴随南宋灭亡。

文天祥是景定五年(1264年)十一月,接到改任诏书,那时的他已经二十九岁。他安排好家小,又舟马劳顿,到第二年咸淳元年(1265年)二月才交接完手续。江西提刑是江南西路的提刑官,负责江南西路的刑狱公事,掌管江南西路的诉讼和纠察,保一方平安,是文天祥义不容辞的责任。

文天祥一到任,就有人报案说,一伙流窜的劫匪,在太和县

---

① 户绝:一是无后者为户绝,包括没有亲生或者领养,没有任何形式的继嗣;二是指作为国家的一个纳税单位的"户"的消失。

② 财产收归国有,除了财产,还有田宅和奴婢。

王山一带拦路抢劫，严重影响百姓出行，对地方行政安全构成了威胁。为了不打草惊蛇，文天祥先做了周密的部署，调兵遣将，在太和县王山一代，一举歼灭劫匪，很快平定了匪患。

接下来，文天祥在视察临江城（今江西省清江县）时，遇到一位衣衫褴褛、面容枯槁的老妇人，跪在路中间，拦住了他的轿子，只见她悲伤地哭泣着，要为死去的儿子申冤。见老妇人哭得伤心欲绝，旁边人拉她也不走。文天祥就说："老人家，你有什么冤情，尽管如实对我说，如果确实有冤屈，我一定还你一个公道。"

原来这老妇人年轻守寡，一个人将儿子拉扯大，为了挣口饭吃，儿子还学会了一门制作银器的手艺，因为姓陈，人们都管他叫陈银匠。陈银匠老实本分，人勤快又肯干，娘俩的生活也渐渐有了保障，虽说比上不足，比下还有余，日子过得倒也安生。

但是天有不测风云，一天陈银匠在路边支摊揽活儿，街上的于麻子闲人一个，坐在他的摊边闲聊。可巧这天来了一个五尺高的壮汉，说要做个当下样式流行的银钗，交付定钱的时候，竟粗心大意，把装在钱褡子里的交子①和会子②都露了出来。交子和会子是当时流通的纸币，比金属货币便于携带。

看那位壮汉走后，于麻子贼眉鼠眼地说："那口袋里可装着

---

① 交子，是把事物转移给有关方面的意思，最初是由商人自由发行，实际上是一种早期的存款凭证，在北宋初年，四川市场流通的钱币用铁钱，弊端是，有重量币值小，1000个大钱重25斤，买一匹绢就需要90斤或上百斤的铁钱。为了便于流通，商人自主发行一种纸币，名为交子，代替铁钱在市场流通。

② 会子，有聚集的意思。南宋高宗绍兴三十年（1160年），由政府官办、户部发行的货币，仿照四川发行交子的办法发行。会子是宋朝发行量最大的纸币，起源于临安，也称作"便钱会子"。

不少钱呢。"陈银匠低头忙着做活计，顺嘴说了一句："有钱人就是不一样。我要是有了那些钱，何苦风吹日晒，天天在外守摊子。"一席话，说者无心听者有意，于麻子将这话牢记下来，小眼珠子翻弄了一下，不一会儿也走了。

第二天，陈银匠的母亲突然得急病，为了照顾母亲，陈银匠没有出摊。就这样好几天过去了。眼看着母亲大病初愈，陈银匠正想出门挣钱，没承想，官府上门不管三七二十一，抓了陈银匠就走。

原来那位在陈银匠摊位定制银钗的壮汉，在城郊慧力寺的后山上遇害，随身携带的交子和会子，已被洗劫一空。官府为了急于破案，贴出告示："凡有举报者，可赏银百两。"于麻子见财起意，举报陈银匠为凶手。官府不分青红皂白，对陈银匠重刑逼供，陈银匠禁不住酷刑，便被屈打成招。

文天祥回到衙门，重新翻看了案卷，觉得此案漏洞百出，疑点重重，他决计重新审理。可是身边的跟班却提醒他："文大人，这个案子已经结案了，如果大人再去调查，想必会得罪很多人。为保大人无恙，其实这个案子，大人可以完全不用管。"文天祥哪里会听得这样的话，早已是义愤填膺："官府衙门，不为百姓主持公正，连杀人凶器都没查清，就如此草菅人命，让真正的凶手逍遥法外，岂不是拿大宋的律法当儿戏！"

底下的人，看到文天祥刚正不阿的态度，哪还敢怠慢，一个个都非常卖力地做起事情来，每个疑点都重新做了细致的调查。原来真正的凶手，不是别人，竟然是于麻子，为了钱财不择手段，自己犯法反诬赖好人。

那天，游手好闲的于麻子见那个壮汉钱褡里装了那么多交子和会子，立刻有了歹心。壮汉离开陈银匠的摊子，独自走路，这给了于麻子可乘之机。只见壮汉走出街巷，径直往人烟稀少的郊外走去，于麻子跟上壮汉，声称是同路。壮汉仗着自己身强力壮，疏于防范。于麻子趁其小解的时候，在背后下了黑手。

恶贯满盈的于麻子，本以为自己做得神不知鬼不觉，壮汉的尸体被发现后，为了跟自己撇清关系，还诬陷了陈银匠，审案的官员邀功心切，急于求成，竟将陈银匠屈打成招，身首异处。

于麻子刚开始还不敢动这笔不义之财，后来看官府已经结案，才明目张胆地肆意挥霍。因他所花的交子和会子，和壮汉丢失的同属一家钱庄。文天祥顺藤摸瓜，证据经查证属实，于麻子想抵赖也抵赖不了。最后，于麻子杀人偿命，更为关键的是，导致陈银匠冤案的衙门里的推司和捕快，也得到了应有的惩罚。那位老妇人，也是冤假错案的受害者，文天祥判定由官府为其养老送终。

冤案得以昭雪，人们奔走相告，说临江城来了一个"包青天"！不但平反了冤案，还承担起连带责任，真是一个实心实意为百姓办事的好官。

料想不到的是，这个好官上任才两个月，却被朝廷给罢职了。

5.木秀于林遭恶风

文天祥为官清正贤明，才华出众，民间颂声不断，为何却要被罢官呢？因为他遭到了台官黄万石等人的弹劾，他们说文天祥"当有重服，匿而不行"，说他不守礼制，不守孝道，本应该在祖母去世后重服在身，却故意隐瞒不报。

这件事还得从文天祥的父亲文仪说起，因为文仪的叔父文时用无后，文仪出生一年多就过继给叔父，他的生身父亲，在有了第三个儿子文信的时候，不幸去世了，母亲梁氏改嫁到刘家，并在刘家又生了两男一女，生活了四十七年。梁氏从血缘关系来讲，是文天祥的亲祖母，但是从家族为中心的宗法关系讲，是他的伯祖母，并且梁氏改嫁多年，去世后，按宋朝的丁忧制度，文天祥不能以嫡孙的身份服丧，只能以侄孙的身份服丧。

文天祥向朝廷申请承心制，就是不穿丧服只服心丧。但是，这件事却遭到了台谏官黄万石的弹劾，说他不守礼制。黄万石所说的礼制，就是丁忧制度，最早出现在先秦礼制，经过历朝历代的发展，到了宋朝，守丧尽孝的行为更加趋于严格。人们遇到直系尊亲死亡时，需要居家守丧，不礼仪、不婚嫁、不赴宴、不应考等。朝廷的官员，更视为百姓的表率，有亲人亡故，要去职归乡守制，就像文天祥高中状元，正是前途一片大好时，遇到父丧就要归乡守制。

丁忧制度是以孝为主，在《礼记》中早有明确记载："敬其所尊，爱其所亲，事死如事生，事亡如事存，孝之至也。"说的是一个人尽孝，不仅要做到生前侍奉父母，更重要的是死后还要为父母守丧。"冠冕百行莫大于孝"，尽孝不仅被社会重视，对于皇权而言，一个"孝"字也有妙不可言的造化，可以使人们的思想，由对封建家长的"孝"，转化为对皇权的"忠"，培养臣子的忠孝大节，"臣子之大节，忠孝而已。在家则致孝于亲，在朝则致忠于君"。

礼制对于官员来讲，也不是一概而论，因国事需要，应在家守丧的官员，兼顾国家政事的需要，也允许被多夺情起复"臣子之大节，忠孝而已，在家则致孝于亲，在朝则致忠于君，君亲一也，不敢有择焉。故三年之丧，虽天下通丧，间起复以从王事，则欲辞而不可，亦分所当然"（《宋会要》范质 谢深甫著），政事需要凌驾于孝道之上。比如说擅权之臣史弥远，在母亲去世时，按礼节应回家守丧，他不但没有守丧，还独占相位；权臣贾似道守丧未满，也是被朝廷起复担任平章军国重事。

匿丧不报，是指有的官员，因为贪恋权位，本该守礼制，却不愿解官去职，这种现象在礼制严明的制约下，却是很罕见的。相对来讲，反倒是丁忧官员，守丧期满，谋求起复的比较普遍。

丁忧制度和政治斗争，也有着密切不可分的关系，江万里就是一例，在理宗执政时期，其官职曾一路高升："万里器望清俊，议论风采倾动一时，帝眷顾尤厚。尝匄祠、省母疾，不许。嘱弟万顷奉母归南康，旋以母病闻，万里不俟报驰归，至祁门得讣。"江万里在事业上大有作为的时候，突遇母亲病重，因政事繁忙，理宗没有允假江万里去照顾母亲，与他政见不和的官员，纷纷以匿名之罪，弹劾他母亲病危未能及时到家送终，最终导致他闲废在家有十二年之久。可见，匿丧在查实和不查实的情况下，作为压制政敌的手段，都要被降职或罢职，处罚是十分严厉的。

对于这件无中生有的事，文天祥起初感到十分气愤，他据理力争，并希望朝廷主管礼仪的太常寺主持公正。文天祥的政绩，显然是遭到了怨敌的嫉恨，他们也不是等闲之辈，联名炮制了一份《龙溪友议》的小册子，印刷足有一万多份，大肆在文天祥的老家江西，甚至在福建、广东等地散发，给文天祥的名声造成极其恶劣的影响。

欧阳守道还有已任浙江衢州教授的曾凤，撰文为文天祥鸣不平，写出《或问》和《祥目》。讲事实说道理，批驳无耻之徒的恶意诽谤和无中生有的恶意中伤。他们用事实说明梁氏早已改嫁，死后持重孝的应是刘家的子孙，文天祥理当诚心制，服心丧，不应穿孝服；并痛斥有意攻击文天祥的无赖，存心是"于无过中找有过"，鸡蛋里挑骨头；还激励文天祥不要把此事放在心上，只当是"于世教人伦有关系，不可于流俗误方来"（《文天祥全集》卷十《答欧阳秘书诚心制说》）。

老师的教诲让文天祥铭记于心，只是他深深感到官场的黑暗。平反冤案为百姓伸张正义，可以说是文天祥义不容辞的责任。在大快人心的背后，文天祥意识到，肯定是触动了某些人的利益。黄万石曾经是江西安抚副使，很可能是这件冤假错案的参与者。

还有文天祥曾两次上书朝廷，头一次是乞斩董宋臣，第二次是希望皇帝不要录用董宋臣。董宋臣是什么人，皇帝身边的红人，奸邪诌上之臣，他身边又不乏见风使舵、趋炎附势、阿谀奉承的小人，文天祥跟他们立场分明，这些人又怎能善罢甘休轻易地放过他。

真是世事难料，人心难测。可是挫折压不垮文天祥，他感受到人世的盛衰本就没有定数，对于那些无端的指责，他已做好了思想准备，他在《赠桂岩杨相士》诗中就深深地意识到这一点，他是这样写道：

> 荣悴纷纷未可期，夕多未振已朝披。
> 得刚难免于今世，行好须看有验时。
> 萱昼堂前惟有母，槐阴庭下岂无儿。
> 好官要做无难做，身后生前是两岐。

都说当官容易，做好官难，文天祥却说要想做个好官也不难，要想在身后留得清明，做官就要无愧于自己的初心。

黄万石弹劾文天祥匿丧一事，在朝廷派人还没查清楚的情况下，文天祥被免职了。

第四章　宦海沉浮，夜阑拂剑碧光寒

1. 一年三百于番醉

咸淳元年（1265年）四月，背负着被罢官的名声，文天祥黯然地回到了家乡庐陵，这一年他才三十岁，正值年富力强，人生中最好的时候。官场的失意，更让他放松心情感受大自然，庐陵的山水也向他敞开了热情的怀抱，欢迎他重回故园。跟在官场上辗转奔波有所不同，回到家乡，让文天祥感受到，熟悉的山水格外亲切，身心也逐渐安定下来。他甚至有时候会想，即便是朝廷永不会再用他，余生就在家乡安居乐业，也是人生中不错的归宿。

在离富田不算太远的地方，有一处风景绝佳的去处，"溪山泉石，四妙毕具，委屈周遭，可十余里"，山间的青翠孕育出清澈甘甜的泉水，它吐纳着天地灵秀，一路淙淙，一路叮咚，时而寂静，时而喧哗，穿过嶙峋的怪石，绕过参天的古木，逶迤而去。大自然的与世无争，让文天祥忘记了官场的不得志。他骑着马，每次来都要流连忘返在这里看一看，那里坐一坐。

感叹人生如白云苍狗变化无常，明月清风，山水却与他同在，他决计将这一地方买下来，在此修建园林山庄，归隐修身。庄子说："其生若浮，其死若休"，让文天祥感悟到：人生在世，如同在水面上漂浮；人的死，如同疲劳后的休息。不为生死所缚的他，为自己取名浮休道人，愿效法自然，做一个与光同尘，与世无争的神仙道人。

文天祥的这种做法，在当时不是个别现象，南宋经济、文化、科技繁荣昌盛的外表下，外患深重、国势羸弱，人们的忧患意识普遍存在，上至达官贵人，下至黎民百姓，形成苟且偷安，及时行乐的心理。在这种心理的影响下，大兴土木、广修园林，已成为一种风尚。

都城临安的私家园林，在唐朝的时候就已初具规模，到了南宋时期，新建园林见诸古籍，有名可考的就有多达一百二十多处，城内城外，园苑丛聚，西湖一带园林风景更是与山湖融为一体，聚集了许多达官显贵的私家园林。

其中皇家园林"集芳园"，古木寿藤，架廊迭磴，幽眇透迤，极营度之巧。景定三年（1262年）正月初八日，理宗将他赐给贾似道作为家宅，并拨缗钱百万用于修缮（贾似道《赐家庙第宅题记》），改名为"后乐园"。

除了权倾一时的王公将相、达官显贵的家宅，还有一般士大夫宅邸。这些大大小小的园林，乃至窗景式微观园林，多以亭、楼、堂等作为园圃的名字。也有无名的私家宅第，于方寸之地，栽几竿青竹，几影桂花，几椽茅屋，也可游息其中，做赏心乐事。例如文节公杨万里在临安为官时，曾写诗作《幼圃》，题下自注道：蒲桥寓居，庭有刳方石而实以土者，小孙子艺花窠菜本其中，戏名"幼圃"：

> 寓舍中庭劣半弓，燕泥为圃石为墉。
> 瑞香萱草一两本，葱叶蓳苗三四丛。
> 稚子落成小金谷，蜗牛卜筑别珠宫。
> 也思日涉随儿戏，一径惟看蚁得通。

蒲桥寓居地点在兴福坊东，蒲桥不通水，只是一座旱桥。诗中的半弓（指长度，五尺为一弓。半弓，约两尺半）、燕泥（形容花圃的小）是指院子小，园圃更小。墉，是墙的意思。圃石为墉，是指园圃四周用小石头营造出园圃的边界。蓳苗即蓳菜，可以吃。"一两本""三四丛"表示数量，意思是说园圃太小，只能种下这些。但对蜗牛来说，已经如宫殿一般，更在小孩子的眼中，跟晋代石崇奢华的金谷园无异。

从这首诗中可以看出，在方寸之地，种植几株花卉植物，尽享生活乐趣，可见人们的观赏情趣和精神特质，是和园林艺术分不开的。

在宋朝，科举选拔出来的文人士大夫，虽说社会地位和待遇得到空前提高，但还是不同于一般的皇亲贵族，科举选出的官员，没有世袭地位。在其位时，还要考虑罢官后全身而退的去路，隐居山水成了文官的共识。

朝廷命令取消土地兼并的限制，无论是官田还是私田，法律上都允许自由买卖。例如《竹隐集》中，就有诗云"俸余拟办买山钱"，在朝廷所给的俸禄里，除了吃喝用度，还略有余钱买山。可见当时文官的待遇丰厚，除了正常的俸禄外，还有各种补贴，《宋史》卷中，记载职官制度里，有关俸禄一事，除了给文官发放现款外，还有米、衣料、酒、茶等，"所赐优裕，故入仕者不复以身家为虑"。

随着文人士大夫在社会上的地位提高,他们的思想和才学,也直接影响着文化的风向。再加上文人担任中央和地方的重要官员,许多官员同时也是知名的文学家、画家、书法家,例如谥号"文忠"的欧阳修,曾官至翰林学士、枢密副使、参知政事。他在所作诗篇《沧浪亭》中,有句"清风明月本无价,可惜只卖四万钱",只此一句,天下人皆知沧浪亭。

因为宋代理学的兴起,使得文人士大夫审美的情感达到极致的纯净,他们建造园林,不注重建造结构的气势磅礴,没有唐朝的恢宏大气,喜欢营造自然平淡的艺术特质,"虽由人作,宛自天开",打破小自然与大自然的根本界限,注重内心感悟体验,更加追求"小中见大""壶中天地",通过借景、补景等方式,于幽居静默处,观万物之变,尽其自然之理,感知生命的韵律,人格价值从而获得美妙升华。

文天祥在所买之地的山口,建一石牌门,门上书"文山"俩大字,是由欧阳守道题写。在两山之间是澄碧如练的赣江,江中,有一隐约可见的小洲,虽然陆地不大,却有数株古松点缀,宛如水中碧玉。

山岭之上松柏成林,郁郁苍苍,因而起名"万松林"。在林中附有一条崎岖的石径,更显得风景清幽而秀丽。在河岸边,修了一道防洪堤,堤岸边又建一亭,亭的倒影现于水中,名为"松江亭",与这座亭相对处,又修了一座六孔桥,名为"障东桥",从此桥一直向西,可攀西岭。

在可望山可观水的山腰处,开辟出一片空地,准备建造一座"天图画"的雅居,用来吟诗弄月、修身养性、治学习业、雅集聚会等。山庄还在筹建中，暂时没有可供住的地方，往返文山和富川，文天祥却乐此不疲。每天都到山中来，不光是监督施工，更喜欢看山中的景致，一日不看心都抓痒般难受，等到他晚归时，已是月上柳梢头：

日日骑马来山中，归时明月长在地。
但愿山人一百年，一年三百于番醉。

日日在此畅意逍遥，可见文天祥是多么钟情于此：

宇宙风烟阔，山林日月长。
开滩通燕尾，伐石割羊肠。
盘谷堪居李，庐山偶姓康。
知名总闲事，一醉棹沧浪。

在滋长万物的宇宙中，那些名胜古迹如盘古、庐山、沧浪亭，是因名士著文或居住，才闻名于世。此山本无名，文天祥在此自号"文山"，原本无名的野山，也因而有了名。他建园林山庄，建桥辟路，利用原有的自然美景，依山就势，按坡筑亭，见石为景，又寓情于景，整日悠游其间，真是天地开阔日月逍遥。

山庄终于建成，文天祥在山中结庐而居，归隐修身，抑制不住心中的喜悦，呼朋引伴乐享山中别致的美景：

一笠一蓑三钓矶，归来不费买山赀。
洞天福地深数里，石壁湍流清四时。

樵牧旧蹊今可马，鬼神天巧不容诗。

先生曾有空同约，那里江山未是奇。

在文山鬼斧神工的诗境里，还有四季流淌的清泉水。来吧，朋友，我们一起畅游其中。

文天祥还有位同窗好友胡天牖，曾在文山小住半个月，文天祥带他在山中游玩览胜，又一起给山中的自然景观起名。在他走后，文天祥还意犹未尽地给他写信，说自己又在山中找到两个好去处：一处在悠闲旷邈的山谷，取名为"闳微"；另一处在一处较大的矶石之间，取名为"上下四方之宇"。然后又在信中说，原先命名的景名，也略有改动，将"翠晚"改为"浮岚暖翠"，"钓雪"改为"六月雪"，又把"特立"改为"至大至刚以直"（《文天祥全集》卷五《与胡瑞逸》）。文山是文天祥调养身心的乐土，也是他安顿仕宦不顺的精神寓所，他在此得到了宁静自适的内在充实。

也真是世事无常，天有不测风云，"天图画"雅居在建成一年四个月后，因当地一位农民烧荒种田，一不小心引起大火，山火蔓延至文天祥的宅院，将所建房屋付之一炬。可惜了新建的房屋，所幸其他的地方没有被烧到。文天祥筹措资金重新再建，并在"天图画"的不远处，又新建了"道体堂"用来读书待客。

园林式的"文山山庄"，陆陆续续建了能有好几年，他在山腰处对着西岭又建了"见山堂"，真是人在屋中坐，犹有"窗含西岭"的意境。又修建了一座"澄虚阁"，并在阁前挖塘种莲荷，引水成瀑，还在旁边的空地上种植了奇花异草，喂养了鹭鸶仙鹤。为了纪念父亲，他又建了"种竹斋"，在房前屋后种满了翠竹。

文天祥的夫人欧阳氏，也出身于书香门第。她的父亲欧阳汉老是庐陵永和人，虽然未曾入仕，但能诗善文，喜欢读古书，颇有学问，著有《朴庵集》。欧阳氏受家学教养，性情温柔，端庄得体。淳二年（1266年）九月，他们的长子道生出生。在文山，文天祥先后娶了两位在八雅①中有所专长的小妾：颜氏和黄氏，她们为文天祥的隐居生活，也增添不少乐趣。

咸淳三年（1267年）正月，次子佛生（母黄氏）出生，女儿柳娘、次女环娘（母颜氏）出生，接着又有监娘、奉娘和寿娘三个女儿陆续出生。

在拖了一年多之后，朝廷终于下令，准许文天祥承心制，并将其作为判例沿用，算是给文天祥比较合理的交代。既然没有过错，照理应立即复职，然而，又拖了一年多，直到咸淳三年（1267年）九月，朝廷才又起用文天祥，下诏任命他为尚书左司郎官。文天祥请求辞免，朝廷不允，只好在十二月入京城赴职。

2. 一曲仙人铁笛腔

文天祥不是第一次来临安，但每次来到临安城，都会被眼前繁荣的景象震撼到。举目青楼画阁，鳞次栉比，人口已近百万的

---

① 八雅：琴、棋、书、画、诗、香、花、茶。意为善琴者通达从容，善棋者筹谋睿智，善书者至情至性，善画者至善至美，善诗者韵至心声，善酒者情逢知己，善茶者陶冶情操，善花者品性怡然。

临安城，原本十二个厢①的八十九个坊，又划分为九十六个坊。大街和坊巷纵横交错，商店林立，百肆杂陈，有四百一十四种行业，每种行业专业极其精细，比如说有专门修补扇子的、专门制作风筝药线的，万物所聚，各种交易不胜枚举（《西湖老人繁胜录》）。

御街是南宋临安城中最主要的一条大街，又名天街。这条南北走向的大街，纵贯全城，天街东西两侧分别布满了坊巷，每个坊巷口都竖有木质结构的高大牌坊。在往来如梭的天街上行走，不知道为什么，总给文天祥一种梦幻般的感觉。

他来到最负盛名的西湖，只见亭台楼阁交相辉映，权贵园林星罗棋布。情不自禁地吟起一位无名氏写的一首诗：一色楼台三十里，不知何处觅孤山。孤山是西湖中一座孤峙的岛屿，位于西湖西北角，四面环水。此诗只此一句，就让他感到，那些烟霞里的楼台，远处传来的箫声笑语，不过是一场浮华。

文天祥的心情为什么会如此低落，跟眼前的繁华格格不入？原因在于，文天祥在临安任礼部尚书左司郎不到一个月，就在第二年的正月，朝廷又命他兼任学士院权直、国史院编修官、实录院检讨官，还没等着手工作，就被御史黄镛奏免。

因何原因又被罢职，其中诰词是这样写的：……当时褎然之选，今其存者，无不登进。独尔以陈情之表，谈理之文，淹恤在外，尚迟向用。夫风之基不厚，则其负大翼无力。若尔之植立不凡，非特以高科也，而有益培厥栽（《文天祥全集》卷十七《纪年录》）。大意是说，跟文天祥同科的进士，都为朝廷所用，唯独文天祥，

---

① 厢：南宋的行政区块。后来作为惯例，保持下来。也是江南各县府所在的行政单位。直至八百年后的今天，不少县城仍以"城厢镇"相称。

因两次上书皇帝,有理论之才,资质却平平,而被"尚迟向用",就是说,不是朝廷不录用文天祥,而是先要磨其心智,才可堪当重任。

此时正是贾似道把持朝政。理宗在位之时,他就以权相专权,为维护和巩固自己的地位,凡是与他政见不和的官员,一律伺机报复,以各种名义弹劾免官。他派人逼迫政敌吴潜服毒自尽后,又对抗蒙有功的文臣武将打击陷害,发泄自己的私怨。

王坚在钓鱼城保卫战中功勋卓著,是杀死蒙哥大汗、致使蒙古军队奉丧北还的功臣,其功不在贾似道之下,朝廷不但不委以重任,贾似道还利用手中的权力,免去了王坚在四川的兵权,调往和州(今安徽和县),将其闲置起来,致使王坚抑郁而终。

茚世雄截断涪州(今四川涪陵)浮桥阻击蒙古军,功居众将之首,却被贾似道借口核实军费支出,诬蔑其贪赃,将其谪贬边地,后来又加以逮捕,冤死狱中。

贾似道驰援鄂州时,鄂州守将高达凭着勇武,十分轻视贾似道,每次看他督战,就戏弄他说:"巍巾者何能为哉!"戴着高冠,虽是军事统领,既不是上战场杀敌的武将,又不懂得用兵之策,如何能够指挥好战斗!这已经是非常看不起了,每次的作战计划,也不让贾似道参与其中,只有等到战斗慰劳将领时才让他出面,不然,高达就派兵士在他的门前喧哗。贾似道对其恨之入骨,有杀高达之心,理宗念其有功虽没有杀他,但高达还是被罢官了……

度宗继位之后,因念贾似道拥其为太子有功,对贾似道格外看重。贾似道上殿朝拜,度宗都要站起来答拜,还尊称他为"师相",都不直呼其名。度宗的这一做法,助长了贾似道嚣张气焰,朝中大臣见皇上对贾似道都如此谦恭,只得尊称他为"师相"。

度宗本来资质愚钝，就把治理国家的大事，全部交给了贾似道。

贾似道处理政事，大臣们也都无权过问，以至于朝中有什么事，没有经过他的同意，没人敢执行。对违抗他命令的，轻则严加训斥，重者则被罢职回家，终身不予录用。一时间，朝中正直之士，不是被贬，就是愤而辞职回家。

文天祥对贾似道排除异己，独揽朝政早有耳闻。这已经不是文天祥第一次罢官，他宁愿被罢官，也不愿与贾似道之流同流合污，与其在官场上争权夺势，还不如回到他的文山：

拍拍春风满面浮，出门一笑大江东。
坐中狂客有醉白，物外闲人惟弈秋。
晴抹雨妆总西子，日开云暝一滁州。
忽传十万军声至，如在浙江亭上游。

这首诗题为《山中栽酒用萧敬夫韵赋江涨》，是多么酣畅、豪放，诗中表露文天祥回到文山，与朋友聚会生活惬意的场面。"拍拍"在诗中极富情趣，又生动地再现了文天祥当时如沐春风的心情。江水暴涨，给文山又添一大景观，文天祥邀上好友，饮酒、下棋，感慨自己修建的文山山庄，如绝代美女西子[①]，又可媲美名满天下的滁州山水。他们一行人去看洪水奔腾而下的壮观场面，还没到近前，远远地就听见湍急的洪水如万马奔腾震天动地，"浙江"意指钱塘江，钱塘江潮是天下第一大潮，人在亭中坐，如观浙江

---

① 西子，指西施。西施与王昭君、貂蝉、杨玉环，并称中国古代四大美女，其中西施居首，是美的化身和代名词。

潮一般。

文天祥此次被罢官回家，正逢夏季，是赣江的汛期，又赶上庐陵一带连日降雨，导致文山江河水涨，他邀上学馆中的杜伯扬、萧敬夫，还有当地的学子孙子安为伴，驱车策马，登山临水，去前往观看。

远远地就听洪水轰鸣震荡，如雷霆震怒，不可接近，尽管隔江对岸的许多田地菜畦，已被洪水淹没，可是在浊浪滔天的江河中，那座长着虬枝巨干老松的小绿洲，依然在大水中簸荡起伏，傲岸不屈。虽然他们观赏到的只是文山汛期普通的一次洪水，但是他们直至回到家中，还是感到"耳目眩颤，手足飞动"，显然这一奔腾澎湃景象，还是震撼到了他们的内心。文天祥看到这样壮观的场面，感到不虚此行，陶渊明的田园山水之乐也不过如此吧？于是，他特意写下了《游文山观大水记》一文以记之。

在游记的结尾处，他不禁感慨道：

> 他日，予读《兰亭记》，见其感物兴怀，一欣一戚，随时变迁，予最爱其说。客曰："羲之信非旷达者。夫富贵贫贱、屈伸得丧，皆有足乐，盖于其心而境不与焉。欣于今而忘其前，欣于后则忘其今；前非有余，后非不足。是故君子无入而不自得，岂以昔而乐、今而悲而动心于俯仰之间哉。"予恍然有间。自予得此山，予之所欣，日新而月异，不知其几矣。人生适意耳，如今日所遇，霄壤间万物无以易此。前之所欣，所过者化，已不可追记，予意夫后之所欣者至，则今之所欣者又忽焉忘之，故忽起奋笔，乘兴而为之记，且谂同游者发一噱。

大致的意思是说：从前，我读《兰亭记》，见到文中说到，人受外物的触动而生发感情，有时高兴有时悲伤，都随着不同的遭遇变化着，我很同意这样的观点。客人却说："王羲之实在不是旷达之人。人无论是富贵还是贫贱，失意还是得志，拥有还是丧失，都应该有值得庆幸的地方，这是因为外界的好与坏，都取决于内心。哪能因为富贵贫贱、屈伸得丧来改变自己坚定的信念。我一下子明白了，人生重在顺遂心愿罢了，譬如我今天所经历的，天地间万物都不能与之交换。从前感到高兴的事物，过后就淡忘了，已不可追忆。"我心想以后欢欣的事物来到，那么今天欣喜的事物又会很快被忘记，所以急忙起身奋笔疾书，乘兴写这篇游记，并告知同行者，也让他们来聊发一笑。

到了这年冬至，朝廷又下达诏命，任命文天祥为福建提刑。奇怪的是，人还没去上任，就被御史陈懋钦给奏免了。政治打压也不过如此，看破不如看淡，文天祥的心中，早已是静水流深。写一首《山中即事》，来明其心志：

携壶藉草醉斜阳，白鹤飞来月下双。
芦叶西风惊别浦，芭蕉夜雨隔疏窗。
千年帝子朱帘梦，一曲仙人铁笛腔。
若问山翁还瘦否，手持渔竹下寒江。

早在理宗在位时的景定二年（1261年）六月，发生了一件大事，当时没引起朝廷足够的重视和借鉴，事后足以致南宋灭亡，原因是潼川（今四川省三台县）安抚使刘整以泸州（今四川省地级市）等十五州降蒙古。

刘整原是金朝统治下的邓州穰城（今河南邓州市）人，金朝末年归顺南宋，骁勇善战，足智多谋，在攻打信阳时，趁着夜深，率领十二名身手矫健的士卒，渡堑登城，成功袭擒守将。名将孟珙称其为"赛存孝"①。

宝祐二年（1254年），刘整随李曾伯入蜀，擢为将校。刘整在抵御蒙古蒙哥汗攻蜀时建立殊勋，升任泸州知州和潼川十五军州安抚使，成了四川制置司下四大主力将领之一。但是由于他是北方人，遭到很多南方将士的歧视，军队作战，凡是刘整出谋划策都被予以否定，一有战功就被压瞒不上报，甚至蓄意贬低其才干。四川制置大使俞兴与策应大使吕文德更是忌恨刘整，想要置其于死地。

吕文德是贾似道的亲信，贾似道在鄂州守备战中，捞足了政治资本，成为皇帝心目中不可撼动的权臣。贾似道大权在握，趁机利用所谓的"打算法"，进行军队整顿财政，追查战争中支取官府的钱物，凡是用途不明、账目不清的一律治罪，实质上是借机排除异己，以泄私愤，打击报复在鄂州戏弄取笑他的各位将军，高达、赵葵、史岩之、杜庶等一些名将，无一幸免，都因为账目不清被罢官，向士璧更因此冤死狱中。贾似道还指使其党羽罗织罪名，又逼死了茆世雄，还有在钓鱼城立下盖世奇功的王坚也未能幸免。

贾似道、吕文德与四川制置使俞兴互有勾结，刘整也是他们重要的打击对象。刘整明知自己不能自保，便派人到临安向朝廷

---

① 赛存孝，意思是称赞刘整勇武赛过唐朝末年武艺非凡每战必胜的猛将李存孝。

上诉，试图挽回局面，却因求诉无门投降了蒙古。刘整献策忽必烈，襄阳是汉江防线的第一要塞，直接关系着南宋的生死存亡，他不但为忽必烈献计，提出先取襄阳的战略构想，还为蒙古组建了一支强大的水军，使南宋的水军优势荡然无存，这将对南宋造成毁灭性的打击。也就在文天祥被罢职的这年九月，忽必烈镇压了内敌，稳定了局势，开始进攻南宋，围困襄阳。

3. 草诏交恶贾似道

咸淳五年（1269年）三月，临安迎来了百花竞相开放的春天，南宋朝廷也出现了一些生机，文天祥敬重的老臣江万里出任左丞相，秉性正直的马廷鸾出任右丞相兼枢密使。文天祥得知这一消息后，也是心花怒放，立即写信向他们分别道贺，称江万里为"大老造朝"，必将"相天地，理阴阳，安国家，定社稷"，"气量崇深，有报国之大节"（《文天祥全集》卷七《贺江左相》）；称马廷鸾是上古时期的皋陶，使国家"复得良臣"，并称赞他"知庙廊之有人，为国家而增气"（《文天祥全集》卷七《贺马相右》），对他不巴结、不逢迎的气节，表示敬仰。

江万里和马廷鸾也都一致认为，国家在内忧外患之时，急需文天祥这样难得的人才。四月十七日，在他们的推荐下，朝廷任命文天祥到宁国府任知府。然而，文天祥接到诏书后却犹豫了，写下《辞免知宁国府状》，言说自己当年"实无它肠，粗有远志"，表明自己是有远大理想的，"昔年忧国，冒当事任之难"，本想做一番有利于国家、有利于百姓的大事情,却不想世事艰难,未及赴任,便被莫名其妙地罢免。"唯是某省悉已至,贬秩犹新。虽公论至久而愈明,而丹书未谓之无过",文天祥因屡遭罢免,曾经的一腔报国热情,也不禁意气消沉。他情愿在家,以文山为伴,"读书养亲,安身寡过"。

朝廷却没有批准,拖了半年,贾似道没有出面干涉,御史官也没有弹劾,到十月十五日这天,文天祥才恋恋不舍地辞别家人,告别他心灵的栖息地——文山,去宁国府(今安徽省宣城市。又名宣州,宣城)赴任。

宁国府地处长江中下游平原,因四季分明,气候温和,素有江南鱼米之乡的美誉。李白曾有诗云称赞这里为"鱼盐满市井,布帛如云烟"(《赠宣城宇文太守》),可是,呈现在文天祥眼前的宣城,却见商业萧条,良田荒芜,民生凋敝,一座长江以东的望郡之乡,衰败到几乎没有人烟的地步,何以破败至此呢?文天祥"问官官靡,问吏吏荒,而民气则愤愤未醒",究其根源,原来根源在于赋税太重,造成这种情况,跟贾似道推行的公田法有关。所谓的公田法,就是为了增加南宋政府的赋税,就是讲私田大户的部分农田强购为公田,再转租出去,收取租金。"江南之地,尺寸皆有税,而民力弊矣",地方上有权势的官僚和地主,趁此机会,把赋税转嫁到农户头上,承佃户因承受不了层层盘剥压榨,造成不少官田抛荒弃耕。"宁国为郡,居上流斗绝,税务无所取办,则椎剥为民害"。目睹了这一实际情况后,文天祥向朝廷申请免除宁国府的赋税。

文天祥不但为百姓的利益着想免除税收,还鼓励乡亲们开荒种田,恢复生产,并写下了《宣州劝农文》,他在引言中说:"今太守与尔父老于此相处，遽然去之，其拳拳又可知。"其中有《劝农》《戒农》诗各五首。希望宣州子弟"能从吾劝而为善"，五劝写的是劝大家"勤耕作""行孝弟""勤教子""常修善""了王租"，五戒为"莫妄状""莫避役""莫拒追""莫尤赖""莫夺路"。这十首诗朗朗上口，通俗易懂。其中，五劝的第一首是这样写的："第一劝尔勤耕作，布种及时休落魄。唯有锄头不负人，饱食暖衣多快乐。"对待家庭教育上，他还劝百姓有个长远的规划，"第三劝尔勤教子，有子读书家道起。若还保暖不知书，十万庄田不禁使。"

文天祥为什么在《宣州劝农文》的引言中，提到"遽然去之"，原来这时候朝廷的诏令又来了，要他赴京担任军器监兼右司。他向朝廷辞免，但未获批准，无奈之下，只得赴京任职。文天祥知宁国府才短短一个月的时间，在深入了解苛捐杂税重，百姓生活苦不堪言后，就向朝廷申请减免宣州赋税，此举深得民心，当地百姓为了纪念他，为他建生祠，来表达感激之情。

咸淳六年（1270年）四月，文天祥到达京城临安，在军器监供职。紧接着朝廷又任命他兼任崇政殿说书、学士院权直、玉牒所检讨官。崇政殿说书就是皇帝的侍读，主要是讲解儒家的经史要义；学士院权直主要负责为皇帝起草诏令等文书；而玉牒所检讨官则是参与编写皇室家史。文天祥这三项职务，都是随侍度宗身边，直接为度宗服务的，称得上是朝中要职。可见朝廷还是挺器重文天祥的。当然有如此安排，不光是文天祥有真才实学，也仰赖于时任丞相的江万里鼎力推荐。

度宗在当太子的时候，文天祥就为他讲过课，还曾被理宗奖励过金碗。因为理宗无子，便收养其弟、荣王赵与芮之子赵孟启为养子，并立为太子，赐名赵禥。赵禥生母黄氏是赵与芮夫人李氏陪嫁的侍女，出身卑微，地位低下，即使被赵与芮看中，有了夫妻之实，怀了身孕，还要受到正房夫人的欺负，被逼服堕胎药。谁知赵禥命大，没有胎死腹中，还是来到这个世界上。因为是皇帝近亲中唯一的男孩，赵禥生下来得到全府上下人的保护，但不幸的是受到堕胎药的影响，天生体弱，手足发软，很晚才会走路，七岁才会说话，智力低于正常人。因此吴潜做丞相时，不赞成立赵禥为太子，请求另选宗室子弟。这说到了理宗的痛处，他本身是史弥远从民间选来的，哪能认什么宗室，不甘心皇权旁落的理宗，利用贾似道将吴潜排挤出朝廷，其他的大臣也不好再说什么。

理宗对赵禥的教育十分严格。赵禥七岁时，理宗就让他入宫内小学读书，立为皇子后，甚至对赵禥每天的日程，都做了严格的规定。鸡初鸣入宫向理宗问安，再鸣回宫，三鸣就要到会议所参加处理政事，以锻炼日后理政的能力。从会议所出来以后，赵禥去讲堂听各位老师讲经说史。到了傍晚，赵禥再到理宗处问安，理宗借机考问他当天所学的内容，如果回答正确，理宗会很高兴，为他赐座赐茶；回答得不对，理宗就有耐心地为他反复剖析；讲完之后，赵禥再不明白，就会受到理宗的斥责，令他明日学会为止。理宗为赵禥选派的老师，可谓用心良苦，都是名闻一时的大儒。但是，由于赵禥先天存在缺陷，学业始终没有太大长进，这经常惹得恨铁不成钢的理宗大怒。

理宗死后，二十五岁的度宗赵禥即位，其治理朝政懦弱无能，没有理宗的管束，更加耽于酒色。有大臣提议谢太后垂帘听政，却遭到否决。度宗只顾贪图享乐，无心治理朝政，竟然把大权交给扶立有功的贾似道。度宗做太子的时候，就以好色闻名，当上皇帝以后，更加放纵。根据宫中旧例，嫔妃在夜里奉召陪皇帝睡觉，次日早晨要到阁门感谢皇帝的宠幸之恩，主管的太监会详细记录下受幸的日期。赵禥刚当上皇帝时，"一次谢恩者三十余人"（《南宋杂事诗》卷六注引《通鉴辑略》），这一点连贪恋声色犬马的理宗都望尘莫及。

文天祥在熙明殿对度宗讲经史要义，总是触及时政，他借着江南大旱，讲《周易·贲卦》，他说"天道人事，实不相远。自古人君，凡知畏天也，其国未有不昌"。他想用董仲舒的"天人感应"的学说，论证江南大旱，肯定是管理出了问题，要有"咎即在我"的胸怀，找出问题所在，消弭灾变。在讲《诗·定之方中》篇，劝度宗在国家处于危难之时，不要大兴土木营造宫室，要体恤老百姓的疾苦。他还上一篇《轮对札子》给度宗，更进一步劝度宗"民可近，不可下"，不要像古时候那些纵情声色，贪图享乐的皇帝，为了一时之欢，而丢了天下。

度宗哪里能听得进文天祥的劝谏，朝中大臣也多有劝谏，度宗轻则不听，重则招灾引祸，如史官检阅黄震轮对时，向度宗指出致使国力日衰时弊有四：民穷、兵弱、财匮、士大夫无耻，并罢请僧道度牒，收其余田，以纾民力。此话一出，度宗勃然大怒，直接将他赶出朝廷。

文天祥这次入朝为官，得力于江万里的大力举荐。可是他刚到临安，就闻江万里辞去相位。原因是贾似道独揽朝政，江万里的左相形同虚设。贾似道在任京湖宣抚大使，江万里在其幕下做参谋官，后来贾似道入朝为相，江万里也在朝中做官。贾似道原是想培养江万里为自己的亲信，没想到他却是个有主见，敢于直言进谏的能臣。贾似道手握大权后，故弄玄虚，常以辞职要挟度宗，来抬高自己的身价。有一次他又故技重演，度宗竟然哭着拜留他，江万里感到这样有失君臣之礼，便上前劝道："自古无此君臣礼，陛下不可拜，似道不可复言去。"（《续资治通鉴》卷一七八，宋度宗咸淳二年正月）本是一句中肯的话，贾似道却怀恨在心。

南宋降将刘整带领蒙古军包围襄樊，在要害处修筑城堡，屡败南宋守将张世杰、夏贵和范文虎的部队，不久之后，还没等刘整血刃仇人，京湖战区最高军事统帅的吕文德就因病去世，南宋失去了有着临边四十年经验的将领。此时，蒙古军围兵已增至十万以上，人数众多，大有不破不甘之势。南宋调李庭芝接任京湖安抚制置使，督军救援被围困的襄樊。可是蒙古军在围困襄樊之时，早已事先切断了援军救援的路线。"天下大势，首蜀尾淮，而腰膂荆襄，自昔所甚重也"（《平斋文集》卷九《召试馆之策》），江万里深知襄樊地理位置的重要，如果一旦破防，南宋江山将岌岌可危。他多次请求朝廷派兵增援，都被贾似道否决，江万里无奈之下，便引咎辞职。

在文天祥的心目中，格外敬仰江万里的人格和才华，称他为"都范（范仲淹）、司（司马光）之望于一身"，范仲淹和司马光都是北宋时期的名臣，他称赞江万里就像他们一样："修名伟节，以日月为明，泰山为高；奥学精言，为天地立心，为生民立命。"（《文天祥全集》卷七《贺江左丞相除湖南安抚使判潭州》）江万里虽然不在朝中为官，但他举荐了文天祥在朝中做事，希望他利用在白鹭洲书院所学为国家排忧解难。

自从江万里辞去相印，贾似道也以要致仕①来要挟度宗，度宗虽然心智不全，却把贾似道在朝中的地位看得很重要，贾似道也确实是有些旷世奇才，他虽然独断专行，在力推公田法和打算法时，确实借机排除异己，笼络亲信，但是也为朝廷缓解了财政危机。

　　度宗视他为主心骨。据说有一次，度宗前往祭祀的路上，天气说变就变，突然下起倾盆大雨，掌管车马的是度宗爱妃胡贵嫔的父亲胡显祖，胡显祖看这场大雨一时半会也下不完，便建议先回宫避雨。度宗不敢擅自做主，唯唯诺诺地说："先问问贾丞相吧！"胡显祖急于回宫，便哄度宗说："丞相已经答应了。"度宗这才匆匆回宫。贾似道知道度宗私自回宫后，大发雷霆，当即叫嚣着要"罢政"。度宗连忙解释，并再三恳求，贾似道仍旧不理睬。无奈之下，度宗只得忍痛割爱，将胡显祖罢官，把胡贵嫔送到庙里罚做尼姑。贾似道这才满意归朝。

　　贾似道不止一次要求致仕，从而要挟度宗，提升自己的权力。咸淳元年（1265年），度宗刚刚即位，贾似道就称病致仕，度宗慌忙命人把贾似道从绍兴老家抬回临安，特授他为太师、魏国公；咸淳二年（1266年），贾似道又要去官，度宗不顾君臣之礼，哭泣拜求，在江万里的斥责下才得以收场，因此贾似道对江万里怀恨在心；紧接着咸淳三年（1267年），贾似道又故技重演，度宗授予他平章军国重事，权力在左右丞相之上，掌握朝中军事大权，当时人称"朝中无宰相，湖上有平章"讽刺的是他有恃无恐的权力。到了咸淳六年（1270年）六月，贾似道又要挟度宗："托疾归绍兴，

---

① 致仕：辞去官职。是与入仕、出仕相对应的一个古代专用的政治术语。通俗地讲，"致仕"就是还禄位于君，退休养老的意思。

乞致仕",度宗慌忙下令右丞相马廷鸾、同签书枢密院事赵顺孙前去劝阻,并旨令学士院草诏不允。

诏书由学士院权直起草,恰巧轮到文天祥当值。文天祥早就对贾似道玩弄权术心存反感,他替度宗共拟了两份稿子,一份是《拟进御笔》,另一份是《又拟进御笔》。第一份稿还比较客气,措辞委婉,说贾似道去职有违人心,有意挽留他,要求他"尚鉴时忧,永妥在位";第二份稿子《又拟进御笔》(《文天祥全集》卷三),就没有那么客气,他是这样慷慨陈词的:

周公相成王,终身未尝归国。孟子当齐世不合,故致为臣。盖常情以去旧为轻,惟大臣以安危为重,苟利于国,皇恤其身?若时元勋为我师相,先帝付托,大义所存;太母留行,前言可覆。胡为以疾而欲告休?药惟医所以辅精神,惟安身所以保国家。古者之赐几杖,虽当七十,而不得引年;我朝之重辩章,虽年九旬,而尚使为政。勉厘重务,勿因眇怀!所请宜不允。

周公是周文王之子,武王的弟弟,因采邑①在周,故人们称他为周公。武王去世后,成王尚在年幼,周公怕天下人趁机大乱,就替成王处理政务,终其一生也没有回到自己被封的领地;孟子是战国时期的哲学家、思想家、政治家及教育家,他宣扬"仁政",最早提出"民贵君轻"的思想,他在齐宣王那里受到比较好的待遇,但是齐宣王始终不愿实施他所提出的"仁政"政治主张,孟子只

---

① 采邑:古代国君封赐给卿大夫作为世禄的田邑,也叫"采地""封邑""食邑",盛行于周朝。

有"致为臣而归",辞职归家,但是齐宣王想留住孟子,辅助他治理国家。孟子表示自己做官,绝不是图个人的荣华富贵,而是心怀天下,济世救民,不是搞权力的垄断。周公和孟子这两位先贤,都是以国家大局为重,公而忘私心怀天下。

接下来在诏书中,文天祥不免有些责难的意思,直言身为师相,应当以国家社稷为重,岂可以爱惜自己的身体为借口,弃国家于危难不顾。古时有七十岁大臣还在为国效力,我朝也有九十岁的老人,还在兢兢业业为朝廷做事,所以劝诫贾似道,还是努力工作吧。

宋朝的内制规定,凡是草拟的诏书,先要经"当国",当朝的宰相来过目,再送给皇帝来批示。文天祥却绕过贾似道,直接"进呈御前",不怕违反御制,直接公开挑衅贾似道。

文天祥想得太过简单,小看了贾似道。贾似道还是利用手中的权力,事先看到了诏书,"所拟无过褒之辞",通篇没有赞扬,这令贾似道很不满意。于是他又让直院官按照自己的意图重拟诏令,并为度宗采用。

诏令出来之后,文天祥才知贾似道做了手脚,将自己的草诏替换了下来,不禁愤慨万分,立即上奏,并在奏章中写道:"引先朝张大年在翰林草诏,以一字不合真宗圣意,明旦援唐故事,学士作文书,有所改为不称职,当罢,因亟求解职,丐祠引去。"(《文天祥全集》卷三《又拟进御笔》跋)

贾似道正在暗中指使台臣张志立,要罢免文天祥。见文天祥请辞,还装模作样地对诏书一事解释了一番。文天祥不为所动,再次上奏求去。罢免令下来,这回免得更干净,不光免去了文天祥所有的官职,甚至连祠禄也都一免到底。

这已是文天祥第三次被逐出官场,第四次被罢官。他本以忠君爱国为社会使命,坚持奉行公道直道,凭借一己之力,乞斩董宋臣、对抗贾似道,就是不想与官场上的巧佞邪媚之流为伍。他回想在官场上的起起伏伏,不禁在给友人朱埴的信中,这样怨愤地写道:

仆十年受用,顺境过当。天道反覆,昳者旁午,七八月以来,此血肉之躯立于砧几之上,齑粉之手,直立而俟之耳。仆何所得罪人?乃知刚介正洁,固取危之道,而仆不能变者,天也!(《文天祥全集》卷五《与朱太博埴》)

文天祥不光在心中痛诉了心中的不满,又表明了心中的志向,坚持自己的操守。

4. 但坚圣志持长久

文天祥因草诏得罪了贾似道,又一次被朝廷罢免回到了文山。比起官场上的糜烂险恶,在文山这样一个山水清秀,风景秀丽的地方,又能和家人们在一起,尽享天伦之乐,早已是文天祥梦寐以求的事情。他在给友人刘民章的信中就是这样写的:"诗云'京洛多风尘,素衣化为缁'。又云'羁鸟恋旧林,池鱼思故渊'。青山屋上,流水屋下,归来自有乐地。"(《文天祥全集》卷五《与刘民章》)

这时候长子道生已经五岁,次子佛生四岁,还有几个活泼伶俐的女儿。看着孩子们一天天健康快乐地成长，想起父亲文仪在他咿呀学语时，教他读书认字的情形，便找来《百家姓》《千字文》，还有王应麟为本族子弟写的《三字经》。这些读物都成为文天祥启蒙孩子心智的教育读物。

孩子们年龄尚小，认不得书上的字，文天祥便每天抽出时间，先教会他们背："赵钱孙李，周吴郑王，冯陈褚卫……"他还告诉孩子们，不要小看了这些姓氏，每一个姓氏都有历史的渊源，例如《百家姓》里，为什么第一个姓是赵，因为《百家姓》编于宋朝，本朝的开国皇帝姓赵，皇帝的姓就是国姓，当然要放在第一位。文天祥又说，据史料记载，赵姓出自"嬴"姓，据《唐书》记载，上古东夷族首领伯益的第十三世孙造父，是西周时著名的驭马高手，并为周穆王进献良马八匹，周穆王靠这八匹良马，御驾亲征平叛内乱，造父因献马有功，被赐予赵城（今山西洪洞县赵城镇），其后人便以赵为自己的姓氏。

这时候道生好奇地问父亲："那我们的文姓排在第几位？"

文天祥抚爱地摸了摸道生的头，像是对他的提问表示嘉许，他说，《百家姓》中的文姓排在三百五十六位，出自敬姓，在五代后晋时，为避晋高祖石敬瑭的名讳，将敬姓改为文姓。

孩子们熟诵了《百家姓》，文天祥又要求孩子们识字和练写《千字文》："天地玄黄，宇宙洪荒。日月盈昃，辰宿列张。寒来暑往，秋收冬藏……"涵盖了天文、地理、自然、社会、历史等多方面的知识，能集识字、组词、习韵、正音、学识于一身，比如"龙师火帝，鸟官人皇"，文天祥能引申出很多三皇五帝尧舜禹的神话故事，孩子们特别喜欢听。

《三字经》由于浅显易懂，读来朗朗上口，"……昔孟母，择邻处,子不学,断机杼……融四岁,能让梨,弟于长,宜先知……长幼序,友与朋,君则敬,臣则忠……"从中能够知道与人处事的道理,又能知道很多历史故事,更是孩子们喜欢看的读物。

　　文天祥通过这些经典读物,使孩子们逐渐掌握传统文化的精髓,启迪他们的心智,养成知进退、懂取舍、识深浅的浩然正气。学得最好、背得最快的当属道生和佛生,道生聪明认学,文天祥每天教的,他总是用心记下,还可以教弟弟妹妹们。看见道生,文天祥就好像看到自己小时候的影子。所以他欣慰地写道:"予二子,长曰道生,资性可教。"(《文天祥全集》卷十六《集杜诗·长子第一百四十九》)。其实佛生也是天赋异禀,心有大志的人,只是当时年龄尚小,文璧后来对这位侄儿是这样描述:"为儿有巨人志,及成童,双瞳炯然,天资俊伟,书过辄成诵。"文天祥对这两个孩子抱有很高的期待。

　　这次回到文山,文天祥没有像以前那样热闹摆阔,办一些歌舞宴会。他除了教导孩子们学习,还常常与朋友登山观涛、弈棋吟诗或煮茗品评时事。人生最难得的是一份随遇而安的心境,正如他诗中所言:"纱帽有时去,酒壶惟意倾"(《山中和韵》),人生不也是如此吗?进退行藏,唯其所遇,"纷纷玄白方龙战,世事从他一局棋"(《又送前人琴棋书画四首》其二)。生活最大的乐趣不过是静下心来:"扫残竹径随人坐,凿破苔矶到处棋"(《用前人(朱约山)韵招山行以春为期》),"闲云舒卷无声画,醉石推敲一色棋",随时随地都可以对弈一局,就连大病初愈,也可"商山弈棋老,赤壁洞箫宾"(《病愈简刘小村》),在棋盘上杀伐了断,快意似神仙。

　　文天祥生在书香门第,父亲文仪不光嗜书如怡,还"乐极浩歌纵奕，视世间融融坛坛，漠不介脑次"；外祖父曾珏，也喜欢"论文赋诗，围棋命酒"。他生长在这样的环境，自然从小耳濡目染，再加上他生性聪颖，四岁时与成人对弈而不落下风，八岁时棋艺便已经名声在外。文天祥不仅棋艺高超，还经过多年精心研究，自创了《四十局势图》象棋棋谱，"公平生嗜象奕，以其危险制胜齐绝者，命名自'玉普金鼎'至'单骑见虏'为四十局试图"（《文天祥全集》卷二《纪年录·壬午》注）。

听闻文天祥回到文山，远近闻名的象棋高手都喜欢找他对弈。其中刘定伯和刘沐离文天祥家比较近，一个比他大十七岁，一个比他小十岁，两位棋艺相当，却都不是文天祥的对手。其中刘定伯"嗜弈，最入幽眇，兔起鹘落，目不停瞬，剥解摧击，其势如风雨不可御"（《文天祥全集》卷十一《刘定伯墓志铭》），是一位大刀阔斧攻杀型棋手，其胜不骄败不馁的性格也是很有个性；刘沐的棋艺是"坐踞河南百战雄，少年飞槊健如龙"（《文天祥全集》卷一《象弈各有等级四绝品高下》），他与文天祥下棋，"初不敌，穷思一昼夜，遂能对垒"，后来，文天祥募兵勤王时，这位小兄弟，还追随其后，浴血杀敌，成为文天祥得力干将。

周子善是庐陵乃至江西一带最有名气的下棋高手，却也是文天祥手下的败将。文天祥和他下棋不是普通的下棋，不用棋子，不看棋盘，而是以意为棋盘下盲棋。这样下棋难度很大，只有对象棋中的七个兵种、三十二枚棋子在九十个不同位置上的运用了如指掌，对各种典型局势运用自如，并能熟练记住它们不断变化的位置，这样下棋起来才会得心应手。

时值盛夏，树上的知了没完没了地聒噪，正是暑热难耐的天气，动一动身上就是一身汗。可是这也没挡住他们的棋瘾，文天祥想出个好办法,邀请周子善和其他棋友到山涧清凉的富川河水间下棋。由于水上摆不了棋子,就下盲棋,好在他们都是一顶一的高手,棋谱都在心中,下棋只用口述可决胜负。棋局一局接着一局,场面紧张而激烈,时间久了,周子善和其他人都受不了,陆陆续续跑上岸来,唯有文天祥乐在其中,不知不觉天已黑,文天祥才跟棋友们聚在岸边,饮酒烤肉品评棋艺。

文天祥豪侠仗义,生性喜欢广交朋友,他一回到文山,家里便多了很多的热闹。他嗜棋喜欢到什么程度?赶上文天祥的生日,亲朋好友想要大摆筵席为其热闹一番,文天祥知道了,连忙用诗来告诉朋友:"客来不必笼中羽,我爱无如橘里枰。一任苍松栽十里,他年尤见茯苓生。"诗里的笼中羽,指的是蓄养在笼里的家禽;橘里枰指的是象棋棋牌。诗的大意就是告诉朋友,给我过生日,千万不要拿什么鸡鸭鱼肉之类的礼物,我平生最爱下棋,若能陪我对弈一局,比送我什么礼物都好。

表面上看,文天祥在文山,过着安居乐业的生活,如果仅从这些事情当中,就认定文天祥,是心无大志安于现状的懦夫那就错了。他在给卓大著的赠诗中,就曾这样表露:"天之生贤才,初意岂无为。民胞物同与,何莫非已累。"(《文天祥全集》卷一《提卓大著顺宁精舍》)他时常关心着百姓的疾苦,国家的安危,期望能有朝一日,施展自己的才华,能够补世益时,尽一份自己的责任。

就在文天祥刚回到文山时,正赶上吉州久旱无雨,田地干裂粮食歉收,旱情比较严重,早稻收成不过往年的二三成,晚稻半亏,交了官府的征粮,农户的口粮所剩无几。

若是像往年的灾情,文家开仓免费赈粜,富川有一千多户人家,文家散米一天,其他大户依次接续赈粜,可维持一个月;要是灾情比较严重，隔一天籴米一次则可维持两个月。然而这一年灾情不比往年，家家歉收，日子都不好过，想到无米可炊的日子，人心惶惶。

听说邻近的龙泉、永新两县有米，人们便纷纷跑去抢购。然而灾情期间，粮食都有限，当地知县下令禁止对外售米，不准粮食出境。文天祥惦念着乡民的生活，不禁忧心如焚，无意之中，听说赣州"年谷中熟，米价日低"，恰巧赣州知州李雷应是他的同年进士，他急忙给李雷应写信，请求赣州籴米支援："庐陵一歉，异于常年，田里憔悴，不堪举目。惟章贡无余事，而得岁又偏，乡人颠顿者，往往相率而趋治国。民食关系，苟可通融，兼爱秦晋，公之惠也。"他派专人去送信还放不下心，因为赣州山多地少，往年产粮都不及吉州，对粮食出境管控更严。

文天祥怕自己赋闲在家，无权无职，位卑言轻，说话力度不够，唯恐事有不成，又给知吉州知州江万顷写信，江万顷是江万里的弟弟，官方出面，面子要大些，他还在信中叮嘱道："此须古崖（古崖是江万顷的号）一书，与李守通情，俟得其要领，然后大榜境内，许人赴赣州收籴，此亦权宜之策也。"就这样，文天祥为解百姓灾情费尽心思，在其多方积极努力下，家乡人民终于免于饥饿，平稳度过灾年。

5. 襄樊风雨空飘摇

忽必烈为争夺汗位，北回抵达燕京。景定元年（1260年）春，在漠南开平的滦河畔举行登基大典，自立为大蒙古国大汗，其弟阿里不哥在大蒙古国都城和林宣布即位。一个在漠南，一个在漠北，把蒙古汗国分为势不两立的两大阵营。虽然忽必烈和阿里不哥都是成吉思汗嫡孙，上一任大汗蒙哥的亲弟，为了能成为唯一的蒙古大汗，兄弟双方开始了激烈的内战。

由于忽必烈曾经遭到蒙哥大汗的贬斥，按照传统的规定，是没有资格竞选蒙古大汗的，在漠北蒙古贵族中声望不高，但是他在总领漠南以来，网罗了一批能为他出谋划策分忧解难的名儒能士，并得到经营汉地的木华黎子孙以及五投下军①和汉族世族的支持，还拉拢来东道诸王之首塔察儿的拥护。

从经济条件上来讲，忽必烈所据漠南，有着丰厚的财力和物力，而阿里不哥在"地穷荒微，阴寒水少，草薄土瘠，大抵皆沙石"的漠北，一旦开战，离开漠南的物资供应，粮食军需都成问题。

从军事上讲，忽必烈统率过千军万马，有着丰富的实战经验，而阿里不哥一直留守漠北，得到更多数蒙古贵族的支持，掌握着漠北诸千户军队，以及随蒙哥汗南征入蜀的大部分部队，还有驻守六盘山由浑都海统率的四万骑兵，军事实力远在忽必烈之上。

两相比较，各有所长，几乎是旗鼓相当，但是经过五年之久的血腥战争，阿里不哥最终败给了忽必烈。于景定五年（1264年）八月，阿里不哥宣布投降。

汗位尘埃落定，忽必烈统一蒙古汗国后，经过几年的调整生息，

---

① 五投下军，原属成吉思汗的股肱之臣木华黎麾下，在蒙古伐金之后，蒙古所倚持的重要武装集团。其中包括木华黎家族的札剌亦儿、忙兀、弘吉剌、亦乞列思、兀鲁兀。成吉思汗的正妻和忽必烈的皇后察必都来自孛儿帖家族弘吉剌。

在咸淳三年（1267年），接受刘整等人的建议，又把战略目光转移到南宋。由于四川地区依托钓鱼城等山城防御体系设施，军民齐心合力顽强抵抗，蒙古军控制长江中上游的企图未能得逞，逐渐将战略重点由川蜀转移至荆襄的襄阳和樊城。

忽必烈根据刘整的计策，以与南宋做买卖为名，并贿赂轻敌的宋军统帅吕文德，在襄阳城东南约十五公里处的鹿门山（今襄阳东南）和白河口（襄阳城东），打着建榷场[①]名号，建堡屯兵。又在襄阳城南，借口保护财务、防范盗贼为由，自西向东筑起长围，彻底切断襄樊粮食补给，紧接着还在汉水中筑台阻断南宋援军。此时的襄樊两城，犹如两只困兽。

咸淳五年（1269年），蒙古军陆续完成了对襄樊的全面包围，见利忘义的吕文德这才意识到上当了，才慌忙向朝廷奏报。朝廷派张世杰、范文虎等领兵来救，都被蒙古军借助修筑好的工事击退。吕文德深感自己酿成了大错，悔之晚矣，后病重身亡。但是他到死也没有意识到，他更大的错误，就是逼走了刘整，才使得蒙古军加快了侵宋的步伐。

咸淳六年（1270年），蒙古军围困襄樊的消息传到临安，朝政在贾似道的把持下，无能的度宗只知酒色，不问朝政。贾似道一直封锁襄樊被围困的消息，当度宗问他："襄阳已经被围困三年，该如何是好？"贾似道却大言不惭地说："陛下，北兵早已退回，您的消息是从何而来？"度宗不假思索地告诉他，是从一个宫妃

---

① 榷场：在辽、宋、西夏、金、元时期，位于民族政权交界地区所设置的互市市场。榷场贸易是因各地区经济交流的需要而产生的。对于各政权统治者来说，还有控制边境贸易、提供经济利益、安边绥远的作用，因此，榷场的设置，也常因政治关系的变化而兴废无常。

那儿听来的。从早朝退下来，贾似道立即诛杀那位宫妃，从此之后，再没有人敢议论前线战事，朝中日日饮酒作乐，呈现一派歌舞升平的假象。而此时，襄阳和樊城被围困，整整三年。

襄阳和樊城两城隶属京西南路，隔汉水相峙，通称襄樊。它上通巴蜀，下可控荆楚，是南宋中路的重要防线，被称之为"天下之脊，国之西门"，属兵家重地，一旦失守，长江门户洞开，江南唾手可得。

早在嘉熙三年（1239年），时任京西湖北路安抚制置使的孟珙，深知襄樊战备的重要性，上奏朝廷称："襄、樊为朝廷根本，今百战而得之，当加经理，如护元气，非甲兵十万，不足分守。与其抽兵于敌来之后，孰若保此全胜？上兵伐谋，此不争之争也！"在得到朝廷的支持之后，孟珙就以蔡（今湖北枣阳西南）、息（今信阳市东北部）两州的金国降兵组成中卫军，以襄（今襄阳）、郢（今湖北钟祥）两州的归正人①组成先锋，补充襄阳的兵力，又在汉水种植树木，又在两岸联以铁索、造浮桥，形成两城联防之势。襄、樊逐渐恢复元气，重新成为军事重镇。

战事刚开始时，宋军凭借襄樊险要地势，坚固的防备设施，丰富的物资储备和军民同心的全力奋战，成功阻止了蒙古军队猛烈的进攻。但是经不住蒙古军队长期围困，他们先后在襄阳城西南和城东北修筑城堡。控制白河和汉水及陆路交通，在城西和城

---

① 归正人，南宋对来自淮河以北金国占领区民众的一种称呼。《朱子语类》对归正人的定义为："归正人原是中原人，后陷于蕃而复归中原，盖自邪而转于正也。"大臣史浩的看法也可视作南宋政府对归正人的态度，他提出："中原绝无豪杰，若有，何不起而降金"，语气中，充满对归正人的轻视和不信任，由此可知归正人在南宋的待遇。刘整是孟珙手下一员得力战将，因为他归正人的身份，时常受到当地正规军的排挤和压制，也为刘整降蒙古埋下了伏笔。

南立栅，切断宋军东路补给，又在迎旭门外汉水中筑台，阻遏宋军水上救援，盟军对襄阳完成了战略合围，使襄阳城处于孤立无援的状态。

时任京湖制置副使、襄阳知州的吕文焕，深知情况不妙，曾几次向吕文德救援。吕文德却认为襄阳城坚池深，没予重视。吕文焕又几次主动出击，想突破围困，却惨遭失败。

由于得不到及时补给，襄阳城粮草、饷银，甚至是食盐和布帛等物资都严重不足，军心浮动。贾似道迫于舆论的压力，于咸淳六年（1270年）正月，将两淮安抚制置使李庭芝调为京湖安抚制置使，兼任夔路策应使和江陵府知府，统一指挥各路军马。此时原京湖安抚制置使吕文德已死，他的女婿范文虎却暗中给贾似道写信道："吾将兵数万人入襄阳，一战可平。但愿无使听命于京阃，事成则功归恩相矣。"（《宋史纪事本末》卷一六零）贾似道随即又派遣殿前副都指挥使范文虎，统率殿前精兵八千余人及两淮诸军，赶赴襄樊，"会合备御"，实质上是牵制李庭芝。李庭芝屡次想要出兵，范文虎却只是与美妾宾仆饮酒作乐，借口没有诏书的命令为由，进行推托。咸淳七年（1271年）六月，蒙古军队轻松击败了范文虎部及两淮的十万舟师，俘获士兵、战船、武器不可胜数。指挥不力的范文虎则弃旗息鼓，带领几名贴身侍卫，驾着轻舟乘着夜色逃命去了。

咸淳七年（1271年）十一月十五日，忽必烈大汗接受太保刘秉忠的建议，取《易经》中"大哉乾元"之意，将国号"大蒙古国"改为"大元"。"大元"是一个寓意深刻的国号，"元"乃为万物之始，万物之源。儒家哲学意味非常浓厚的观念，就是万物生长都从"元"开始，这一点，又和蒙古民族崇拜"长生天"的习俗非常一致，也是忽必烈能够接受汉化的重要标志。同时又有最大之意，意味着元朝的功业之大和疆域之大。翌年大元改中都为大都（今北京），宣布建都于此，并发布文告，加强对南宋的进攻，襄樊战局更加危急。

李庭芝见范文虎兵败，便出重赏在襄樊西北清泥河上游均州（今湖北丹江口西北）境内，造轻舟百艘，招募骁勇善战不怕死的勇士三千人，由智勇双全的张顺、张贵为统领，率队护送盐、布帛等急需的物资，并在每艘船上安装火枪、火炮，配备了强弓劲弩。他们把船连成方阵，人送外号"竹园张"的张贵在前，"矮张"张顺在后，沿汉江出发，斗志昂扬闯入元军重围，一鼓作气，冲破元军一百二十里的重重封锁，支援襄阳。当恶战到襄阳城下，张顺不幸阵亡，几天后找到尸首，发现身重四枪六箭，观其颜色仍"怒气勃勃如生"。

张贵进入襄阳，极大鼓舞了军民的斗志。张贵所带来急需的补给毕竟有限，又想与城外的宋军商定，准备里外夹击元军，打通襄阳外围的水上交通路线，以保证襄阳城内物资供应和军事救援。他先派两名能够在水下几天不吃东西的兵士，拿着用蜡包好的密信到宋营请求在龙尾洲接应。元军在沿途增加了守卫，封锁更为严密，给两位送信的兵士增加了难度。水路上接连几十里布置了撒星桩，连河里的鱼虾都很难通过。两个兵士在水下碰到撒星桩就用锯子锯断，最后竟然跟范文虎取得了联系，交付了情报。

趁着襄阳战事稍定，张贵告别吕文焕，在检阅自己队伍的时候，发现一名因犯错误被鞭刑过的士兵逃走了。张贵唯恐其泄露机密，连忙趁着夜色，斩断围困的铁索，冲出险境。

更可气的是，在这样的危急时刻，范文虎临阵脱逃，可惜张贵冒着九死一生的风险送出的密信，在约定日期前两天，范文虎惊疑龙尾洲周边风吹草动，误以为元军来攻，竟吓得退兵三十里。而元军因为叛逃士兵告密以逸待劳，将早已身受重伤，杀得精疲力竭的张贵俘获。张贵宁死不屈，直至被元军残忍杀害。

至此，宋军对襄阳的救援彻底失败，襄阳城内处境更加艰难。

第四章 宦海沉浮，夜阑拂剑碧光寒

第五章 公而忘私，握手相期出云表

1. 故人书言北风急

咸淳八年（1272年），文天祥被罢官在文山待了三年，这三年当中，朝廷曾任命他为湖南运判，只是还没等赴任，就被御史陈坚奏免。他看似在家安居乐业，与朋友往来唱酬，日子过得逍遥自在，实则内心一点儿也不快活，就像他诗中写的那样：

> 青春岂不惜，行乐非所欲。
> 采芝复采芝，终朝不盈掬。
> 大风从何来，奇响振空谷。
> 我马何玄黄，息我西山麓。

谁不想趁着青春做一些建功立业的事，寻欢作乐又岂是我的所愿。只是报国无门，才困居山中。

在收到一位朋友的书信后，他竟然感慨难言，写下《山中感兴》这样一首诗，收录几句如下：

故人书问至，为言北风急。

山深人不知，塞马谁得失？

挑灯看古史，感泪纵横发。

此时的襄樊两城，遭到元军的围困，已经有五年之久，城内的物资紧缺，人们迫不得已，开始拆掉房屋的木头当柴烧，没有布料缝补衣服，就用关子、会子等这样的纸制的钱币来充当布料。驰援的部队又作战不利，文天祥感到襄樊危在旦夕，心里很难过。

夜已经很深了，他还在挑灯看着王朝兴替的古史，纵有立志为国排忧解难志向，奈何深感囚困山中，有力使不上。夜深人静的时候，每念及此，他都辗转反侧无法入睡，眼泪也控制不住地在腮边枕畔流落下来。

他恨不能立刻奔赴战场，仗剑杀敌：

余屏迹山间，诵昌黎《三星行》，政自多感，亦何有于初度？客谢爱山翩然远来，贻我长句，嘘拂而缱绻之者至矣！倚歌而和，愧不成章。

寓形落落大块间，嘘吸一气自往还。

桑弧未了男子事，何能局促甘囚山。

昔年此日作初度，宾客如云剧欢舞。

今年避影却闭门，捧觞自寿白头母。

故人忆我能远来，虹光满袖生琼瑰。

一杯相属慰苓寂，使我发笑愁颜开。

簸扬且听箕张口，丈夫壮气须冲斗。

夜阑拂剑碧光寒，握手相期出云表。

　　这首诗是文天祥在三十七岁生日的时候，与好友唱酬的一首诗作，题目是《生日和谢爱山长句》，谢爱山是文天祥的至交，名麟，字伯华。文天祥因草诏触怒了把持朝政的贾似道，被罢官回家，从此决计归隐文山。

　　在五月初二日生日这天，家中本该是热闹的，文天祥却像有心事一样，一个人静静地躲在书房里，正在看韩愈①的《三星行》，好友谢爱山突然来访，并赠文天祥长诗以贺其生日。朋友的到来，使文天祥分外高兴，朋友的长诗，更能抚慰文天祥内心的郁闷。

　　文天祥在诗中抒发了不愿听凭命运的摆布，终有一天会实现自己的人生理想。诗中最后两句"桑弧未了男子事，何能局促甘囚山"和"簸扬且听箕张口，丈夫壮气须冲斗"，是文天祥表达壮志豪情的名句。

　　"桑弧"是"桑弧蓬矢"的略语。出自《礼记·内则》，意思是说古代男子出生，礼官要用桑木做的弓，蓬草做的矢，也就是箭，射向天、地及四方，以示其志向之远大。"囚山"源自柳宗元的《囚山赋》，意指漫无目的的生活，就像囚困在山林一样。"桑弧未了男子事，何能局促甘囚山"的意思就是：大丈夫志在天下的心愿和事业还没实现，怎么能窝窝囊囊地甘心隐居山林无所作为。

　　古人相信人的命运与出生时辰的星宿位置有关，韩愈就在《三星行》中非常巧妙地运用人们的这种观念，写他出生的时候："牛

---

① 韩愈，唐代中期的官员，古文运动的倡导者，被后人尊为"唐宋八大家"之首。祖籍昌黎（今辽宁义县），自称"郡望昌黎"，世称"韩昌黎"。

不见服箱，斗不挹酒浆；箕独有神灵，无时停簸扬。"他说牵牛星徒有"牛"之名，不见它拉车；南斗星空有"斗"之名，却不能用来舀取酒浆；"箕"是簸箕星，俗称扫帚星，意为不祥的预兆，就像谗人那样不停地搬弄是非，说人坏话，诽谤人的名声。韩愈借诗隐喻自己的才华得不到施展，却一而再再而三地受到谗言的诋毁和排挤。

文天祥却跟韩愈的这种观点完全相反，虽然也是屡次在官场上遭人排挤，他却豪迈地说："簸扬且听箕张口，丈夫壮气须冲斗。"就让那些小人摇唇鼓噪吧，大丈夫就应该有凌云的壮志，相信自己才是命运的主宰。

生日过去没几天，文天祥突然患上了严重的疟疾，俗称打摆子。他面色苍白，口唇发绀，躺在床上虚弱无力，正值暑热难耐的夏天，盖着厚厚的被子，还在里面打冷战：

  一病四十日，西风草木凉。
  倚床腰见骨，览镜眼留眶。
  倦策吟诗杖，频烧读《易》香。
  夜深排果饵，乞巧太医王。

文天祥这一病四十多天，从盛夏到秋日天气渐凉，病得眼窝深陷，形销骨立，浑身乏力连床都起不来。频繁的发烧，没有使他萎靡不振，反而在"两月不梳头"的自嘲中，却吟诗为杖，调节气息，在诗词美妙的意境中，陶冶情操，还不忘在通读《易经》中增长人生的大智慧。幸好在病重的这些天里，有家人悉心的照顾，有医生妙手回春的医术，才使文天祥与死神擦肩而过。

到了第二年的正月，突然传来恩师欧阳守道病逝的噩耗，文天祥不禁大恸，在前往追悼的路上，写下《祭欧阳巽斋先生》。欧阳守道的家中非常贫困，正如《宋史》记述："卒，家无一钱。"他深为老师鸣不平："以先生仁人之心，而不及试一郡，以行其惠爱；以先生作者之文，而不及等两制，以仿佛乎盘诰之遗；以先生之论议，而不及与闻国家之大政令；以先生之学术，而不及朝夕左右，献纳而论思。"他不光在文中深切缅怀给予自己诸多教诲的恩师，并和同窗及恩师的学生弟子，出资购买棺椁墓地，为贫寒一生的恩师风光送葬，以慰藉他在天之灵。

襄樊战事吃紧，文天祥哪里还有闲情逸致困守山中。他托人向朝廷表达心意，听说长江要津江州（今江西九江）知州空缺，便想去江州做事。为此还写信给江州的朋友李与，希望他能代其与朝廷疏通。他言辞灼灼地写道："相望一方，精神驰往。"（《文天祥全集》卷五《回江洲李都丞与》）结果却不了了之。

朝廷似乎也没有忘记文天祥，任命他为湖南运判。可惜的是，任命刚到，又被台臣陈坚奏免。文天祥在《山中感兴三首》中这样感慨：

桃花何夭夭，杨柳何依依。

去年白鸟集，今年黄鹄飞。

昔为江上潮，今为山中云。

江上潮有声，山中云无情。

一年足自念，况复百年长。

但存松柏心，天地真茫茫。

文天祥在耐心地等待，等待朝廷给予他出山的机会。

也就在这年正月，好消息终于来了，朝廷任命文天祥为湖南提刑。

2. 湖南提刑政务忙

咸淳九年（1273年）初，元军开始加紧对襄樊的进攻，他们采取分割围攻的战术："襄阳之有樊城，犹齿之有唇也。宜先攻樊城，樊城下则襄阳可不攻而得。"元军认为要取襄阳先攻下樊城，襄阳可不战而胜。为切断襄阳的援助，首先烧毁联系襄阳和樊城之间的浮桥，随即兵分十二路攻取樊城。

通过激烈交战，樊城多面受敌，元军在阿术和刘整的指挥下，突破樊城的守护，毁城南木栅，先从南面攻入樊城；接着又有人马烧毁汉水河南岸的宋军兵船，借机从城西南角竖云梯攻入城内；元军昼夜强攻，又在东北角打开缺口。元军又利用新研制的进攻利器巨石炮，摧毁樊城角楼破城而入。

此时樊城的外郭东土城，事先已被元军攻破，宋军守城统制牛富率军坚持巷战，渴饮血水拼死抵抗。面对元军强大的攻势，终因寡不敌众，在身受重伤的情况下，投火自焚。樊城也惨遭元军屠城。

樊城失陷后，襄阳彻底成了孤城。这回元军的大炮已成为攻城的主要武器，其"声振天地，所击无不摧陷，入地七尺"（《元史》卷二〇三《亦思马因传》），对襄阳守城的军民产生了强大的威慑力。城中的军民已陷入拆屋作柴烧,既没有能力固守,又没有援兵的绝境,使得军心涣散,有的将领见势不好,纷纷逾城出降。

这时作为京湖制置副使、知襄阳府吕文焕又是怎样承担这样困境的?史料是这样记载的:"捍御应酬,备殚心力。粮食虽可支吾,而衣装薪刍断绝不至。文焕撤屋为薪,缉麻为衣,每一巡城,南望恸哭。"襄阳虽然易守难攻,在元军长达六年的重重围困下,多次救援均以失败告终,想要突围出去,更是难上加难。襄阳处在内外交困孤立无援的状态,曾经夹汉水唇齿相依的樊城,又惨遭屠城。面对如此艰难的局势,吕文焕仍对朝廷保持一颗忠义之心。

忽必烈见吕文焕忠肝义胆、有勇有谋,便不断派人前来劝降,看着城中不断减少的粮草辎重,经过元军多番劝降,为保城中百姓性命,吕文焕逐渐产生了动摇之心。就在他举棋不定的时候,朝廷知道元军不断劝降吕文焕,怀疑他有叛逆之心,欲召回临安处置,并准备让他的手下高达代替他镇守襄阳。这加速了吕文焕献城投元的决心。眼见着吕文焕出降,局势已定,身为荆湖都统的范天顺,只有仰天大啸:"生为宋臣,死为宋鬼!"自缢殉国。

文天祥把家中的事情安排妥当后,于四月初八这天动身前往湖南赴任。在路上他接连听到襄樊失守之事,心里顿时有些慌乱,他知道襄樊两城一旦被攻陷,元军随时都会从汉江直入长江,都城临安将危在旦夕。正在他六神无主的时候,又听说他的老师、白鹭洲书院的创始人、七十六岁高龄的故相江万里,新任为荆湖南路安抚使兼知潭州,也在赴任的途中。他急忙取道临江(今江西清江县)、宜春、醴陵,想要在路上与老师相遇,探讨在国家危难时如何拯救国事。谁知在路上因种种原因，竟没能相遇。文天祥只好先到衡州（今湖南衡阳）湖南提刑任所，办理交接的相关事宜。然后直奔潭州（今湖南长沙），拜会德高望重的老前辈江万里。

　　此时的江万里也在为襄樊的失守，将会导致的荆湖防线破防感到阵阵的隐痛。他们谈到吕文焕献城投元，入主朝中中枢多年的江万里，更为这事感到担心。他说吕文焕手握重兵多年，其兄弟子侄及部下，都在朝中担任军政要职，吕文焕降元，难保这些人不会效仿。凭他对朝中军事布防的了解，如果被元军所用，危及南宋安危，国将不保。

　　江万里更是痛恨贾似道为掌握大权，不择手段排除异己，拿军政大事当儿戏，安排对他摇尾乞怜、唯利是图的人充当大任，长此以往，国将不国，他把希望寄托在文天祥这样有意志节操的年轻人身上，语重心长地对文天祥说："吾老矣，观天时人事当有变。吾阅人多矣，世道之责，其在君乎！"（《文天祥全集》卷十五《纪年录》），一席话让文天祥感到肩上的担子更重了。

　　文天祥十年前曾担任过江西提刑，因公道执法平反了陈银匠的冤案，却得罪了徇私舞弊的利益集团。这次他新任湖南提刑，要像江万里寄希望的那样心怀天下。虽然前方战事吃紧，作为主管一路司法提刑官，依然保持勤政为民，秉持公正直道，整治吏治、处理积案、调解纠纷、接受民众上诉平反错案，坚持做自己"法天不息"的实践者。

　　他审理的第一个案子，就是《断配典吏侯必隆判》。文天祥在江西当提刑的时候，最深恶痛绝胥吏们徇私枉法，舞弊成风的现象，侯必隆作为一名典吏，"颇机警而胆最大"，趁工作之便，竟敢肆无忌惮"于呈押之时，脱套花字；于行移之后，揍掇公文，显然面谩，行其胸臆"，有私自更改画押，变造公文的违法行径。文天祥派人多方查证，侯必隆虽然没有被收买，没有收受贿赂等更恶劣的情节和证据，但是他自恃有点儿歪才，好耍些小聪明而作奸犯科。文天祥决不允许官府里有这样害群之马扰乱司法纲纪，于是严判脊杖十五，刺配充军。

文天祥办案力求严厉打击典吏以身试法，审理平民案件时力求做到不失公允。在杨小三被殴致死一案，受害人杨小三的死，原被定为谋杀案，如果罪名成立，疑犯施念一、颜小三、罗小六都将被处死刑。文天祥在审批案卷时，发现有几处疑点，被害人和疑犯之间，本身没什么深仇大恨，按谋杀处理有些不近情理；也没有充分的证据，只有三人自己的口供；最初捉拿这三人，也是杨小三临死之前估计是这三人作案，告发了他们。

通过反复查问，在疑犯交代的口供中来看，他们本身没有什么深仇大恨，不过是平时看着杨小三不顺眼，积怨较深，三人同谋趁机打杨小三一顿。颜小三用斧子打杨小三的肋部，经检验是致命伤，是下手重的人，但是他用的不是锋利的斧刃，而是斧背，说明他的行为没有杀人的主观故意；罗小六上手掐的是杨小三的脖子，但是即使罗小六不掐杨小三的脖子，杨小三也会因为肋骨断裂而死，然而他一开始就参与并策划共同打人，最终又上手掐杨小三的脖子，从主观故意上看，证明他有杀人的动机，不仅是下手重而已；施念一虽没给杨小三身体构成明显的伤害，从同谋这一点讲是策划人，从下手这一点讲，他先从后面抱住了被害人的身体，有捂住了被害人的嘴，也是从犯。

杀人偿命，按照大宋的律法，谋杀既遂的要斩首，故意杀人的也要斩首，他们都应当处死。因咸淳八年（1272年），也就是文天祥任湖南提刑的前一年，度宗已经颁旨宽免死罪，在规定中，共同伤人下手重的要判重罪，策划的减一等，从犯再减一等。致受害人死亡的要根据死亡的原因，决定谁是重罪。在量刑上，从下手重这一点来看，颜小三伤害了被害人的要害部位，应当重判；从主观故意上看，三人中，只有罗小六是出于故意杀人，不仅仅是打人的从犯。

文天祥为三个杀死一个，是杀人还是伤人略有犹疑，怕其中另有隐情，因此他连夜写了一份《委金幕审问杨小三死事批牌判》：

> 使职一日断一辟事，今日看杨小三身死一款，看颇不入，不能无疑：一则当来无大紧要，骤有谋杀，似不近人情；二则杀人无证，只据三人自说取，安知不是捏合？三则捉发之初，乃因杨小三揣摩而诉三名，何为三名？恰皆是卤身，似不入官信。今文字已圆，只争一行字，则死者、配者一成而不可变矣。今仰佥厅一看此款，尽夜入狱唤三名一问，若问得果无翻异，明日便断如囚，口有不然，只得又就此上平反文字。是密封来，忽然而往，人所不觉，则囚口得矣。
>
> （《文善先生文集》卷十二）

文天祥写的这一篇"批牌判"实际上是一封调查令，他委任他的下属，连夜到狱中提审这三名犯人。所要调查的"只争一行字"，就是调查三名疑犯的犯罪动动机，如果依据确实没有翻供，明天就可结案；如果有翻供，也可就此平反。他还在信尾特别说明，这份文书是密行不宣的，而且是突然发出，不会引起其他人的觉察。

在这篇"批牌判"中可以看出，文天祥办案注重细节，考虑事情周密，使调查人员不会受到任何干扰，因此调查出来的结果，也会真实可靠。

通过调查证实，三名疑犯和杨小三确实没有什么深仇大恨，不过是平时积怨比较深，同谋打杨小三一顿出出气也就算了。说他们构成同谋、共同伤害致死成立，但不属于共同谋杀，鉴于此，根据朝廷推恩贷死的政策，改判颜小三、罗小六二人各处脊杖二十，刺字发配到广南（今云南省东南部）偏远的州府充军。施念一是这起案件的策划人，但下手为从，应减罪一等，判处脊杖一十，刺字发配到千里外的州府充军。

早在理宗开庆年间，文天祥在《己未告皇帝书》中，就曾提出"山岩之氓，市井之靡，刑余之流，盗贼之属"有其过人之处"与其幽囚于牢栅之中，骎寻而死，不若驱于极边"发往抗战前线"古之强兵猛将，得之于盗贼囚者，正自不少"，即可死里求生，也可戴罪立功为国效力。

文天祥不光在案头忙于处理积案、冤案，同时也注重社会人文礼仪的引导，通过修复古迹来倡导民风。衡州府辖衡阳有一座山，山因三面临水，其形如鼓，早在秦代就以石鼓山为名载入史册，山上建有与山同名的书院，这座石鼓书院非常有名，在宋兴之初，位列书院之首。在书院有一座楚观楼，文天祥虽然政务繁忙，也有登临赋诗的雅兴，他在《题楚观楼》的诗中，这样写道：

西风吹感慨，晓气薄登临。
半壁楚云立，一川湘雨深。
乾坤横笛影，江海倚楼心。

遗恨飞鸿外，南来访远音。

已是深秋时节，一个下雨的清晨，文天祥独自站在楚观楼上，背着手对着迎面而来的猎猎寒风，不免忧虑重重。想起襄樊被元军所占，湖北只剩下半壁江山，身在湖南的他，望着眼前被阴云笼罩下，湘江水面上薄如轻烟的雾气，也会感受到国土沦陷的杀伐之气。

这一年文天祥三十八岁，按年纪说不太老，却长了很多白头发。四年前刚任知宁国府时，头上只有一根白发，现在却连胡须也是花白色。换成别人会想尽办法，把白发染成黑发，文天祥却不愿意这么做，为此还饶有兴致地作了一首五言诗，题为《白髭行》：

忆昔守宣时，白上一根发。
去之四五年，一化为七八。
今年客衡湘，黑髭已多黄。
众黄忽一白，惊见如陵阳。
白发已为常，白髭何足怪。
岁月不可歇。雪霜日长大。
世人竞染淄，厌之固足嗤。
谁服芦菔汤，避老亦奚为。
少老如春秋，造物以为俦。
吾方乐吾天，乐天故不忧。

诗中的"乐天故不忧"出自孔子说的"乐天知命，故不忧"，原文在《周易系辞上传》是这样写的："与天地相似，故不违。

知周乎万物，而道济天下，故不过。旁行而不流，乐天知命，故不忧。"大意是：《易经》的道理和天地的规律相似，所以不能违背它。知道《易经》中包容万物的自然规律，而且能够按照它所反映出来的规律来解决天下的问题，所以不会有偏差过失。如果运用它的法则去做事，就不会像没有节制的水流那样到处泛滥，人要乐观地对待自然趋势而知道命运不可更改，自然没有什么可忧虑的了。

围绕着这句话还有一个故事，讲的是有一日孔子在家闲坐，弟子子贡进屋为老师端茶倒水，发现老师面有忧色，他不敢直接问老师，而是连忙退出来告诉了同学颜回。颜回灵机一动，在孔子居所附近一个人边弹琴边唱歌。孔子听见声音，将颜回叫进屋内，问："你为什么独乐？"颜回就问："老师您又为什么独忧？"孔子说："你先说说。"颜回说："我曾听老师您说'乐天知命故不忧'，所以我心乐。"孔子诧异了一会儿，说："我这么说过吗？不过，你还是领悟错了。这是我从前说的，请以我今天所说的为正。"

孔子说："你只晓得乐天知命而无忧，不晓得乐天知命有大忧。我现在告诉你：修己一身，对穷达无动于衷，因为晓得来来去去的都不是真我，所以不为变乱所扰，这是你所理解的乐天知命而无忧。至于我从前修诗书、正礼乐，目的是治天下、理万代，而不仅是为一身、一国而已。可是现在，鲁国君臣失序、仁义衰颓、人情淡薄。我的道，连一国与当下都救治不了，怎么能够治天下、理万代呢？我现在才晓得诗书礼乐没有用，可是又不晓得还有什么办法，这是我今天要说的乐天知命有大忧。"

孔子生活在礼崩乐坏的春秋时代，这时周王朝的统治权力已经名存实亡，诸侯间相互争战不断，出现了"王道哀，礼义废，政权失，家殊俗"的社会现实，"君不君、臣不臣、父不父、子不子"成了那个时代的特点。孔子推行以恢复周礼为目标的政治主张，在当时是逆社会潮流而动，所以得不到诸侯的支持，很难推行下去，然而孔子"明知不可为而为之"，他带领弟子周游列国，历经颠沛流离，却百折不挠地推行自己的政治主张，然而却是始终不为所用。

孔子接着说："虽然如此，我已经晓得了。之前我说的乐天知命，不是古圣人说的乐天知命。古圣人所说的乐天知命，是无乐无知——这才是真乐真知。所以能够无所不乐、无所不知、无所不忧、无所不为。想通了这一点，所以我不会舍弃诗书礼乐，也不再想要革新天下。"颜回听了孔子这番话，拜服而说："我也明白了。"出来告诉子贡。子贡却没有听懂，回家后不吃不睡想了七天，还是没想明白。颜回又对子贡讲了一遍，子贡才明白，于是又返回孔门，弦歌诵书，终身不辍。

可见文天祥在诗中所说的"乐天故不忧"，也是一种大修养、大境界，不是悲观地顺从命运安排，而是乐观地接受天道自然来修养自我，知道自强不息地做好自己当下该做的事。

镇压秦孟四领导的农民起义，就是他配合前线抗战的一次有力行动。这支起义军自广南西路贺州（今属广西）、昭州（今广西平乐）一带起事，又转战湖南，利用山地形势出没无常。文天祥是这样记录他们罪行的："杀死知县，杀伤县尉主学，卷去县印，屠民居，掳妇女，掠去财务。"又因其"攫剽财务外，出其余以散之贫者"为民众拥戴。文天祥一向认为国内盗寇是外敌入侵的内因，他早在殿试策中就说过，外之虏寇必待内之变，内之盗贼必将纳外之侮，认为只要平定寇难，边备方可稳固。

这时攻破襄樊的元军已兵临长江，而秦孟四起义军也攻破了湖南永州南部的永明（今江永），在内忧外患的关键时刻，为使朝廷有一个稳定的大后方，文天祥奉湖南安抚使江万里之命"讨捕"镇压秦孟四，在攻克龙虎关后，一部千余人驻军龙虎关一带的锦堂、桃川、上甘棠和县城一带，文天祥在永明一带打仗两个多月，采取了"或诱或逐或擒"方法，击毙义军首领秦孟四，平定江永、江华两县义军，最终取得平定秦孟四起义的胜利。

3. 极尽所能正风气

咸淳九年（1273年）冬月，文天祥上书朝廷，称家有年老多病祖母、母亲两位至亲，自己不能身前亲养是谓不孝，希望能够调往离家乡近的地方任职，"乞便郡侍亲"。朝廷获准了他的请求，允许他改任赣州。在离开衡州前夕，也就是在咸淳十年（1274年）的正月十五日，他和好友也是衡州知州宋遇今一道，组织了一场官民同庆的元宵灯会。灯会上人们观灯、看戏，好不热闹，文天祥欣慰地感受到，只有国家稳定，政事通和，百姓才得以安居乐业。

到了正月二十五日，在提刑司任职八个多月的文天祥，告别这里的新朋老友，乘船离开衡阳。至交李苎更是在舟中设宴相送三十里，才依依惜别。一路上过衡山，行舟湘潭，再取道萍乡，到了仲春二月回到庐陵老家。

他把文山山庄一些事物安排妥当之后，又带着一家老小二十余人，从赣江乘船逆流而上，于三月初二日到达赣州。

三月的赣州，天青水阔，白云悠悠，正是春暖花开的季节，虽然美好的时光易逝，望着一家人又得以团聚，文天祥心中好不惬意，在途中他即兴赋诗一首《将母赴赣道西昌》：

> 重来鸥阁晓，帆影涨新晴。
> 倚槛云来去，闲帘花送迎。
> 江湖春汗漫，岁月老峥嵘。
> 手把忘忧草，夔夔绕太清。

赣州虽然离文天祥的老家很近，地处江西南部，与广东接壤，当时是蛮荒之地，尽管民风淳朴，却时有盗寇作乱，扰乱治安。到达赣州后，文天祥不敢懈怠，马上上书皇帝，感恩朝廷能够体恤他奉养老人的愿望，并表示"臣敢不老老及人，亲亲为政，由家达国，期兴逊以兴仁，以子移臣，寓为忠于为孝"（《文天祥全集》卷四《知赣州到任谢皇帝表》）。言明自己要做出表率，日夜勤政，遵照儒家的仁义忠孝，防盗抗寇治理地方。

通过对赣州气候、风土、习俗的进一步考察，文天祥了解到这里的盗寇体格强健，很难用威刑震慑。根据他治理湖南的经验，要想治理好当地的治安，首先要正民心，"不可以刑威慑，而可以义理动"，他进一步倡导"以诗书揉强暴，以衣冠化刀剑"，为民申冤惩治恶吏，用有利于老百姓的德政服民心。为了避免内乱，他还特别注重整顿保伍[①]制度，使居民有效地组织起来，加强关防

---

① 保伍，古代民人五家为伍，又力保相统摄，因以"保伍"泛称基层户籍编制。

检查，防止本地游民与广州游民串通为寇。

　　文天祥在赣州施政的十个月内，盗贼少了，治安明显好转，恰逢这一年风调雨顺，农民有了好收成，在他治下的十个县内，每个县的人们都能安居乐业，涌现出欣欣向荣的局面。

　　咸淳元年（1265年），文天祥曾在赣州任江西提刑按察使期间，因伯祖母梁氏去世，还被台臣恶意弹劾。这年六月，恰逢祖母八十七岁生日，文天祥决定借此寿宴机会，引导百姓孝顺恩亲。他把全城七十一岁以上的老人都请到宴会，其中最年长者为九十六岁，一共一千三百九十人来参加，盛况可谓绝无仅有。看着老人们高兴地聚在一起，喜笑颜开，儿孙们在旁悉心服侍，人们都以养老敬老为荣。这次活动取得非常好的效果，文天祥特意把这份收获，用书信的方式分享给好友："老者既踊跃，而少者始皆知以老为贵。"老有所养，少有所乐，他更希望人们能"礼逊兴行，词讼希省"（《文天祥全集》卷六《与文侍郎及翁》）。

　　文天祥的政绩在赣州有口皆碑，更有一位云游相士，文天祥只跟他交往三次：一次是在赣州任江西提刑按察使；第二次是在宣州；第三次就是这次任赣州知洲，这位叫杨桂岩的相士，到处宣讲文天祥功德造化和仕途远大。文天祥听到后，感到很不妥，平心而论他为官做事，只是在其位谋其政，任其职尽其责，不是想贪图什么荣华富贵和远大前途，在元军不断入侵，奸臣当道的大环境下，不过是尽人事听天命罢了。于是他提笔写下《赣州再赠》：一是告诉这位朋友，切莫要再为我到处吹嘘，我真的不需要这样；二是表明自己的心迹，早已看淡了官场的这一切。诗是这样写的：

　　　　此别重逢又几时，赠君此是第三诗。

众人皆醉从教酒，独我无争且看棋。

凡事谁能随物竞，此心只要有天知。

自知自有天知得，切莫逢人说项斯。

赣州城西北有一座山，名为贺兰山，郁孤台坐落其山顶之上，以山势高阜、郁然孤峙而得名。早在一百多年以前，面对金人铁蹄践踏过的赣州，伟大的词人辛弃疾写下"郁孤台下青江水，中间多少行人泪"使郁孤台名扬天下。时光荏苒，文天祥站在赣州城制高点的郁孤台上，望着东流而去的赣江水，想起十年前自己初来赣州做江西提刑，还平反了陈银匠冤案，悠忽之间十年过去，文天祥不管在哪里，都在为社稷江山的安危而心怀焦虑，都说独自莫凭栏，而他时常凭栏北顾，为自己不能在风雨如磐的危世上阵杀敌而空生感慨：

城郭春声阔，楼台昼影迟。

并天浮雪界，盖海出云旗。

风雨十年梦，江湖万里思。

倚阑时北顾，空翠湿朝曦。

4. 鄂州陷落大厦倾

咸淳十年（1274年）七月初九日，软弱无能又荒淫无道的度宗突然驾崩，时年三十五岁。他在位十年，朝政毫无建树，在元军大举南下之时，还把朝政大权交给奸臣贾似道独揽，导致本就充满内忧外患的政权，更是危机重重。

由于度宗驾崩事发突然，还没有认定皇位人选。他有三个儿子，年纪还很幼小，分别是杨淑妃所生赵昰，年仅六岁；全皇后所生赵㬎，年仅四岁；修容俞氏所生的赵昺，年仅三岁。有的大臣主张立长子赵昰为皇帝，贾似道却坚持主张立嫡子赵㬎为帝，皇太后谢道清支持了贾似道的主张。

赵㬎即位，史称宋恭帝，因为年纪幼小，无法治理朝政，太皇太后谢道清临朝称制主持朝政。同时又把赵昰封为吉王，赵昺封为信王。孤儿寡母，老的老、小的小几代人，撑持着南宋摇摇欲坠的王朝大厦。当年的开国皇帝赵匡胤怎么也不会想到，自己代周立宋的历史会重演，他从孤儿寡母手中夺得的政权，也会应验到他子孙后代身上。

谢道清只是个妇道人家，朝堂之上，主持大局的依然是贾似道，此时他已经是三朝元老。度宗死后，已经占领汉江上游，并以拘留郝经为借口，势必要灭宋的忽必烈，以伯颜为统帅，率领十万大军正旌旗招展继续南下。京湖制置使汪立信写信给贾似道，批评他在国家危难之时，不应该再歌舞享乐，而是认清形势积极抗元，并提出三种抗元策略。

这三种策略分别为：抽内地兵以补江北防御，在千里江防线上，做到百里一屯，屯有守将，十屯为府，府设总督，并在关卡要害处，增加兵力以备战守并用。屯与屯之间互相联络，如有突发情况，随时应援；释放元朝使者郝经等人，必要时许献岁币，来延缓元朝用兵，完备我方防御；如果前面两个策略都行不通，就只剩下投降为不策之策。

汪立信献策，主要目的是摒弃宋太祖赵匡胤传下来的"守内虚外"的国策，调集兵力全力对外。心存侥幸的贾似道看过信后非常生气，并在朝堂之上大骂："瞎贼狂言敢尔！"随后还命台谏将其弹劾。

虽然朝廷为迎战也采取一些相应的措施，如在朝廷成立机速房，提高办事效率，加强关键据点的防御，调整边防大员……但是，由于贾似道一贯专权，导致朝政腐败，使得人心涣散，一些相应的措施迟缓以至停滞。

九月二十日，伯颜大军自襄阳开赴郢州，郢州有新旧两城夹汉水而立，守将张世杰守备十分坚固，列战舰千艘，又用十艘铁索相连的大舰阻于水上，伯颜被迫绕过郢州，顺汉江而下，采取瓦解和围点打援策略，先把郢州周边城池拿下。十月下旬接连夺取沙洋（今湖北荆门沙洋镇）、新城（今湖北潜江），新城守将边居谊誓死抵抗，还差点儿射死投降的吕文焕，只因双方力量悬殊，城破时，城内三千官兵英勇就义无一投降，边居谊自刎未死，又赴火自焚以身殉国。

十一月二十三日，元军兵抵蔡甸（今武汉汉阳西），进逼汉阳，从长江上游前来增援的沿江制置副使夏贵率战船万艘，控扼长江要口，阻遏元军入江通道。伯颜见状，扬言要攻取汉阳渡江，诱使在过江口岸的沙芜口兵力前去增援，从而牵制宋军，并在汉口北凿开汉水堤坝，引战舰入沦河，转沙芜口入江。夏贵见势不好，情急之下忙率水军主力增援汉水入江的要害阳逻堡。

元军大战宋军三天也没有拿下阳逻堡，于是伯颜认为强攻是下策，采取避实击虚的战术，一边命部将依旧猛攻阳逻堡，一面派阿术率三千骑兵，趁着雪夜乘船渡江至青山矶（今武汉东北长

— 159 —

江南岸）。在过江途中击败仓皇迎战的宋荆鄂都统程鹏飞，获战船千余艘，借此宋军防御的薄弱处乘虚南渡长江。

到第二天早晨，阿术三千人马顺利占领青山矶，并立即架浮桥保障大军顺利过江，得到消息的伯颜十分高兴，马上指挥十万大军再次攻打阳逻堡。阳逻堡在江南江北的蒙古军前后夹击下和水陆并进的攻势下，"宋兵数十万众，死伤者几尽，流尸蔽江而下"（《平宋录》刘敏中），宋军几乎全部战死，夏贵见势不好，仅率少数人乘船掉头向东，到暮色十分，弃舟循到白虎山方可保命。还有一位从长江上游来救鄂州的京湖宣抚使朱祀孙，也连夜逃回江陵。守将王达被元军杀死，素有鄂州屏障的阳逻堡失陷，元军以少胜多，打破宋军长期以来的水陆联防，在战事上取得巨大的突破。

元军乘胜又回师包围鄂州，焚烧宋朝战舰三千余首，切断汉阳与鄂州的联系，在元军强大招降攻势下，十二月十七、十八日，汉阳守将王仪献城投元，与文天祥同榜的鄂州郡守李雷应，当时已被台臣罢免，代理主政的张晏然也投降元军。兵败的都统程鹏飞，也跟着投降了元军。

汉阳失守，鄂州沦陷，历来被南宋严防固守的京湖防区实际已告崩溃。文天祥在后来追忆此事，仍是痛心不已："江陵阃帅自上而下奔救鄂渚，令朱禩孙任宣阃，乃自鄂渚走还岳阳（继走江陵）。朱与夏（贵）通任长江之责，一上而一下，使中流荡然，房安行入无人之境，国安得不亡？呜呼痛哉！"夏贵与朱祀孙临阵脱逃，是导致鄂州失陷的直接原因。

十二月二十七日，伯颜留阿里海牙率四万兵将留守鄂州，自己与阿术率主力顺江继续东进。降将吕文焕为元军先导，其沿江部曲纷纷望风降附，元军很快便拿下了黄州（今湖北黄冈）、蕲州（今湖北蕲春南）、南康军（今江西星子）、江州（今江西九江）等州郡。

当伯颜进军到江州，因襄樊失守，仅降一级的范文虎出知当地的安庆府，他竟然以城坚粮足兵马众多的安庆投降了元军。伯颜任命范文虎为两浙大都督，由他做向导，沿江东下逼近都城临安。

宋恭帝德祐元年（1275年）正月，谢太后把拯救南宋的希望，寄托在丞相贾似道身上，命他率领十三万精兵，战舰两千五百艘，以孙虎成为前锋，夏贵为水军统帅，出师西上迎战元军，期待一战告胜。

贾似道带领大军进驻鲁港（今安徽芜湖西南），基本上没有实战经验的他，名为迎战实为议和，他没有和元军死战到底的决心，先派宋京向伯颜求和，幻想着鄂州议和的历史会重演，请求归还已降州郡，并向元朝纳贡，还乖乖地将元军俘虏遣返。一路所向披靡的伯颜，哪里会吃他这一套，反将了他一句："元军尚未渡江，议和纳贡是可以的。如今沿江诸郡均归附元朝，要议和，你应当面谈。"面对伯颜的挑衅，贾似道哪里有胆量去面谈？接下来，他只有硬着头皮排兵布阵。

地处安徽铜陵北部的丁家洲（今安徽铜陵北），地势险要，贾似道虽不常带兵打仗，丁家洲地理位置的重要性，还是略知一二。他不惜重兵把守，命孙虎臣七万步兵列阵于丁家洲两岸，又命夏贵率战舰二千五百艘横亘在江中，水陆相互掩护阻止元军东下，自己则率中军人马龟缩在鲁港。

伯颜看宋军十三万大军严防以待，尤其是以大小战船组建的水师：有用以航海的黄鹄船，有适用于长江水战的楼船，还有各种机动灵活的艨艟小船。而他自己率领的号称十万大军，除了一部分留守鄂州，再扣除干杂役的，真正的战兵不过五万多。

然而元军的优势也是不可忽视的，他们有在蒙古军队西征经历过无数大小战事的众多将领，更有像吕文焕这样的宋朝降将。他们不仅熟悉长江的水文条件，也对宋军的虚实了如指掌。伯颜听从了他们的建议，制订了对贾似道都统的作战计划。

四月十六日的晚上，元军主动发起攻击。十艘经过一番修整的木筏，从上游顺流而下，直捣宋军用铁索相连环的战船。木筏上还堆积了大量的柴火，在接近宋军船队的时候，十艘木筏不约而同点起了大火，照亮了整个江面，木筏瞬时变成了火攻筏，直奔宋军而来。

面对元军发生在眼皮子底下的一番进攻，宋军面对即将发生的火攻早有防备，急忙用小船捣毁了火攻筏，并提高警惕彻夜戒备。元军也不慌，第二天又故技重演，第三天、第四天，就像玩游戏一样，天天这么折腾，贾似道也不调整作战部署，搞得宋军官兵日夜提防，生怕火烧连船。到了第五天，由于战士们长时间处于高度戒备状态中，没有得到充分的休息，已经显得疲惫不堪。这时候，处于兵力弱势的元军真正的进攻开始了。

首先元军用布置好的投石机，打响这次战役的第一炮。宋军的大船无疑是石弹命中率最高的目标，船上单兵使用的手拉式抛石机，远没有元军的威力大，更糟糕的是大船与大船之间，为了维持平衡，还用铁索绑定，在没有得到军令的允许下是不准松绑，可悲的是，大船被击中造成倾斜，与其绑在一起的大船，几乎失去作战能力，船上的士兵在失去重心的情况下，毫无还手能力，只能被动挨打。造成士气大跌。

紧接着元军又发起了第二轮石弹攻击，这次的目标是宋军两岸的阵地。宋军摆出静态防御的三叠阵①，这种静态防御战术，曾是宋军数百年来对抗辽、金骑兵的有效阵法，可以顶住敌方骑兵的强攻。但是在元军投石机，也就是大炮的攻势下，没有做到及时调整，使阵内守军心理防线受到巨大冲击，当阵外的宋军骑兵与飞奔而至的元军交上手，很快被元军击溃。

在陆上督战的孙虎臣，见到元军攻入三叠阵，双方展开激烈的肉搏，他却调头先跑。他的离开，让原本在阵内据守的宋军全部崩溃。以轻装远射为主的他们，一旦离开设防阵地就成了元军骑兵追杀的羔羊。不少人逃向密林深处的小路，才幸免一死。

接着是失利于鄂州战场上的夏贵，深恐贾似道抗元成功，自己难逃其责，他人在战场却心无斗志，根本不敢迎战元军。见到步军前锋刚交上战，便望风而逃，乘扁舟不战而走，掠过贾似道的船头，还不忘招呼一声："敌众我寡，师相快跑！"贾似道听了大惊失色，一边慌忙鸣金收兵，一边顺流而逃。怎奈宋军失去主将，早已慌乱一团，元军又是杀红了眼，哪肯善罢甘休，一鼓作气追杀出一百五十里，彻底打散了贾似道想要收集溃兵再战的希望。

丁家洲的失守，使宋军死伤甚众，战舰也多被沉没。元军在这场战役中获得大批军资器械，然后继续东进，贾似道这才将拘押十六年的郝经以厚礼放归。可是元军哪里肯善罢甘休，一路势

---

① 三叠阵，根据目标的远近，采取不同兵器杀伤敌人的阵法：第一叠，是长枪兵，坐在战马后面十步左右的位置，目标是杀伤敌军战马。不过，敌军一旦冲到这个位置，长枪兵也基本上必死无疑，所以这一排的士兵要求有足够的勇气；第二叠，是手持单兵制式的强弓硬弩的弓箭兵，单膝跪地，射杀中短距离之内的敌人；第三叠，弓弩手，射杀远距离范围内的敌人。另外需说明的是，在三叠阵外还要铺以骑兵，作为机动力量，伺机而动。

如破竹,日渐逼近临安,南宋政权更加岌岌可危。

5.国有难挺身捍御

丁家洲一战,使宋军溃不成军,损失惨重,那些被元军屠杀的士兵,血水染红了江面,尸体横流,惨不忍睹。贾似道在出发之前,为了避免北宋"靖康之耻"的覆辙,曾对决战失利做出海上迁都安排。战败后,贾似道即派门客翁应龙到临安送信,同时传檄各州郡到海上迎驾。

可是战败的消息传到临安,群臣却纷纷上书,不光把兵败的原因归结到贾似道身上,还清算他独揽朝政、奢侈腐化、排除异己、嫉贤妒能和拘押郝经等行径,并要求斩杀这个误国的权臣。其中以贾似道的同党,新任知枢密院事陈宜中为最,此时的他翻脸比翻书还快,还私自向翁应龙打探贾似道的行踪,还以贾似道已死为名,立即上书"乞诛似道"(《宋史》卷四七《瀛国公纪》)。

为了稳定局面,谢太后说了句公道话:"似道勤劳三朝,安忍一朝之罪,失待大臣之礼?"谢太后本打算罢了他平章军国重事等要职了事,可朝中众怒沸腾,一片讨伐之声。无奈之下,其田产园宅悉数没收以充军饷,亲信贬的贬,杀的杀,贾似道被贬为边远的循州,降为安置团练副使。

面对朝中所有的罪责都指向他,贾似道心中虽有不满,又不敢上朝辩说,只能对着苍穹辩白说:"老臣无罪,何众议之不容?……窃念臣似道际遇三朝,始终一节,为国任怨,遭事多艰。属丑虏之不恭，驱孱兵而往御。士不用命，功竟不成。众口皆抵其非，百喙难明其谤。"这天是八月初八日，正是他六十三岁的生日，也是他被发配的日子。

担任监押官的郑虎臣本就与贾似道有世仇，一路上，贾似道又带着家眷奴婢近百人，拖家带口行走缓慢。在郑虎臣不断地催逼下，凡路遇寺庙，逼着贾似道把所带财宝布施出去，又将他的婢妾童仆遣散，还把贾似道坐的车子，插上一根竹竿，扯一块车上的帛布为旗，写上"奉旨监押安置循州误国奸臣贾似道"。贾似道受此凌辱，终日掩面而行。

行到泉州洛阳桥时，偏巧与二十年前，被他流放到漳州的叶李相遇。叶李曾因反对贾似道的公田法，而被排挤出朝廷。这时因贾似道事败，又得以赦免，叶李返乡途中，看到落魄的贾似道衣衫不整，形容枯槁，想不到风水轮流转，他也有今天。随即拿来纸和笔，当即作一首词付与贾似道，贾似道展开来看，其中有云："君来路，吾归路，来来去去何曾住？公田关子竟何如，国事当时谁与误？……"

"公田关子"指的是当年贾似道为增加政府财政收入，以买公田为名，强行从富户手中购买农田出租，然而政府又没有那么多的钱购买公田，只好多印纸币，这些为购土地而发行的纸币。当时虽然缓解了政府的财政紧张，却加剧了通货膨胀，而且政府也经营不好公田，从而引发了社会经济的巨大混乱。政府丧失在民间的信用，使金融危机加剧，财政在泥沼中越陷越深，等到元军来进攻时，政府已没有资金来武装抵抗。

贾似道看过叶李给他写的词，慢慢地垂下手，感到人生无常世事难料，只有无声哽咽。失势的贾似道，走到哪里都会被人唾弃，最终被郑虎臣杀于漳州木绵庵。

此前太皇太后谢道清在诏令贾似道都督诸路军马,抵御元军的进攻时,还下发了《哀痛诏》,命各路义士起兵勤王①。

德祐元年(1275年)正月十三日,文天祥在赣州同时接到这两道诏书,其中是以太皇太后谢道清口吻写的《哀痛诏》:

先帝倾崩,嗣君冲幼,吾至衰耋,勉御帘帷。曾日月之几何,凛渊冰之是惧。愤兹丑虏,闯我长江,乘隙抵巘,诱逆犯顺。古未有纯是夷虏之世,今何至泯然天地之经。慨国步之阽危,皆吾德之浅薄。天心仁爱,示以星文而不悟;地道变盈,警以水患而不思。田里有愁叹之声,而莫之省忧;介胄有饥寒之色,而莫之抚慰。非不受言也,而玩为文具;非不恤下也,而壅于上闻。靖言思之,出涕滂若。三百余年之德泽,入人也深;百千万姓之生灵,祈天之祐。亟下哀痛之诏,庶回危急之机。尚赖文经武纬之臣,食君之禄,不避其难;忠肝义胆之士,敌王所忾,以献其功。有国而后有家,胥保而相胥告。体上天福华之意,起诸路勤王之师,勉策勋名,不吝爵赏。故兹诏谕,想宜知悉。

(《文天祥文集》卷十七《纪年录》)

文天祥捧着诏书,深感国家遭逢劫难不禁痛哭流涕。第二道诏书是下发他本人的专旨:"文天祥江西提刑,诏已降旨挥,疾速起发勤王义士,前赴行在。"朝廷专旨称他为江西提刑,就是

---

① 勤王,当皇帝有难的时候,各路军马纷纷救援,其行为便是勤王。

说在朝廷的眼里，他还是十一年前曾任职过的江西提刑，朝廷虽给了他这个头衔，义兵和粮饷就要凭他自己筹措。

救国家于危难，这是文天祥自小的梦想，"国有大灾大患，不能不出身捍御"。（《文天祥全集》这卷十《跋彭叔英谈命录》）这是他发自肺腑的心声。但是仅凭他一己之力，募兵筹粮几乎很难办到。于是他又移檄诸路，相信人多力量大，在这非常时期，可以多聚兵力广积粮。

可是无论文天祥怎样用尽心思上下奔走，写信传书，都没有人响应。无怪乎文天祥仰天长叹："予守章贡，首应诏，意同志者当接踵而奋，已而竟无应者……哀哉！"国家正处在危亡之时，本该群雄并起来抵抗元军，事实却叫人哽咽，那些高官厚禄巨甲一方的上流人士，竟无一人响应。倒是那些普通百姓，穿着粗布短衫的吏民，本着一颗报国之心慕名而来。在他们看来，响应文天祥起兵勤王，就是拯救危难之时的大宋王朝。

在赣州城里，有一位叫陈继周的老人，淳祐三年（1243年）贡士出身，曾带过兵，打过战，并以军功进入仕途，当过二十八年的州、县官，熟知地方管理和用兵韬略。文天祥仰慕其名，特意登门拜访，请教如何招募兵将和一些相应的问题。陈继周将赣州及周边情况详细地介绍，特别介绍了"溪峒蛮"①的武装力量，正筹措兵马的文天祥，心中大喜，还把陈继周留在军中，筹划起兵方略和调度。

赣州豪杰之士和溪峒蛮武装力量很快就组织起来，当地的一些大姓人家听到消息也积极响应，"洞獠江民，听命效死，至不

---

① 溪峒蛮，散居在湘、甘、浙一带的畲族、瑶族和苗族百姓。

费朝廷一钱一粒，而精甲数万，来勤于阙下"（陈著：《本堂集》卷七四，文渊阁《四库全书》本）。

文天祥的义举，也得到了亲朋好友的支持，各路义士也慕名而来。为了多筹集兵力，壮大队伍，文天祥又将他们派出去招募义兵。少时的棋友加玩伴，与文天祥肝胆相照的刘沐，被派往家乡号召族人加入义军，他开导族人说："大丈夫，天地父母，江山子孙。"作为顶天立地的男子汉，当以天下为己任。族人望其有凛然之气，不禁感叹："大哉言乎！知心契合，舍昆玉其谁欤？"（文陞：《题刘氏家乘》）群起响应。

然而有这些义士还远远不够，为了扩大队伍，广东催锋军统制方兴率千余人自鄂北前来聚义，接着又被文天祥派往吉州招收义兵；文天祥同年进士何时也一同被派往吉州去筹措人马。永新人张履翁自发回家组织族人加入义军，还会集了张氏、刘氏、颜氏、段氏、吴氏、龙氏、左氏、谭氏家族侠义之士血盟举义。

吉州贡士肖明哲不顾路途艰险，到泰和县野陂里串联各寨，得到社溪人胡文可、胡文静兄弟的积极响应，不光自己成为义军，还散尽家财招募义勇。胡家在当地也是名门望族，兄弟俩从小饱读诗书，既然战争使他们无法安静读书，难么只有跟元军死战到底，胡文可写诗云："剑戟挥挥过赣城，勤王又会数千兵。担心一寸坚如铁，矢石前头定不惊。"（《文丞相督府忠义传·胡文可》）道出了多少忠义之士的爱国之心。

文天祥帐下队伍不断壮大，有行伍出身的吉州敢勇军将官张云，有武进士出身的刘伯文，还有江东西处置副使同督府参军邹洬，赣州三寨巡检尹玉，赣军将领麻士龙，还有曾出入荆湖军幕的蜀人张汴、广军将领朱华等。同乡好友长相颇似文天祥的刘子俊，诗友萧敬夫、萧焘夫兄弟俩，广东始兴人方兴，年少而知大义的金应，都是文天祥得力干将。文天祥的大妹夫孙桌、二妹夫彭震龙，也带领一帮人马，赶奔赣州，立誓举义勤王，共赴国难。

队伍很快组织起来，这其中赣州一万、吉州三万、淮东三千、浙东四千、鄂北湖南及少数民族三千，共计五万人的队伍。队伍是有了，问题也接踵而来，在这些义军中，大多是没有上过战场的百姓；第二个问题是带兵打仗，用的是钱，这些人马所需的钱粮从哪里来？文天祥采纳太学生王炎午的建议，任命有战斗经验的淮东兵训练这些义军，并任命一些有能力的人为文官武将；为了筹备军饷，文天祥变卖家产，以应军需。

文天祥此举一出，正印证了他说过的"公而忘私，国而忘家"，百姓们也纷纷效仿，都以毁家纾难为荣。百姓的慷慨解囊，缓解了军需，增加了义军的凝聚力。为了进一步鼓舞士气，文天祥在自己的战袍上绣上五个大字"舍命文天祥"，发誓自己将以生命为代价，带领义军救国家于危难。

朝廷闻此消息，即任命他为右文殿修撰、枢密副都承旨、江西安抚副使兼知赣州，并催促他尽快入卫京师。

第六章 功虽不成，唯有一腔忠烈气

1. 奸相作梗入卫难

德祐元年（1275年）二月，面对元军强大的攻势，丁家洲十三万大军的惨败，已造成宋军兵将悲观畏战的恶果。元军乘势沿江东下，直取建康（今江苏南京），沿江制置使、建康守臣赵溍不做一丝抵抗弃城逃跑。太平（今安徽省当涂县）、和州（今安徽和县）、安东州（今安徽无为）的守将主动迎降，宁国（今安徽省宁国市）赵与可、隆兴（今江西南昌）知府吴益弃城逃走。三月初二日伯颜进驻建康，建康可谓是临安的门户，可据守以阻两淮地区的宋军南下驰援，南近临安，路途畅通随时可以进击。

元军逼近临安，沿途的各地守将相继投降，就连临安城内有的大臣也望风潜逃。朝廷慌忙之下接二连三下诏，响应者寥寥，只有文天祥、张世杰、李庭芝、李芾少数几个人起兵。朝廷催促文天祥等人火速入卫京师，并再以太皇太后的名义下诏："我朝三百余年，待士大夫以礼。吾与嗣君遭家多难，尔大小臣未尝有一言以救国者，吾何负于汝哉！今内而庶僚畔官离次，外而守令委印弃城，耳目之司既不能为吾纠击，二三执政又不能倡率群工，方且表里合谋，接踵宵遁。平日读圣贤书，自负为何，乃于此时作此举措？或偷生田里，何面目对人言语？他日死亦何以见先帝？"（《钱塘遗事》卷七《朝臣宵遁》）。

接到诏书后，文天祥知道奔赴国难，将是九死一生的事，他把一大家子的生计交给了弟弟文璧，于四月初一日，率这支新组建的救国队伍，从赣州出发前往吉州，并在吉州会合诸郡民兵，准备入卫临安。这时候朝廷却突然降旨又命文天祥留屯隆兴，经略九江。朝廷的这一做法，让文天祥大惑不解，也让手下的义兵心有不甘。

原来这是江西安抚副使黄万石暗中作怪。就在十年前，文天祥任江西提刑的时候，就是遭黄万石弹劾被罢职的。这次黄万石见文天祥起兵勤王，在百姓心目中威望高，嫉贤妒能的他，上奏朝廷，诬陷文天祥的义军是乌合之众，还教唆抚州守臣巴必思和县令赵时秘向枢密院造谣生事，声称在他的队伍中，来自宁都的连、谢、吴、唐、明、戴六姓义军，在乐安、宜黄抢劫，还波及抚州。新任右丞相的陈宜中，利用此事极力阻挠文天祥进京入卫。

自从贾似道被罢黜后，朝廷任命王𤎆、陈宜中为左右丞相兼枢密使，两人一个是主战派，一个是主和派，论事多有不和。七十多岁的老臣王𤎆清修刚劲，他主张严惩弃城逃跑的知隆兴府吴益，没收降元的知平江府潜说有的家产，他还提议丞相应带兵出征，对抗元军。然而陈宜中却是个见风使舵的人，早年曾因不满丁大全依仗权势，横行霸道，联合同学刘黻、林则祖等六人上书打压丁大全，是当时"六君子"事件之一的太学生，后又被贾似道利用。他主张和谈，在三月下旬，忽必烈派廉希贤来劝降被守将所杀，陈宜中还致信伯颜"前杀廉希贤乃边将所为，太皇太后及嗣君实不知,当按诛之。愿输币,请罢兵通好"(《续资治通鉴》卷一八一,宋德祐元年四月辛酉条)。大敌当前,国库空虚,边将出生入死,他不知振作朝堂,却以自己的私意跟王爚格格不入,反倒向元军言苟合之事。

有意提拔文天祥的左丞相王爚,催文天祥进京入卫,陈宜中却说文天祥起兵是猖狂之举,诬告信一到,他便撺掇太后下诏,命文天祥留屯隆兴府,黄万石进京。文天祥立即上书澄清事实,"宁都六姓,招募数千人,住吉州候旨入卫,未尝有一足至抚州境内。守臣张皇诳惑,欲阻扰勤王大计。"(《文天祥全集》卷十九《附录》)接着他又进一步表明自己的发心:

> 天祥待罪一州,忠愤激发,不能坐视,移檄诸路,益有盟主,愿率兵以从……惟是帅司,无兵无将,无官无吏,无钱无米,徒手自奋,立为司存,今以结约赣州诸豪,凡溪峒剽悍轻生之徒,悉已纠集,取四月初一日,提兵下吉州,会合诸郡兵丁,结为大屯,来赴阙下,忽得留屯隆兴指挥,观听之间,便声疑惑。缘天祥所统,纯是百姓,率之勤王,正以忠义感慨使行,此曹锐气方新,战斗可望胜捷。
>
> (《文天祥全集》卷十七《纪年录·注》)

文天祥义正词严的申辩,希望朝廷能够收回成命,尽快允许自己入卫京师,不要冷了义士们的一腔热情,那样的话必将会减弱抗元的士气,贻误战机。朝廷中许多正直之士,也纷纷为文天祥鸣不平,太学生们也集体发难,针对陈宜中指文天祥"猖狂",甚至有人写诗相驳:"出师自古尚张狂,何况长江恣扰攘。闻道义旗离漕口,已驱北骑走池阳。先将十万来迎敌,最好诸君自裹粮。说与无知饶舌者,文魁原不是猖狂。"可惜太皇太后不但没有责察,还罢免了王爚的官职。

这时候,从赣州传来文天祥八十八岁高龄的老祖母刘夫人去世的消息。文天祥只好一边让文璧陪同母亲,护柩返回老家富川,一边按礼制上书请求解官,在家守孝三年。

面对来势汹汹的元军,朝廷也不得不做拼死一搏的准备,任命主战派张世杰为保康军承宣使、总督府军,临危受命的他,为了夺回临安外围的防线,打通和两淮地区的交通,集结长江南北的残余力量,率军收复浙西各郡及平江、安吉、广德、溧阳等地,使军心大振,甚至有些投降的宋军降将也要反正。面对宋军突然的反击,又因窝阔台之孙海都在后方发动叛乱,元军很多主力被调回北方参战,元军显得力不从心。

在没有外援的情况下,张世杰与刘师勇等将领大规模出师焦山,冒着必死一战的决心,对元军实施反攻。他下令用铁索将战舰绑定,十艘战船组成组,为了让士兵在站船上获得更为平稳的作战平台,每艘战船用铁碇,将战船定死在原地。这样的优势是在远程交火中强化大船特质,其次是在近距离交战中,也能形成局部兵力优势。

切断宋军外援的元军将计就计,挑选出一千名擅长弓箭的士兵,乘大船从两翼向宋军发射点火的箭矢。致使宋军像丁家洲海战那样,顿时乱了阵脚,更可悲的是,没有张世杰的命令,站船上的士兵不敢私自砍断铁索,更不敢起碇,导致战船既不能前进,又不能后退。大火很快吞噬了整个前排战船,在元军的火攻下,宋兵被烧死、烟熏、淹死和被元军杀死的人数,有一万多人,被

第六章 功虽不成,唯有一腔忠烈气

— 173 —

俘获士兵也多达一万。元军又俘获宋军大型战船八十多艘，小型战船七百多艘。

张世杰本想趁着伯颜北回，打通长江南北，结果不仅没有成功，还损失江浙地区所剩无几的军队。长江天堑无兵可用，迫使朝廷将临安城内十五岁以上的平民都编入军队，美其名曰"武定军"。这支军队都是孩子，都没有经过正规的训练，哪里抵得过野蛮的元军。

当伯颜从大都返回，朝廷立马派人前去谈判。在盛气凌人的伯颜面前，宋使声泪俱下控诉贾似道误国，以至于私自扣留元朝使节，还乞求看在宋朝新皇帝太小，皇太后年纪也大的份儿上，给南宋最后一次喘息的机会。

面对宋朝的出尔反尔，伯颜已经不想再吃这一套。他直接表示：想当初，他们赵家欺负老柴家①孤儿寡母，从他们手上抢走江山。现在该轮到元军从赵家孤儿寡母手上拿走，这就是天道轮回！

此时临安守卫空虚，朝廷不得不让文天祥入守京师，并以诬告罪降了巴必峊等人的官职。在安葬好祖母，朝廷"夺情"起复的诏令也到了，命他急速入卫京师。这时，文天祥的朋友劝阻他说："元军兵分三路进军临安，破郊畿，薄内地，君以乌合万余赴之，是何异驱群羊而博猛虎？"面对朋友的好意，文天祥却语重心长地说，国家养育臣民三百多年，在这危难之时，"征天下兵，无一人一骑入关者，吾深恨于此，故自不量力，而以身殉之，庶天下忠臣义士将有闻风而起者。义胜者谋立，人众者功济，由此则

---

① 老柴家，指后周恭帝柴宗训，柴宗训即位时才七岁，由符太后垂帘听政。在位不到一年，赵匡胤发动陈桥兵变，后周灭亡。

社稷可保也"(《宋史》卷四一八《文天祥传》)。

文天祥为人正直,豁达爽朗,从小的时候就心怀天下。二十岁被钦点为状元,本是栋梁之才,久经官场沉浮,历经三朝为官,虽得不到朝廷重用,但也是身受国恩。遭逢元军南下来攻,国家处在危亡之际,他不惜将家产全部作为军费,招募义士英勇抵抗。他清楚地知道以一己之力,很难扭转乾坤,但他还是想用自己的行动,唤起天下的忠臣义士立刻行动起来。要想保住国家,以道义做担当,众人一心,方可天下太平,说到此处,就像说到自己的痛处,不禁痛哭流涕,他对朋友讲,人要懂得知恩图报:"以别人的快乐为快乐的人,也忧虑别人忧虑的事情,以别人的衣食为衣食来源的人,应为别人的事而至死不辞。"

2. 贼臣乱政救国难

德祐元年(1275年)七月初七日,在耽搁三个月后,文天祥的勤王军终于正式开赴临安。所过之境秋毫未犯,纪律严明。八月中旬到达衢州(今浙江省衢州),下旬抵达临安,驻扎在西湖之畔。

朝廷对文天祥的到来,也显示出应有的重视,出自王应麟的诰词,不乏溢美之词:

> 自吾有敌难,羽檄召天下兵,惟卿首倡大义,纠合熊罴之士,誓不与虏俱生。文而有武,儒而知兵。精忠劲节,贯日月,质神明,惟宠嘉之。投袂缨冠,提兵入卫,师律严肃,胜气先见,

宗社生灵，恃以为安。（《文天祥全集》卷十七《纪年录》）

文天祥以为这样能够与元军刀兵相见，拼死一搏，谁知刚到朝廷，却被任命为权工部尚书兼都督府参赞军事。工部尚书管的是土木工程之类的事，无形中是收了文天祥对勤王军的指挥权，跟他保卫京师的初衷背道而驰，文天祥立即请求辞免以示抗议。

然而朝廷却再下旨意，让他："依旧权工部尚书，监督赞，除浙西、江东制置使，兼江西安抚大使，知平江（今江苏苏州）府事。"（《文天祥全集》卷十七《纪年录·注》）却让他去守平江府（今江苏苏州）。这回是赤裸裸地将文天祥打发出临安。各种原因文天祥在后来的集杜诗《苏州》道出了原委："予领兵赴阙，时陈宜中归永嘉，留丞相梦炎当国。梦炎意不相乐，出予以制阃守吴门（平江）。"原来陈宜中与王爚素有矛盾，因争权位之事，陈宜中自请辞呈，王爚被罢职。朝中只有左丞相留梦炎，他也是状元及第，身居高位，却不知救国图存，遇事只知推诿，却看不惯文天祥入卫京师。

这时候经过谢太后的多方敦请，陈宜中又回到朝堂之上，与留梦炎共同都督诸路军马。这时候前方的战事更加吃紧，元军正在抓紧清除临安外围的宋军防守据点，已经攻入泰州致使守将孙虎臣自杀，击溃扬州都统姜才的反攻，又降伏吕城（今江苏丹阳吕城镇）守将张彦，对常州形成围攻之势。前方又不断有情报传来，说元军正在调兵遣将，即将对临安发起总攻。临安城内百姓慌不择路，文武百官也作鸟兽散。

陈宜中回朝不做拼死抵抗，而是将吕文焕的侄子吕师孟擢为兵部尚书，原宋将吕文焕因襄阳失守被迫降元，却自请为先锋，正引军逼近临安。陈宜中利用两人的叔侄关系为求和作准备。

接下来陈宜中做的另一件事，就是将还没有受到派遣的文天祥，立即去平江府。文天祥依旧要求辞免，为了尽快把文天祥顺利支出临安，还加了个朝廷晋级少有的荣誉头衔——端明殿大学士。

这时候前线常州告急，文天祥只得领命去平江。但是他实在不忍看在求和派的操控下，国运又将面临怎样的境地，那些为了捍卫国家的尊严而不惜抵抗赴死的义士，他们又将作如何感想？

借着向皇帝辞行的机会，文天祥上了一道奏折，抒发了心中的郁闷："朝廷姑息牵制之意多，奋发刚断之意少！"接着他一不做二不休，就像当年乞斩宠臣董宋臣那样，乞求杀了吕师孟作为战事祭祀，不为和谈落下口实，从而振作军中士气。

不做和谈，又怎能抵御元军？文天祥先从历史得出经验教训，他说我们大宋吸取了五代分裂割据的教训，消除藩镇，建立郡县城邑，虽然一时完全革除尾大不掉的弊端，但是国家兵力也因此渐趋削弱，导致元军来犯攻一州破一州，到一县攻破一县，中原沦陷，又怎么悔恨、痛心，哪里还来得及？

当务之急是，应当划分天下为四镇，设置都督来总揽全局。把广南西路合并于荆湖南路，在长沙建立治所；把广南东路合并于江南西路，在隆兴（今江西南昌）建立治所；把福建路合并于江南东路，在番阳（今江西鄱阳县）建立治所；把淮南西路合并于淮南东路，在扬州建立治所。

责令长沙兼领鄂州等处，隆兴兼领蕲州、黄州，番阳兼领江东，扬州兼领两淮，使他们所辖的地区范围更广、力量更强，足以抵抗元军。

第六章 功虽不成，唯有一腔忠烈气

— 177 —

最后文天祥在奏折中这样写道："约日齐奋，有进无退，日夜以图之。彼奋多力分，疲于奔命，而吾民之豪杰者，又伺间于其中。如此则敌不难却也。"（《宋史》卷四一八《文天祥传》）

在这篇奏折里可以看到文天祥抗元的意志和决心，与他早年在《己未上皇帝书》中，提出的"仿方镇以建守"的主张，也是一致的。文天祥始终希望在御敌方略上，能够打破守内虚外的陈规，长期以来武备的废弛和安逸图存的思想，在元军剽悍的铁骑下，已经不堪一击。所以当务之急是要在各地建立起军事大本营，加强地方战斗力主动御敌，并发动民间力量实行全面抗敌。

文天祥的奏议，被朝中大臣斥其为"议论阔远"，难以行之有效地实施，而被不了了之。却又对吕师孟已故的父亲，元军先锋吕文焕的哥哥吕文德加封为合议郡王。朝廷这是要对元朝望风款附"予赖以求好"，紧锣密鼓地为和谈做准备。

这时元军统帅伯颜受忽必烈的赏识，已经晋升为中书右丞相，他们在建康得到休整后，兵精粮足，战斗力更加强盛。于这年十一月，伯颜分军三路进伐，约期会师于临安。其中西路军出健康，经溧阳（今江苏溧水）、广德（今安徽广德），直趋独松关（今浙江余杭一带）；东路军沿江进发，趋长江入海口，准备从沿海奔袭临安后方；中路军由伯颜亲自率领，出镇江，经常州南下。

西路援军先在溧阳击败宋军，又攻克广德，在二十日这天兵临独松关，稍事休整两天后，与守关宋军激战，守将王濡不幸战死，宋兵溃逃，独松关被元军占领。

早在同年八月，伯颜就已先派兵围攻常州，历时四个月之久，常州知州姚訔、通判陈炤、都统刘师勇、副都统钓鱼城守将王坚的儿子王安节，他们率领僧人、道士，近两万多士兵，拼死抵抗，始终没有攻下常州。

常州依傍运河，是军事重镇，刚刚领兵到达平江的文天祥，接见姚訔的儿子，他是从常州突围出来的报信人。在得知常州城防并不坚固的情况下，正好朝廷派驰援常州的淮将张全路过平江，文天祥见他只带有两千官兵，命手下得力战将朱华、尹玉、麻士龙带领三千义军，归张全节制，支援常州。

十月二十六日这天，张全带领自己的队伍在常州外围横林驻扎，为了保全自己的实力，他谎称在虞桥设伏，让麻士龙的队伍走在前面，麻士龙领兵与元军相遇，双方随即发生血战。面对元军的铁骑，麻士龙的部队毕竟不是正规军，看着寡不敌众的麻士龙部战败，麻士龙战死，张全非但坐视不救，还赶紧退兵到常州东南的五木。

五木离常州相距四十五里，张全退到这里后，驻扎在大运河东，张华驻扎在河西，两支队伍隔河相望。朱华要挖战壕，设障碍，修筑防御工事，企图阻止元军进攻，却遭到张全的阻止。二十七日元军进攻五木，朱华率他的广东义军英勇抵抗，从早上一直打到下午，张全不但不发一兵一卒参战支援，还隔岸观火。当孤立无援的朱华部队向东岸撤退时，义军有泅水者攀登张全的战船，张全竟丧心病狂地命手下砍断手指，一时间许多义军被淹死在宋军自己人的手上，尸血横流惨不忍睹。

到了傍晚，大批元军主力绕过山头，围住尹玉率领的五百赣州义军。面对数倍于自己的敌人，尹玉毫不畏惧，英勇作战，只要元军一靠近，就万箭齐发，打退元军多次进攻。从黄昏战到天明，当箭矢用完，尹玉又挥刀杀敌数十人，浑身上下多处中箭，人也俨然成了血人，还带伤与敌搏杀。当他伤重力竭被元军围住时，怒目圆睁仍威震敌胆，敌畏不敢靠近，最后被元军四只长枪交叉架在脖子上，用木棍活活将他打死。这场战斗拼杀整整一夜，仅四人突出重围脱险，其余人全部战死，尸横遍野。

这是文天祥的勤王军第一次作战，他本人也很看重这次战斗，所派出去的义军，也都是得力将领，虽没有经过正规训练，为了保家卫国，打起仗来个个斗志昂扬，视死如归。反观张全拿着国家军饷，久经沙场，看到义军拼尽全力血战到底，不但不施予援手，还阻碍构筑防御工事，其卑劣的行径无异于助虏卖国。后来文天祥在《吊五木》序言中，不禁悲愤地感叹道："呜呼，使此战张全稍施援手，可以大胜捷。一夫无意，而事遂关宗社。"

支援常州失败，使常州彻底成为孤城。在这之前，常州曾被元军占领，后经姚訔联络四乡义军，很快又收复了失地。伯颜得到消息后，非常震怒，这次他亲自带领元军主力再围常州。遵照忽必烈不妄杀掠的诏令，先是派人劝降，经多次派人招降失败后，又强攻五十多天也没有拿下常州。恼羞成怒的他，逼迫城外的居民运土建炮台，竟连人带土一起筑垒，将炮台建成与城墙一般高，然后架大炮于台上，向城中建筑猛轰。还忘了忽必烈曾叮嘱他要像宋初大将曹彬那样，不好杀人而能平定南宋。他残忍地杀害常州当地百姓，将百姓的尸体熬成膏油，抛到城下牌叉木上，用火箭射燃，日夜轮番攻城。

常州所处地理位置，并非是防御重镇，城内不仅没有丰厚的粮食储备，城墙也十分低矮，有近四百年的时间没有得到修补，元军曾笑称这是"纸城"，不费吹灰之力便可拿下。然而，就是这样一座"纸城"，使元军遭遇到南下以来最坚决的抵抗。城内数万士兵和常州百姓，在多于自己数倍的元军主力面前毫不气馁，一次又一次打败元军的强攻，伯颜不得不惊呼这真是"纸城铁人"。

常州城墙最后被元军的大炮炸塌后，元军攻入城中，常州军民转入巷战。姚訔、陈炤拼命杀敌，最终战死；仅有刘师勇领八骑突围回到平江；王安节挥双刀对战元军，手臂受伤后不幸被俘，元军想要劝降他，被他断然拒绝后惨遭杀害，他的行为，也为元军所赞叹，称其为自渡江以来，宋军武官忠义第一人。常州城内，参加战斗的民兵、道士、僧人、书生，有的在巷战中战死，有的自焚身亡，在城破之时，几乎无一人投降。

元军占领常州后，伯颜对常州军民的顽强抵抗十分恼怒，下令屠城，全城老少上万人死于元军刀下，仅有七人藏身在桥墩下，才幸免于难。后来，文天祥在抗元失败后，被元军押送北上，途经常州，写下《哀常州》一诗，来悼念那些不屈的死难军民：

> 山河千里在，烟火一家无。
> 壮甚睢阳守，冤哉马邑屠。
> 苍天如可问，赤子果何辜。
> 唇齿提封旧，抚膺三叹吁。

3. 可歌可泣忠烈志

常州失守，独松关（今浙江省安吉县南独松岭上）又告急。

独松关是通向临安的咽喉要道，也是一条最捷径的通道，更是临安西北方向的重要关隘。地理位置险要，东西方向有高山幽涧，

— 181 —

南北有狭古相通。关墙由大石砌成，横跨湍急的独松涧，衔联左右两条高峻的山脉。山路陡峭狭窄，直通关门。

关门如洞，深十米，高约三米，宽不足一米，只能容一人通过。洞顶中部开有两米长、一米宽的天窗。平时可以给洞内透光，敌人来犯时，守兵可在头顶上方袭击，使敌人无处躲避，大有"一夫当关，万夫莫开"之势。

朝廷急忙命令文天祥放弃平江，进驻余杭（今浙江杭州东北），回守独松关。可是在文天祥看来，如果平江失守，元军也可以顺运河直达临安；平江府不保，又如何能守得住独松关。再说独松关战事既紧，他连夜奔援也赶不及，而且当时张世杰军队就驻扎在临安，从临安前往增援则更近得多。于是文天祥上书："辞以吴门空虚，愿分兵戍守。"

令人费解的是，朝廷舍近求远让张世杰去守平江。很快朝廷的催促令又下，文天祥不敢懈怠，在张世杰没有到任之前，只得把守护平江府的重任暂时交给通判王举之和都统王邦杰。不出文天祥的预料，文天祥人马还没赶到地方，独松关便已失守。更让文天祥没有想到的是，他人刚走，张世杰还没到平江府，王举之和王邦杰就打开城门，主动降元了。文天祥不得不率勤王义军回四面楚歌的临安。

一到临安，文天祥就听到朝中上下对他的质疑之声，说什么他一离开平江，平江就投降元军，好像一切都是文天祥的操纵。就好像狐狸后面跟着一只大老虎，文天祥带领勤王军的到来，给人们带来极度的恐慌。文天祥对此事感到异常的愤慨，心想，这又是别有用心的人使下的绊子，便将朝廷下的调令公示在朝天门，用事实说话，打消人们对他的猜忌。

人们对文天祥的顾虑虽然解除，但是元军的兵马也一路飙飞猛进，就连海上的东路元军，也控扼在钱塘江口，封锁海上路线，元军已经对临安实行全面包围。朝中文武百官早已吓得闻风丧胆十有九去，就连身为左丞相的留梦炎也吓得逃回衢州（今浙江衢州市）老家。奈何朝廷两次召请，他都不予理睬。谢太后命吴坚为左丞相，在朝堂宣布时，来上朝的文官仅剩区区六人。

文天祥找到张世杰商议，为了挽救败局，集中所有的兵力，尚可一搏。此时文天祥有勤王兵三万，张世杰握重兵五万，再加上各路军马共有四十万，淮东仍被宋军坚守，闽广寸土未失，如跟元军誓死一搏，或可还有胜算的可能。两人一拍即合，一同上奏朝廷，却被陈宜中一票否决。

朝中已经放弃抵抗，正在紧锣密鼓为议和做准备。就在德祐元年（1275年）十二月内，连着三次，不惜向元称侄或侄孙的身份，甚至自降为附庸国，一味乞求议和。在他们心目中，也许寄希望于"绍兴和议"的历史得以重演，只是他们忘了当时是在宋军捷报频传、金兵节节败退的当口，南宋高宗怕徽钦二帝回朝，威胁到自己的帝位，才解除了韩世忠、张俊和岳飞三员大将的兵权，杀岳飞为条件，向金朝乞得和议的。可是谢太后、陈宜中想要议和，就连这点儿资本都没有。

不死心的谢太后，最后竟然说出：如能保住宗庙社稷，称臣也不必计较。这是对整个宋朝多么大的讽刺。回望宋太祖灭南唐的历史，是多么大的讽刺。当年北宋以摧枯拉朽之势进攻南唐，李后主屡屡遣使到北宋入贡，卑辞厚礼，请求缓师。使臣李铉对宋太祖说：南唐一向称臣事宋，百依百顺，何以无罪兴师？乞缓兵以全一邦之命。宋太祖抽剑作答：不须多言，江南亦有何罪，

— 183 —

但天下一家，卧榻之侧，岂容他人鼾睡乎！

大敌当前，是鉴别臣子的试金石。

当元军进攻到江西，江西制置使黄万石帐前都统米立主动迎战。因寡不敌众不幸被俘，被囚于牢狱中。主动降元的黄万石，竟厚着脸皮来劝降米立，他说我在南宋的官职，多得连一张牙牌[①]都写不下，我这样的人物都降元了，你一个小都统还抵抗什么？米立却很硬气地说："在你面前，我虽然只是个小卒，不懂得什么大道理，我只知我家三代食宋朝俸禄，宋亡，焉能有脸活着。"黄万石被说得无地自容，米立最终被杀害。

元将阿里海牙围攻潭州（今湖南长沙），曾因得罪贾似道被贬为民的李芾，被重新启用，任知潭州兼荆湖南路安抚使，当时北路州郡都已失陷，潭州形势严峻，李芾好友劝他不必赴任。李芾慷慨尽言："吾世受国恩，虽废弃中，犹思所以报者，今幸用我，我以家许国矣！"（《宋史》·李芾传）

李芾受命于危难，携家眷到潭州赴任。他一边安抚人心，一边加紧做好守城的战备：储备粮食、整修器械，加固城垣。为了加强守备，他紧急召集城中壮丁三千人来协同作战，又约请湘西苗民为援。城中的箭矢用尽，李芾令百姓将废箭磨光，配上羽毛，用来再射；城中无盐，就将库中盐席焚毁，取灰再熬，分给兵民食用；城中粮食断炊，捕捉麻雀和老鼠果腹；有将士受伤，李芾亲自抚慰，送以医药。但是元军要是派人来招降，那是绝不手软，抓住当场诛杀。

---

① 牙牌，古代为官员所用。其材质用象牙做成，上面刻着官员的名字和官职，拿着它才能进出皇宫。

李芾坚决拒绝劝降，也不怕元军屠城的威胁，率部将分守城中，每天登城以忠义勉励将士。历经三个月的围攻，虽伤亡惨重，打退敌军数十次进攻，还使阿里海牙身受箭伤。

潭州最终沦陷后，受李芾之托，部将沈忠洒泪杀了李芾和他的全家，放火烧毁他的住宅。沈忠随后回家杀了自己的妻子，自刎殉国。参议杨霆投园池而死；幕僚陈亿孙、顾应炎、钟蜚英皆先后赴死。寓居城中的知衡州尹谷，为次子举行了冠礼①后，穿上朝服集合全家老少引火自焚。当元军攻上城墙，发现城中的树上、水井……到处都是自缢的尸体，他们用生命为代价，讴歌了作为大宋忠诚的子民，当以国土共存亡。

但是在战事上积贫积弱的南宋，还是没有敌得过元军继续南下的铁蹄。

德祐二年（1276年）正月初三，元军逼近嘉兴府，知嘉兴府刘汉杰投降；元军兵围安吉州，守将吴国定开门纳敌；正月初五日，占领富阳；正月十六日，伯颜主力军进驻位于临安东北的长安镇；正月十七日，元军进临平镇；正月十八日，伯颜兵进距临安仅三十公里的北郊皋亭山（浙江余杭镇西南）。

面对卑躬屈膝一心求和的朝廷和势如破竹的元军，文天祥忧心如焚。他与张世杰计划会和诸路兵力，背城一战的建议不被采纳，面对新的形势，他又利用自己兼任枢密院事之职，与枢密院使陈宜中接触的机会，建言朝廷秘密迁移三宫（谢太后、德祐皇帝、全太后），开辟抗元基地，保存宗室再图复兴，自己愿留下来誓死保卫临安。可惜建议没有被朝廷采纳。

---

① 冠礼：古代男性的成年礼。

谢太后下诏书让文天祥兼任临安府尹，他像以往一样辞谢不拜，他提议由福王和沂王亲领临安府尹，以稳民心，自己则可担任副职少尹，照常可以辅助他们。

令文天祥感到心寒的是，在国家蒙难的危急时刻，无论他怎么做，怎么建言，总是屡遭诽谤和阻挠，救亡计策又不被采纳，劳碌奔波却于国事无补，深为有负皇恩而惭愧，又为朝廷苟安误国而喟叹。随性一首《赴阙》（《文天祥文集》卷十三《指南录·赴阙》），唯可宣泄心中苦闷：

楚月穿春袖，吴霜透晓鞯。
壮心欲填海，苦胆为忧天。
役役惭金注，悠悠叹瓦全。
丈夫竟何事？一日定千年。

他又跑到六和塔下，再次找到手握重兵的张世杰，想联合他守城抗战，此时的张世杰早已对守临安不抱希望，他反劝文天祥回江西老家据守，说自己也将转往两淮。

就在文天祥陷入苦闷绝望的时候，天台人杜浒来西湖求见文天祥。杜浒是宋宁宗时的丞相杜范的侄儿。生性刚猛，武艺高强，面对元军逼近京城，身为游侠的他，自发纠合身怀绝技的四千义士，投到文天祥帐下。文天祥听明来意，大喜过望，又多了抗元保国的得力助手。

就在接见杜浒的当天晚上，朝中有消息说，陈宜中要去长偃（浙江长安镇）商签称臣投降条款，文天祥听了忧愤又起，连夜去陈宜中家竭力劝阻，宁当战死鬼，不当亡国奴。最后，陈宜中也表示接受文天祥的意见,只是他想的前提不是以国家为己任,而是怕担当卖国投降的千古骂名,更怕去了会被元军扣下回不来。

现在元军三路大军都在皋亭山会师,伯颜还指定要宋廷丞相去乞降,陈宜中拖了几天哪里肯去,谢太后只好派监察御史杨应奎到伯颜的大营,送上传国玉玺和恭帝赵㬎的降表:

宋国主㬎谨百拜言:㬎眇焉幼冲,遭家多难,权奸贾似道背盟误国,至兴师问罪。㬎非不欲迁避以求苟全,奈天命有归,㬎将焉往!谨奉太皇太后命,削去帝号,以两浙、福建、江东西、湖南、二广、两淮、四川见存州郡,悉上圣朝,为宗社生灵祈哀请命。伏望圣慈垂念,不忍臣三百余年宗社遽至陨绝,曲赐存全,则赵氏子孙,世世有赖,不敢弭忘。

(《宋史》卷四七《瀛国公纪》)

宋朝的传国玉玺已为元朝所有,但是具体洽降事宜,伯颜要求还需与宰相和谈。陈宜中感到很无奈,在和与战之间摇摆不定,也许虚荣心作祟,逃跑宰相总比投降宰相少些骂名,干脆连夜逃回永嘉清澳老家。不成想他也成了逃跑宰相留梦炎第二。

在宋朝纳降之前,主战派的张世杰见朝廷一味求和,愤而远走庆元(今浙江宁波),紧跟着陆秀夫、苏刘义、刘师勇等向东南沿海转移。为了保全皇家血脉,在驸马都尉杨镇等人的护卫下,吉王赵昰到福州后,改封益王;信王赵昺到泉州后,改封广王。

此时临安周边各军营的守军都已溃散,朝中只有文天祥一人一心想着抗元。为了加强守备,他要把调往富阳的勤王军再调回京城,准备和元军决一死战。而受国事内外交困的谢太后,在元军泰山压顶的围攻面前，早已丧失了决战的勇气，阻止文天祥说："今遣使议和，卿宜自靖自献，慎勿生事，乃所以保全吾与嗣君也。"（《钱塘遗事》卷八《召罢兵》）

陈宜中的临阵脱逃，满朝遗臣中，为了赵宋江山和子嗣后代考虑，谁又能担此大任，力挽危局去和元军和谈？这时胆小怕事的左丞相吴坚提出，另任一位右丞相担此大任。选来选去，在这风口浪尖上，只有前科状元文天祥了。

4. 力挽狂澜终不成

德祐二年（1276年）正月十九日，谢太后任文天祥右丞相兼枢密院使，又都督诸路军马，文天祥辞相印不拜。二十日，文天祥以资政殿学士旧职出使元营，同行的还有左丞相吴坚、同知枢密谢堂、安抚使贾余庆、中贵官邓惟善，来到设在皋亭山因明寺元军大营。

元军的卫兵手握刀剑列位森严，一个个凶神恶煞，杀气腾腾，在阳光的照射下，刀光熠熠生辉，光芒刺眼，更加威慑人心。很明显是想吓唬吓唬宋朝的使者，吴坚、谢堂看得胆战心惊，贾余庆、邓惟善只顾低头走路，文天祥却昂首阔步、气宇轩昂地走在前面。

待到大家都落座后，伯颜看着文天祥，首先来个下马威，问道："丞相是来谈投降一事吧？"

虽然文天祥心想着是以学士的身份出使元营，好表明他没有议和、议降的权力。但是没有当朝宰相的官职，也是进不了元营的。

看着高高坐在虎皮椅上威风凛凛的伯颜，文天祥毫无惧色，不卑不亢地回答道："那是前丞相一手经办，我一概不知，现太皇太后命我为丞相，我还没有就任，先来军前商量。"

文天祥的一番话，给自己留出了辗转腾挪的空间。因为在前几次和谈中，宋朝向元朝称侄纳币，甚至低到向人家当孙子的地步，元朝都没有答应和谈，后来逼得六十六岁的谢太后哭着说："苟存社稷，称臣非所较也。"为了活命，自降为臣都不计较，她都忘记了，她还有南宋大好的江山和众多的子民。

这一点文天祥拎得特别清楚，谢太后纵然有私心，他文天祥看得分明：天下者，乃天下人之天下，非一人之天下。投不投降，还是要看宋朝的子民答不答应。

所以这次文天祥大胆前来，也是试探元军的口风，幻想着能"舌战纵横击可汗"，希望以理服人，说服伯颜退兵，不行的话，退一步讲，还可以"归而求救国之策"。如果这时候，南宋没有一个敢站出来跟元朝抗衡，岂不是要让天下人笑话。

伯颜听过文天祥的回答，倒也不计较，只是觉得这个宰相，跟前几次来的使臣不一般，顺口敷衍一遍："丞相是来商量大事，说的也是。"

文天祥反客为主，问道："本朝一贯承帝王正统，衣冠礼乐之所在。北朝是想以国家来互相交往，还是要毁其社稷？"

伯颜奉旨挥师南下，想都不用想，当然是一心想要灭宋，但他话到嘴边，还是按忽必烈诏书上的内容应付道："社稷必不动，百姓必不杀。"

伯颜此话一出，文天祥立马抓住破绽："你们多次与本朝立约，却又多次失信，今天借此机会，两国丞相亲订和盟之好，你们应当先退兵平江或嘉兴，把和议情况奏明你们的北朝，看朝廷怎么定夺，我们再坐下来议和如何？"

这明摆着是要拖延时间，文天祥的缓兵之计怎能骗过久经沙场的伯颜。伯颜有些沉不住气了，皇帝的传国玉玺都已送到元营来了，明明是来纳降的，怎么还要谈和议，脸上就有些挂不住了。

文天祥既然来了，又哪里是要看他的脸色。又说道："依我来看，双方讲和是上策，如果战争继续打下去，对于你们来讲，也没有什么好处。"

这一句话彻底激怒了伯颜，他将文天祥上上下下仔细打量了一下，眼前这身材挺拔的汉子，仪表堂堂，说话又很硬气。再看其他几位来使，坐在那里默不作声，不由得对文天祥另眼相看。心里对他有几分赞许，嘴上还是不依不饶："今天之事本应讨论投降事宜，你文天祥突然私自变卦，难道不怕我帐前的刀斧手不认人吗？"

只见文天祥毫无惧色，大义凛然地说："我是南朝状元宰相，身受皇恩久矣，但欠一死报国，刀锯鼎镬，非所惧也！"

伯颜和在场的元军将领，都被文天祥视死如归的气势震撼到了。如此临危不惧，铁骨铮铮的汉子，令所有人佩服，相比同来的另外几个官员，简直是天壤之别。

伯颜私下里也打起了算盘，宋朝送来的降表中，仍称赵㬎这个曾经的小皇帝为"宋国主"，未及称臣，先放吴坚等四人带回去修改降表，并派宋降将程鹏飞随往，单单扣下文天祥。因为他不按洽降的规则办事，而是私自行事，怕他回去后再行枝节，于是将他扣留在元营。

吴坚一行人走后，文天祥才知道他们已返回临安，唯独自己被拘留在元营，文天祥感到很生气，直接质问伯颜："我此来为两国大事，我们一起来的都回去了，为什么唯独要留下我？"

伯颜说话的语气也缓和了不少，说道："不要生气，你为宋朝大臣，责任非轻，今日之事，你我还要好好商量商量，愿你能暂留几日。"便把文天祥软禁起来。

到了第二天，吴坚等四人又带着改好后的降表返回到元营，谢太后还按照伯颜的要求，递交了令南宋各州降元的手谕及三省、枢密院的檄文。伯颜正式接受了降表，宣告南宋王朝正式投降。

受降仪式结束，文天祥才被引进大营，惊闻贾余庆已经代替自己当上右丞相，还领头很快签了投降的降表，文天祥顾不得身在元营，勃然大怒，大骂贾余庆卖国求荣，苟且偷生，是个不为人齿的龌龊小人。

在骂声中，贾余庆等人灰溜溜地登车返回，文天祥见状也要走，却被卫兵拦住。文天祥质问伯颜为何如此，身为丞相却做出言而无信的勾当。伯颜无言以对，文天祥劈头盖脸，越骂越凶，伯颜面露愠色却也无言以对，只得默不作声。

这时吕文焕上前为伯颜解围道："文丞相息怒，稍候一二日即可回阙。"

说着，便把文天祥往一旁拉。这无异于火上浇油，文天祥掉转头来，又把吕文焕骂个狗血喷头。

吕文焕也恼了，斥问文天祥："丞相何故骂我吕文焕是乱贼？"

文天祥高声说道："你身为大将，以城降敌，国家不幸至今日，你为罪魁祸首，你不是乱贼谁是？三尺童子都骂你，何况是我！"

吕文焕被骂得心有不甘，为自己辩解道："我苦守襄阳六年，朝廷却不来救援，怎么能怪我呢？"

文天祥义正词严地说："力穷援绝，当以死报国。你却为了自己，为了妻子，这般叛国，既有负于国家又辱没家声，而今合族为逆，更是万世之贼臣也！"

一番话骂得吕文焕羞愧难当，吕师孟在一旁却不甘心地说道："丞相难道就不怕死吗？"

此时只恨手无"击贼笏"的文天祥怒喝道："你们叔侄都做了降贼，不灭汝族，是本朝失刑，还敢有面皮来做朝士？我恨不能杀了你们叔侄为国除奸！如果你们能杀我，我为大宋忠臣，倒是你们成全我，我又有什么可怕的！"

文天祥这一顿痛骂，使在场的人都噤声敛气。一骂贾余庆卖国偷生；二骂伯颜卑鄙无信；三骂吕氏叔侄乱贼叛逆，骂得大义凛然，一身正气，连敌人听着也神情凝肃。

伯颜这时候也走上前来，对文天祥夸赞道："文丞相真是心直口快，真乃真男子，大丈夫！"

前来劝降的唆都，后来也不禁对文天祥说："丞相骂得吕家好！"

原来，像吕文焕这样没骨气的投降派，元朝也是看不起的。他们欣赏文天祥像勇士一样的忠肝义胆，又知道他不仅是勤王义军的首领，也是南朝朝野的精神支柱，放了他，无异于放虎归山，将会后患无穷，必须将文天祥扣留在元营里能为自己所用。

文天祥后来还写下《纪事》诗，来记载此事：

狼心那顾歃铜盘，舌在纵横击可汗。
自分身为齑粉碎，房中方作丈夫看。

5. 千难万状脱虎口

宋恭帝德祐二年（1276年）的正月二十五日，盛极一时有一百多年历史的南宋都城，在这一天，举行了受降仪式，宋恭帝赵㬎率领在朝的文武大臣，在祥曦殿拜表，宣布正式退位，向元朝乞为藩辅，被降为瀛国公。

临安不战而胜，伯颜以胜利者的姿态进入临安，又以临安为两浙大都督府，张惠、阿剌罕、董文炳、吕文焕等人随同入城，封存府库；收缴史馆、礼寺图籍及百司符印、告敕，清理大批财宝及器物，运往大都（今北京），并撤销皇家的御林军。

就在同一天，伯颜命镇抚唐古歹、宋官赵兴祖，把文天祥的勤王军遣散。被囚禁在元营里的文天祥，听到消息后，倍受打击，他为不能保疆护土，失去国家而痛哭不已。

记得临行之前，杜浒还极力劝阻文天祥，说这一去如入虎狼之窝，万不可来元营。当时他只想以国家为重，凭自己的口舌之战可以对局势有所干预，哪怕是对此付出生命，也是出于对国家的一片忠诚。

而现在被扣元营，无法阻止朝中投降派的龌龊勾当，又不能带领勤王军以武力抗争。他心中充满了愧疚，又格外思念亲人，更思念如亲人般出生入死的战友。望着窗外的天空，唯有以诗聊为自己：

　　　　恨我飞无翼，思君济有航。
　　　　麒麟还共处，熊虎已何乡？
　　　　（《文天祥全集》卷十三《指南录·思蒲塘陈》）

伯颜起初扣下文天祥是怕他回去另生事端，现在宋朝已降，仍然没有放他回去的意思。经过几次接触，他看出文天祥不是软骨头，也是铁骨铮铮的一个汉子，有胆量有气魄，便想将他留下来为元朝所用。

他便派唆都来劝降。唆都对文天祥说，现在天下一统，大元也将兴学立科举，丞相在大宋是状元宰相，如今以后无疑也能当大元宰相。丞相如果能听我一声劝，以后就不要谈什么国存与存，国亡与亡。

文天祥拿诗来回怼：

虎牌毡笠号公卿，不直人间一唾轻。
但愿扶桑红日上，江南匹士死犹荣。

（《文天祥全集》卷十三《指南录·唆都。》）

说什么当你国的丞相，我未必看得起。我心想的是，扶桑①花开，南宋的太阳又重新升起，为此我即便是死，也感到无比光荣。

但是唆都不死心，很想劝成文天祥。有一次，他和忙古歹又来劝降，谈话间问到度宗有几个儿子，赵㬎是他的第几子，文天祥如实回答。又问第一子、第三子是否封王，今又在何处。文天祥说一个封为吉王，一个封信王，在大臣的护送下早出了临安。唆都和忙古歹显出惊讶的神情，忙问究竟是去了哪里。文天祥坦然地说："非闽即广，宋疆土万里，尽有世界在。"唆都却是满不在乎地说："既是一家，何必远去？"文天祥义正词严地说：

---

① 扶桑，产自南方，是木槿的别名，花期长，几乎终年不绝。

"为何要这样说？宗庙社稷所关，岂能是玩笑？"朝廷是投降了，南方大地上，还有众多的军民并没有屈服，鹿死谁手还未可知。

而唆都想的是提醒文天祥，连二王都跑得没影儿了，你何苦再撑持呢？文天祥又以诗作答：

　　一马渡江开晋土，五龙夹日复唐天。
　　内家苗裔真隆准，虏运从来无百年。
　　　　（《文天祥全集》卷十三《指南录·二王》）

一马渡江说的是，司马懿的曾孙司马睿渡江建立东晋王朝。五个人面龙身的仙人，辅佐天子匡扶江山。文天祥用前面的两个典故，来衬托二王，对收复南宋的疆土，有着必胜的信念。

又有一次，唆都问文天祥，他为何离开郡守的平江府，文天祥说因奉诏入卫。又问他有多少兵，回说有兵五万。唆都不由得叹道："真是天意！要是丞相当时在，平江必不会降。"文天祥反问说你怎么知道？唆都认真地说："相公气概，如何肯降？但累及城内百姓。"文天祥听了，直截了当地说："果真要打，亦未见输赢！"

唆都用意是想调侃他，在强大的元军面前对抗是无用的，而他却借机表达了自己的心志。仍作诗来记：

　　气概如虹俺得知，留吴那肯竖降旗。
　　北人不解欺心语，正恐南人作浅窥。
　　　　（《文天祥全集》卷十三《指南录·气概》）

唆都的劝降，试出的是文天祥威武不屈的气概。见诱降无望，唆都就派下属官信世昌来做文天祥的馆伴。信世昌曾任元朝主管礼制的太常丞，东平府（今属山东）人，原北宋移民，对宋朝有一定感情，还是个通古今、识道理的儒士。看文天祥经常写诗，便讨教写诗章法。

有一次，信世昌写了一首诗，赠给了文天祥："东风吹落花，残英犹恋枝。莫怨东风恶，花有再开时。"在诗里，信世昌赞扬文天祥不忘王室，又寄希望于王室因此而中兴。文天祥觉得信世昌的诗，有齐鲁之风，因此还结下了深厚的友谊。

二月初八日，伯颜命令原右丞相贾余庆、同知枢密院事谢堂、佥书枢密院事家铉翁、同佥书枢密院事刘岊等四人，以"祈请使"的身份，捧着降表去大都（今北京）献给忽必烈。他们在临安北新桥上船，当时左丞相吴坚因病求免，临行时，伯颜突然要文天祥和吴坚一同北上。

原来是贾余庆背后搞的坏，他这个人正如文天祥评价的，是个"凶狡残忍出于天性"的无赖，坏人坏到骨子里，是他在伯颜面前媚敌献计，防止文天祥"但愿扶桑红日上"，而要将他"拘于沙漠"。自己则要"使毕即归"，回来愿为伯颜效鞍马之劳。

文天祥又怎能忍受，跟这样一群出卖国土的人同行。于是他写好家书，安排好后事，打算要以死殉国。跟文天祥一样，不愿在受降书上签字，也是被迫出使大元的家铉翁看出征兆，他说死不是勇士所为，劝文天祥暂且忍耐，到了大都还有抗辩报国的机会，如不行再自决也不迟。

更让文天祥感动的是，杜浒要求随行照顾，还有昔日的弟兄，他的帐前将官余元庆，路分金应，总辖吕武，虞候张庆，亲随夏仲，账兵王青，仆夫邹健、李茂、吴亮、肖发。后来文天祥得以从元军手上脱逃，也多半是他们的功劳。

他们一行被戒备森严的元军，护送着乘大船沿运河北行。船行驶了一天，到了晚上，船终于停泊在谢村。文天祥按跟杜浒计划好的准备在此逃走，可是由于贾余庆告密，铁木儿亲自驾船赶到，命千户把文天祥揪扯到他的船上，还对文天祥肆意推搡辱骂，态度异常粗鲁，使文天祥苦不堪言，随从看到丞相受此凌辱，也都无奈地流下眼泪。

文天祥逃跑失败，还被元军严加看管起来。同知枢密院事、谢太后的内侄谢堂，却在这个时候，买通了唆都，又用大量的财宝贿赂伯颜，才使得他没有去元大都。

大船继续向北行驶，十一日这晚，停泊在留远亭。贾余庆、刘岊借着跟看管他们的元军将领喝酒的机会，大骂起宋朝精英，刘岊则说些不堪入耳的淫浪之语，来取悦元人。就连在场的降将吕文焕都看不下去，厌恶地说："国家将亡，生出此等人物。"为人刚正的家铉翁对此更是感到深恶痛绝。文天祥也以二人可耻的行径，写《留远亭二首》记之：

甘心卖国罪滔天，酒后猖狂诈作颠。
把酒逢迎菖虏笑，从头骂坐数时贤。

落得称呼浪子刘，樽前百媚佞旃裘。
当年鲍老不如此，留远亭前犬也羞！

二月十四日，船到平江。这是文天祥曾经驻防的地方，如果当时拒绝朝廷救援独松关的指令，也许在平江府还能拖住进攻临安的元军，也不至于两地皆失。这时元朝的宣抚使，在岸边的接官亭安排了酒宴和妓女，设宴接待船上的"祈请使"。文天祥称病卧在船上，拒绝赴宴。

平江府旧官吏，听说文丞相囚禁在船上，都想上船拜见，但被元军所阻。许多老百姓听到这个消息，也纷纷拥到岸边，个个泪流满面。此情此景令文天祥百感交集，思绪万千：

> 楼台俯舟楫，城郭满干戈。
> 故吏归心少，遗民出涕多。
> 鸠居无鹊在，鱼网有鸿过。
> 使遂睢阳志，安危今若何？

诗中的睢阳（今河南商丘）指的是，唐代张巡、许远为阻截安禄山叛军，在睢阳重地严防死守，战到城中无粮时，将士们杀马食肉，煮树皮吃，直战到城破而死。文天祥后悔当初不该离开平江府，而应在平江府跟元军决一死战。

文天祥在平江深得民心，元军担心文天祥留在平江府会生变，只停留一个多时辰，就连夜出发。为了万无一失，还派三百骑兵沿运河两岸护送，一口气赶了九十里路。

船到无锡，文天祥想起十八年前，陪弟弟文璧去临安考试经过此地的情形，如今山河依旧，国事全非，无尽悲痛涌上心头，写下"夜读程婴存赵事，一回惆怅一沾巾"。

船过五木，这是尹玉、麻士龙和五百勤王义士在此浴血奋战、为国捐躯的地方，胸中卷起万顷波澜，写诗"中兴须再举，寄语慰重泉"，决意要以复兴宋室来告慰九泉之下的英魂。

船经常州，文天祥放眼望去，满目疮痍，千里之内荒无人烟。残垣断壁的常州城，仿佛在无声控诉着元军嗜血杀戮的野蛮行径。文天祥也为与城共存亡的常州军民，深表悲恸的哀悼。

船行一路向北，越往北，文天祥内心越焦灼；越往北，逃脱的机会就越小。十八日，船到江南运河北端的镇江（古称京口）。再往北，逃跑的机会几乎等于零。若要逃脱，镇江是生死攸关的转折点。

为了阻止两淮宋军进援临安，也为了消灭扬州和真州以及其他反抗元朝的宋军，大将阿术坐镇在与镇江隔江相望的瓜洲，这里有重兵把守。当听说宋廷的祈请使到了镇江，阿术马上命人邀请他们过江来见。虽然文天祥被看作影响元朝长治久安的危险分子，一路上被严加看管，但是因为他特殊的身份和名望，也被列入邀请之列。

席间，阿术以胜利者的姿态，叫他们给李庭芝的劝降书上签名。贾余庆、刘岊这种趋炎附势的小人，巴不得这样做；就连吴坚和家铉翁人等，也身不由己地在劝降书上签下自己的名字。唯有文天祥偏不买账。阿术看出文天祥心有不服，也只好把他们又送回到镇江。

庆幸的是他们十九日到达镇江，并在镇江一连住了几天，文天祥只在镇江府衙住了一晚，第二天因见吴坚因病留在船上，为了逃跑计划的实施，也借故要回到船上，住在岸边一个叫沈颐的乡绅家中。

沈家不像府衙有那么多元兵守卫，派来监视的王千户，凶神恶煞般不离左右，甚至连睡觉也都在一个屋里，但文天祥仍能巧

第六章　功虽不成，唯有一腔忠烈气

— 199 —

妙地避开他，与杜浒、余元庆密商逃脱的事。杜浒对文天祥说："事成，是我们的万万幸；如果不幸被人发现，我们都当死。死可有怨乎？"文天祥指心发誓："死亦无悔！"他还随身准备了一把匕首，万一逃跑失败，当以死殉国。

就这样他们开始定下逃跑方向。因为真州（今江苏仪征）就在江北岸边，虽然要逆行而上，那里元军还没有形成严密的防守，再加上余元庆是真州人，比较了解当地的情形。接下来就要搞到船，江面上的船只都被元军控制，也是天无绝人之路，余元庆偶遇一位朋友，恰巧这位朋友负责管理元军船只。听说是要救文丞相脱险，他连报酬都不要，只要文丞相的批贴做个凭证，证明他也为宋朝救了一位丞相。

船有了，但是从住所到江边还有十来里地的路程，元军设了许多关卡。杜浒早在几天前，用三百两银子买通一个为元军养马的老兵，他知道如何能够穿街过巷，躲过元军的哨卡。由于元军又禁止人们夜晚出行，杜浒投其所好，与元军管夜禁的刘百户拜了把子，答应宵禁之时送来官灯，可借着官灯畅通无阻。

十九日午时，元军命令吴坚和文天祥过江去瓜州集合，从那里再启程北上，有心违抗的文天祥，托故说时间太仓促，来不及收拾，明日一早再去。放松警惕的元军，没有怀疑。

为了摆脱王千户和沈颐家的耳目，他晚上设法宴请他们同席。为了不让沈颐日后受到牵累，文天祥先灌醉他，又灌醉王千户。在王千户声大如雷的鼾声中，众人悄悄换了衣服，提着官灯，在向导的带领下，有惊无险地到了江边约定的地点甘露寺。

把老兵打发走，众人发现船又不见了。如果天亮前走不了，事情败露，元军循踪追来，就是上了船，光天化日之下也难逃巡逻船的阻截。余元庆不相信朋友爽约，不顾天冷水寒，跳入水中沿江岸往僻静处去寻找。

文天祥伫立江头，作了最坏的打算，如果找不到船，他宁学屈原葬身江中，也不在元军的打压下苟且偷生。就在生死攸关的时刻，不远的江上传来扣人心弦的橹桨声。余元庆涉水寻了一二里，终于把船找来了。原来先上船的两人，怕被元军发现，将船停在了隐蔽的地方。

文天祥一行十二人，终于上了船，便向上游驶去。这是一条贩运私盐没有船籍的小船，岂料拐出江湾，江岸停满了元军的大大小小的船只，绵延数十里，打梆唱更，气焰嚣张。他们的小船没有其他路可走，只好硬着头皮，从元兵的船旁经过，幸好无人查问，又是躲过一劫。

当船行到七里江时，不巧又遇到巡查船，船上元兵警觉地喝问："什么船？"这边小船上人忙回答："河豚船。"元兵不信，大声诈道："是歹船！"意思是奸细船。众人一听惊出一身冷汗，心想这一次是肯定逃不脱了。

说话间巡查船就往前靠。偏巧的是，当天夜里，正逢江水退潮，巡查船搁在浅处动弹不得。众人又乘机摇橹，小船飞驶而去。七里江脱险后，江面上刮起了顺风，艄公说还是文丞相福大命大造化大，连河神都来相助脱险。

船行一半，天也快亮，风又停了，可是离真州还有二十余里。众人担心元军的巡逻船追来，也怕被岸上的哨骑发现，众人紧张的心又提到嗓子眼。于是一齐动手，划桨的划桨，撑篙的撑篙；逆水行舟，遇到水流湍急的地方，甚至要下船拉纤。

到了离真州城五里的地方，正赶上江水退潮，小船不能像涨潮的时候，可以直抵城门下，于是众人谢过艄公便上了岸。真州城外一片荒凉寂静，众人在道上行走，途中遇到几个人，一看他们这般模样，就提醒他们要小心，说昨天早上还在这儿撞到了元军的哨骑。众人的心随之又紧张起来，不由分说加快脚步，唯恐元军的追骑猝然而至。

直到城门下，众人悬着的心才算落了地，也不知道是谁，高声对着城门上的宋兵喊了声："文丞相在镇江走脱，径来投奔！"

第七章　慷慨激昂，臣心一片磁心石

1. 真州一场空欢喜

真州守将苗再成，听说文丞相已到了城门口，又惊又喜，亲率将校出城迎接。真州已经好几个月没有外界的消息，城中百姓听闻文丞相到了，也围得水泄不通，想一睹状元丞相的风采。

文天祥又看到满眼大宋的百姓，不禁悲喜莫名：

四十羲娥落虎狼，今朝骑马入真阳。
山川莫道非吾土，一见衣冠是故乡。

文天祥先是被安顿在州衙的清边堂，稍事休息后，苗再成又迫不及待地命人将他迎到州衙。文天祥虽做一天的丞相，可他毁家纾难募勤王军的事迹，早在南宋朝野传开了，尤其是像苗再成和他的将校那样，关心国事，不甘心做亡国奴的守兵，久仰文天祥的大名。

他们向他请教临安的最新消息和元军情况，对朝廷投降、临安沦陷虽有所闻，却因消息闭塞不知就里。当文天祥向他们讲述了他所经历的前前后后，苗再成及在座听了无不义愤填膺，发誓要抗元杀敌，收复国土。

接着苗再成向文天祥介绍了两淮兵力情况和打算："两淮兵力，足以复兴，惜天使李公（淮东李庭芝）怯不敢进，而夏老（淮西夏贵）与淮东薄有嫌隙，不得合纵。得丞相来通两淮脉络，不出一月，兵连大举，先去北巢之在淮者，江南可传檄定也！"（《文天祥全集》卷十三《指南录。）

文天祥听后十分高兴，又问苗再成："如果两淮合纵，又如何用兵呢？"

苗再成就把酝酿很久的计划和盘托出："先约夏老以兵出江边，如向建康之状，以牵制之。此则以通、泰军义打湾头（扬州东北），以高邮、淮安、宝应军义打扬子桥（扬州南），以扬州大军向瓜洲。某与赵刺使孟锦，以舟师直捣镇江。并同日举，北不能相救。湾头、扬子桥皆沿江脆兵守之，且怨北，王师至即下。聚而攻瓜洲之三面，再成则自江中一面薄之。虽有智者，不能为之谋。此策既就，然后淮东军至京口，淮西军入金城（江苏句容北）。北在两浙无路得出，虏师可生致也。"

计划的主要内容，联合两淮宋军，由淮西军夏贵在建康牵制元军，淮东军李庭芝在扬州合围瓜州和攻打镇江，使驻扎在两淮间的元军失去退路，得手后再围歼瓜洲阿术本营，两淮肃清后，再合力将元军全歼。

文天祥听了苗再成的计划，认为此举可行，与他在知平江府向朝廷提出的战略部署基本吻合。便以丞相的身份，分别给夏贵、李庭芝和其他州郡守将写信，苗再成也附上自己的副帖。

信很快发出去了，在等待之于，文天祥踌躇满志地写了一首诗：

> 清边堂上老将军，南望天家雨湿巾。
> 为道两淮兵定出，相公同作歃盟人。

回到住所的文天祥，还是按捺不住兴奋的心情，又将他出使元营直至真州，这前前后后四十天的种种经历，付诸笔端。他特别将如何逃出元军看押，回到宋军守地的全过程，用《脱京口》组诗作了详尽记录。组诗分别由《定计难》《谋人难》《踏路难》《得船难》《给北难》《定变难》《出门难》《出巷难》《出隘难》《候船难》《上江难》《得风难》《望城难》《上岸难》《入城难》十五首组成，诗题中均含在一个"难"字，诗前均有小序，来记载惊心动魄的各种状况。

第二天一大早，苗再成便来清边堂看望文天祥，还不忘从衣袖中取出一幅李龙眠画的《汉苏武忠节图》，请文天祥这个文科状元在画上题诗。文天祥素来敬佩苏武是个有气节的英雄。目睹此图，遥想大漠孤烟，已是白发苍苍的苏武，手持长杆，放牧北海，诗情自然是："抚卷凄凉，浩气奋发，使人慷慨激烈，有去国思君之念"，一口气一连写了咏题七律三首。

第一首：

> 忽报忠图纪岁华，东风吹泪落天涯。
> 苏卿尚有归时国，老相兼无去后家。
> 烈士丧元心不易，达人知命事何嗟？
> 生平爱览忠臣传，不为吾身亦陷车。

忽然听苗再成说要"我"为《汉苏武忠节图》题诗纪年岁,窗外正值春风浩荡,而我已流落天涯,"我"为这知遇之恩不禁热泪纵横;遥想苏武当年,身陷匈奴十九年,回来时,汉朝依旧在,"老相"我历尽艰险从元军手中逃脱,却是无家可归;《荀子·荣辱》中有句话说得好:"自知者不怨人,知命者不怨天。"爱好名节的人就是砍掉头颅也不改其志,明智豁达者,命运掌握在自己手里,而这一切又有什么好抱怨的呢?我自小就爱看忠臣列传,梦想有朝一日,能像他们一样保家卫国,没想到真有一日,身陷在敌人的囚车里,自己也能像忠臣一样,不改其志。

其中第二首是这样写的:

独伴羝羊海上游,相逢血泪向天流。
忠贞已向生前定,老节须从死后休。
不死未论生可喜,虽生何恨死堪忧?
甘心卖国人何处?曾识苏公义胆不!

苏武当年牧羊北海,孤苦伶仃,与羝羊为伴,经历了种种考验,今天我看到此图,不禁感慨万千潸然泪下;他抱着"臣事君,犹子事父也,子为父死,无所恨"的忠贞信念,死而后生;就像不知死,焉知活着的可喜之处,只要坚守忠贞之志,生有何恨,死又有什么可担心的?如今那些卖国求荣的人身在何处?可曾知道像苏武这样人的忠贞义胆!

第三首是这样:

漠漠愁云海戍迷,十年何事望京师?

> 李陵罪在偷生日，苏武功成未死时。
> 铁石心存无镜变，君臣义重与天期。
> 纵饶夜久胡尘黑，百炼丹心涅不缁。

长时间在孤寂冷漠的北海牧羊，二十年来一直遥望着长安，盼望能早日回到汉朝；李陵是汉将李广的孙子，率兵攻打匈奴时，兵败后投降。匈奴便派李陵劝苏武投降，遭其拒绝。两相比较，李陵的罪过在于为了苟且偷生，而投降了敌人，苏武的功绩在于他坚守了节操，后来终于活着回到汉朝；铁石般的忠诚就像镜子照物，不会改变其容颜，君臣大义重如泰山，永远与天理同在一样；就像苏武在匈奴虽经历了漫长的岁月，但胡地的沙尘黑土，李陵的劝降，都没有改变其忠贞之志。

文天祥在诗里，围绕苏武在匈奴持节牧羊十九年，最后得已回到汉朝的忠贞大义发表议论。在诗里文天祥不断歌咏、赞美苏武的同时，也结合自己的经历，注入了很多气势挺拔、铁骨铮铮的感慨，也表露自己至死不渝的爱国情怀。

正当众人为抗元复兴的计划热情高涨、踌躇满志的时候，淮西制置使夏贵却早在十天前投降了元军，不但自己投降，还想拉拢知镇巢军（今安徽巢县）洪福一起投降，因被断然拒绝，他便带领元军骗开城门，杀了洪福全家。元军这时正把矛头指向李庭芝把守的扬州，断其援军、粮道和退路，准备击溃淮东防守。

就在苗再成请文天祥以画题咏的那天中午，也就是三月初二日，李庭芝中了元军的反间计，派人来告知苗再成，无中生有，说文天祥是奸细，还解释说在元军重重看管下，文天祥是不可能逃脱的，即便逃脱，也不能十二个人一齐都逃掉，还命令苗再成杀了文天祥。

苗再成回想文天祥他们一行突然到得城下，他也是认真防范的，只让文天祥一人骑马到州衙，其他人在接受检查后才解除戒备。经过接触，他也非常敬重文天祥秉持的气节和才华，不忍心加害心中的英雄。如果错杀无辜，一个有忠贞大义的丞相受到冤死，自己岂不是将成为千古罪人。但做事武断决绝的李庭芝毕竟是自己的上司，再把文天祥留在城中，会惹来祸端。

三月初三日一早，犹豫再三的苗再成，约文天祥一同吃罢早饭，又一同巡视城池；到了中午，陆都统又陪同文天祥查看了小西天；接着王都统又带着文天祥出小西门，上城门外走。

文天祥等人始终没感到异样，王都统却停下脚步，突然说："有人在扬州供得丞相不好。"说着，拿出李庭芝的文书让他看，文书上说，一个叫朱七二的人，从元营逃回交代："有一丞相差往真州赚城。"意思说文天祥是奸细，来真州是为了与元军里通外合"赚取真州城"。就在文天祥错愕之时，王都统飞身上马跑回城里，小西门随之城门紧闭，把文天祥一行人丢到了城外。

突然的变故，让文天祥他们不知所措，他们也绝没有想到，历经九死十难，终于逃回宋界，却被自己人怀疑是奸细。他悲愤难抑，仰天长叹道：

早约戎装去看城，联镳壕上叹风尘。
谁知关出西门外，憔悴世间无告人。

真是有冤无处诉。

性格刚烈的杜浒更是无法忍受奇耻大辱，几次要跳河自杀，都被众人拦了下来。面对突如其来的变故，众人也是面露难色，不知如何是好。城，是不能进了；走，城外不远处就有元军巡逻的哨骑。

正当一行人不知何去何从时，从城里走来两个人，自称是张路分[①]、徐路分，是受安抚使苗再成派遣，前来为文天祥做向导，并问文天祥要往哪里去。文天祥一心想要澄清事实，便说："迫不得已，唯有去扬州见李相公。"两个路分说，临来的时候，苗再成曾嘱咐扬州李庭芝处不可去。文天祥说，往淮西去，跟夏贵处素不相识，且淮西无归路。只有去扬州了。两个路分听了，也只好带他们去往扬州。

没走出多远，又有五十名全副武装的士兵跟了上来，送还文天祥一行的行囊，还牵来两匹马，要文天祥和杜浒骑着赶路。他们跟着文天祥走到道路的分岔口，只见两个路分交头接耳了一阵，随即向士兵们挥了下手，士兵们齐刷刷停住脚步，手捉刀柄严阵以待。

只见两个路分上前来说："今日的事，不是我们苗安抚有意为之，乃是李制置使要杀丞相。安抚念丞相也是忠义之士不忍加害，特意派我们二人前来送行。现在丞相要往哪里去？"

文天祥毫不示弱地说："除了扬州，还能去哪里？"

路分说："扬州可是要杀文丞相的，还要去吗？"

文天祥负气地说："不管那些了，听命于他，要杀就杀。"

路分又说："我们受命于安抚，送你们往淮西去如何？"

文天祥听了突然冷笑道："淮西的建康、太平、池州、江州，

[①] 路分，宋、元时路制一级的地方武官。

都已被元军控制，哪有路可去？现在只有去见李制置使。他若能信我，还能联兵以图恢复，不然就从通州（江苏南通）渡海去南方。"

路分说："李制置使已容不得文丞相，不如在附近的山寨暂且安住下来。"

文天祥岂是偷生之人，生气地回绝道："说什么！当生则生，当死则死，生死都等到了扬州城下决定。"

路分见文天祥语气坚定，随即又告知："安抚使已为丞相准备了船只，丞相可沿江而行，南下北上皆可。"

文天祥听了有种受辱的感觉，"北上"意思不就是投元吗，索性阴下脸："这从何说起？看来你们的安抚使是在怀疑我！"

路分听得此话，脸上露出了歉意。苗再成虽将文天祥等诓出城外，可还是放心不下，又派兵一路试探，见文天祥果真没有二心，还可保平安护送。在送走文天祥之后，便在城里贴出的告示上说，已将文丞相押出州界外，也好对李庭芝有所交代。

文天祥也终于明白苗再成的用心，对于两个路分一路的试探，也感到幸亏自己说的都是真心话，才使路分没有起疑心。他拿出一百五十两银子赏给五十兵丁，答应到扬州后每人再加十两。又许诺到扬州后赠金各百两给二路分，用作护送的酬报。

为了安全起见，避开元军的封锁，他们水陆并进，人人心里都紧张得绷着一根弦。路分刚开始还给文天祥顺着手指的方向说，这里是瓜洲，那里是扬子桥，后来踏上元军控制的地界后，便都不再说话，生怕遇到元军的伏兵和哨骑。

就在文天祥一行在镇江脱逃的第二天，看管文天祥的王千户，一大早醒来，发现文天祥逃跑了，急忙上报元军，镇江就此闭城三天大肆搜查，还查办了与此相干的从仆、馆伴，甚至千户和总管等，文天祥想保护的沈颐也未能幸免。元军还在通往各州郡的路上，增派哨骑巡逻追捕。

夜幕四合，张、徐两位路分告辞，留下二十名士兵相随。又走了十几里，离扬州城已经不远了，剩下的二十人也要回转真州。临别时，他们告诉文天祥，夜间会有商人用马载着货物去扬州贩卖，这一带人管他们叫"马垛子"，跟着"马垛子"就可走到扬州的西门。走前还没忘了向文天祥兑现银两。

文天祥一行跟上一拨"马垛子"的队伍，三更时分便到了扬州的西门。离天亮开城门尚早，他们经过一天紧张不停的奔波，早已是饥肠辘辘，疲惫不堪。见路旁有座庙，叫三十郎庙，庙已残败不堪，一行人只得坐在荒凉的石阶上，就地休息。

四更天，城门外已经聚集了很多商贩，他们坐在城壕边等着开城门。天边渐露熹微，城内守军戒备森严，文天祥几次想上前叫城，却又退了回来，怕自己一行的外地口音引会起怀疑。

就在进退两难之时，杜浒说李庭芝做事武断决绝，在真州时还想借着苗再成之手要杀了丞相，如今跑到他的地盘上来，无异于自投罗网。他建议暂避一日，等到夜深人静的时候，再赶往高邮，经通州（今江苏南通）去拜见二王，寻求复国之路。

话没说完，遭到金应极力反对，他说城外到处都有元军，去通州的路程还有五六百里地，很难绕开元军的哨骑，与其说拿生命去冒险，不如进城死在扬州，总比死于元军手里好，万一李庭芝不杀丞相也说不准。

杜浒却坚持说，没凭没据怎么能让李庭芝信任咱们，如果冤死在自己人手里，岂不一文不值，还不如给自己留一线希望，跟元军抗争，即便是死，也不失节操。

— 211 —

就在文天祥一筹莫展，众人相持不下时，余元庆领来一个卖柴人。此人答应能躲开元军的哨探，带他们去高邮。众人很高兴，仿佛又看到了希望，跟着卖柴人去他家中暂避，到了晚上趁着夜深人静，再去往高邮。

就在众人急着赶路，突然发现帐前将官余元庆和李茂、吴亮、肖发四人，卷一百五十两银子，不知什么时候偷偷溜走了！他们曾跟随文天祥出使元营，逃离镇江，历经种种考验。尤其是余元庆，从镇江出逃靠他，江岸边生死攸关的时候，不顾江水寒凉，下水寻船是他，就连去高邮，也是他找的领路人。他办事周全，如果没有他，相信大家还在扬州城门外四顾茫然。

可是这样的人，卷了银两不辞而别，更使绝地之境的文丞相雪上加霜，怎么能不让人心痛：

问谁攫去橐中金？僮仆双双不可寻。
折节从今交国士，死生一片岁寒心。

2. 世事多坚行路难

三月初四日拂晓，扬州城外，草叶繁茂的山中小径上，卖柴人走在前面，如果不是他时不时停下来，等着后面的八个人，想必早消失得无影无踪了。连日来的疲于奔命，再加上饥饿困顿，还有内心承受了难以忍受的痛苦，文天祥走起路来，渐渐地感到体力不支。没走几步，就要停下来，大口地喘着粗气；身子发软，时刻都要倒下来，靠人搀扶着，才能继续向前走。

就这样从天微亮，走到天大亮，才走到一个叫桂公塘的地方。天亮了，不能再往前走了，这里离卖柴人家还有一半的路途，要是碰到元军哨骑，后果不堪设想。在不远的山坡上，正好有个土围子，可以藏身，也可以歇息。

这是一个用土墙围起的院落，几间房屋被战火焚毁，只剩下被熏黑的断墙。院子里全是马粪，散发着一股难闻的马臊味。为了避开元军的哨骑，他们也只好在此躲藏。大家已经一整夜没有得到休息，又是饥肠辘辘，只得请卖柴人帮助进城买米。卖柴人要大家忍受一日，说黄昏时方可回来。

卖柴人走后，大家也没闲着，先将靠墙角的地方，清扫干净，有的和衣躺下，有的靠墙而坐，不一会儿便迷迷糊糊地睡着了。在这四方静寂的山上，说睡着又都睡得不很踏实。文天祥更是睡得昏昏然，也不知道是梦着还是醒着，稍有风吹草动，便猝然惊醒。就这样熬到了中午。

按照惯例，元军的哨骑通常都是午前出来巡逻，午后便可回军营。众人就在似睡非睡之间，好不容易苦熬到午后，终于要松上一口气，还没等"今日性命无忧"的话音落下，只听得远处传来车马的嘈杂声。众人屏住呼吸，胆大的从墙缝往外一看，不禁大惊失色，只见元军几千人的车马，浩浩荡荡，在土围子不远处自西向东赶路，由远极尽，能清楚听到杂乱的马蹄声和箭筒碰撞声，还有人的嘈杂声。

土墙内的众人，紧张地听着外面的动静，吓得大气都不敢出。这时倘若被元军发现，八个人插翅难逃。甚至有人都懊悔不如干脆死在扬州，也总比在这荒郊野外，做元军的刀下鬼强。

第七章 慷慨激昂，臣心一片磁心石

— 213 —

就在这紧张的时刻，突然一阵狂风大作，转眼间，乌云翻卷而来，暴雨骤至。元军只顾急匆匆催促赶路，哪还有闲暇旁顾。直到他们渐行渐远，文天祥他们看着彼此被淋得落汤鸡般，还算是万幸。

在后来才得知，这支几千人的队伍中，有被派往北去的祈请使，其中他们扒着墙缝看到的"白须老子"就是家轩翁也在这队伍中。还有被当成俘虏掳去大都的宋人及辎重物品。原本这支队伍没那么多人，后来因文天祥在镇江走脱，队伍才变得如此集中管理，严加防范。

危机解除，众人的饥渴感又占了上风。等不及卖柴人带米回来，吕武和邹捷便先下山找水和吃的。等了很长时间，待二人终于返回，不但没有找到吃的，还把身上带的三百两银子弄没了。原来他们刚到山下，便被元军巡逻的哨骑逮个正着，为了保命，他们好说歹说拿出藏在身上的银两才被放回来，邹捷为此还哭着说那些银子便宜了元军。

按理说平常这个时候，哨骑早都回到了营地，今天是因押送祈请使的队伍经过，据点的元军加强了警戒，哨骑也加强了警戒任务，到了午后仍到处巡逻。不过，他们也没有白下山，他们看到山下有座古庙尚容身，庙前还有口水井，比这没有房顶的土围子要强多了，里面只住着一个讨饭的老妇。天快黑了，卖柴人没有回来，众人便决定去古庙过夜。

天完全黑的时候，剩下的八个人：文天祥、杜浒、金应、吕武、张庆、夏仲、王青、邹捷进了古庙。众人还没坐定，突然闯进手持木棍的彪形大汉，他看了一圈，隔了一会儿，又陆续跟进三个人。文天祥的心不由得紧张起来，心想刚躲过元军，不会是又遇到土匪。文天祥自称是清江的刘洙与他们交谈起来，才知道他们是住在扬州的樵夫，今日出城砍柴，因元军在城外增设了哨卡，他们进不了城，只好夜宿古庙。

从谈话中，他们才得知，元军有几百骑兵已经在扬州城下安营扎寨，扬州自午后一直城门紧闭。文天祥内心恍然大悟道，怪不得卖柴人失约，他也是被困在城里了。夜里，几个樵夫架锅起火，煮了一锅菜粥，见文天祥等人饥饿难耐的样子，就分了一些给他们。文天祥也因几口热腾腾的菜粥下肚，再加上有篝火取暖，身体也渐渐好转。

文天祥还向他们请求，在这兵荒马乱人生地不熟的地方，能否带路去高沙。樵夫们欣然允诺。一位樵夫还热情地指出：你们走的不是去高沙的路，应先到贾家庄，在那里住一天，再从那里去高沙。彪形大汉想得更周到，说到了贾家庄，我们可以帮着进城买米买肉，再雇两匹马，备足干粮，才好长途跋涉。文天祥想：这些人知道我们落魄于此，身上还带着金银，却一点儿贪念都没有，真是古道热心肠。

第二天三月初五的五更时分，文天祥一行离开古庙，跟着樵夫们赶到贾家庄城外时，天刚蒙蒙亮。他们不敢进城，就在跟昨天一样的土围子里歇下来，等樵夫从城里买些吃的回来。

闲暇的时候，文天祥便作诗来打发时间，一首《贾家庄》，如实记录了他的遭遇和感想：

> 行边无鸟雀，卧处有腥臊。
> 露打须眉硬，风搜颧颊高。
> 流离外颠沛，饥渴内煎熬。
> 多少偷生者，孤臣叹所遭。

大家这些天都过着风餐露宿，朝不保夕的生活。等到中午，樵夫从城里买回肉和米，大家终于饱餐一顿。他们又雇了三个向导，三个马夫，三匹马，白天行动不方便，准备黄昏后，启程经高沙去往高邮。

夕阳西下，一行人还没走出多远，迎头碰到五名扬州的驻军军官，见他们是外地人，不由分说面露凶相，口出恶言，挥刀就要砍杀。文天祥忙拿出银子贿赂，才免遭毒手，气得他在诗中怒斥道："金钱买命方无语，何必豺狼骂北人！"这些宋兵居然比元人还要可恶，但总算是拿钱又躲过一劫。

他们乘着夜色一口气走出四十里地，不料在一个叫板桥的地方，因大雾迷路，等到大雾渐散天亮时，又不巧被湾头元军巡逻兵远远看到。文天祥等人忙四散躲进路边的竹林里隐蔽起来，却还是为时已晚。二十多名骑兵打着呼哨冲过来，绕着竹林大声喊叫，想要把他们诱骗出来，一计不成，接着又进入竹林乱劈乱砍，听到远处的一点动静举箭就射。

这是他们从镇江逃亡出来后，最险恶的一次遭遇。虞候张庆右眼中箭，脖子上挨两刀，就连发髻也被削掉；王青被元兵发现后，五花大绑捆出林子带走了；杜浒和金应也被抓，他们用随身带的黄金行贿元军才被释放；年纪最小的邹捷，伏在厚厚的烂竹枝叶底下，虽躲过元军搜索，脚却被马蹄踩破血流不止，这次他却没像上次那样因被元军抓住而哭；文天祥和总辖吕武、亲随夏仲有惊无险，元军几次从他们身旁走过，却如神助一般，都没有发现他们。

雇来的向导和马夫，有的被抓走，有的逃命去了，剩下两个惊魂未定，说什么也不愿再带路，索要了银两回去了。吕武看到元军走远，又出来查看，发现他们又回到湾头元营，众人这才是松了一口气。

接下来的路，没有向导，没有马，剩下的七个人只好徒步，由于文天祥身体极度虚弱，行走非常缓慢。所幸在山上又碰到另一伙打柴的樵夫，他们一共六个人，杜浒雇下他们，用箩筐轮流抬着文天祥，加快了速度，当晚赶到高邮西郊，落脚在一个叫陈氏店的村子，准备天亮后摆渡进城。

等他们一行来到高邮城下，守军却不让他们进城。李庭芝缉拿文丞相的文书就悬挂在城门上，守军不敢违抗军令，也不抓他们，劝他们另投生路。无奈他们只得坐船去泰州。

三月初七日，船过城子河，河中散发着恶臭，河上漂过大量浮尸。听船工讲，原来在一个月前的二月初六日，元军押着南宋工部侍郎柳岳奉表北上，船行城子河，遭到城子河附近的稽家庄民兵迎头狙击，高邮守军也乘机拦腰痛打，激战过后，元军的尸体盈塞河中。

这是元军入淮以来，宋军打的唯一一次胜仗。文天祥难掩心中兴奋，还把这次胜利写到他的诗序中："北入江淮，唯此战我师大捷。"船工还告诉文天祥，稽家庄的统制官稽耸也是位爱国志士，在这次战斗中，他斩杀了奉表卖国的柳岳。文天祥听了心中大喜，正好船过稽家庄，他决定上岸去拜会这位抗元英雄。

稽耸久仰文丞相大名久矣，见他特地来本庄看自己，更是喜不自胜，立即出门迎接，不但盛情款待他们，还派自己的儿子稽德润和一名馆客一直护送文天祥到泰州。

三月十一日到了泰州，文天祥了解到，从泰州坐船可以直达通州。总算踏上坦途，文天祥喜不自禁，唯有赋诗记之：

第七章 慷慨激昂，臣心一片磁心石

羁臣家万里，天目鉴孤忠。
心在坤维外，身游坎窞中。
长淮行不断，苦海望无穷。
晚鹊传佳好，通州路已通。

文天祥不知道的是，就在这一天，赵㬎和全太后被元军押往元大都，谢道清太皇太后因病暂时留在临安，南宋已经灭亡。但是在文天祥的心里，对复国抗元始终充满信心。

泰州到通州有三百里水路，路况复杂，既有元军巡逻，又有强盗时常出来抢劫；既有宋军对地盘的坚守，又有元军蚕食管辖。文天祥只好多等些船只结伴而行，因此上就在泰州多住了十天，启程已是二十一日。途中还为避开元军的堵截，在乡民家里住了两夜，二十四日方抵至通州的西门外。

通州城对入城的人员检查一样戒备森严，如有可疑人，一律不准入内。文天祥为了吸取高邮被拒的教训，在接受盘查时刻意隐瞒自己的身份，因为他们是外地人的口音，一连几日都没让进城。不得已，文天祥只得亮出自己的身份。令他没想到的是，通州守将杨师亮早都得到谍报说："镇江府走了文相公，许浦（今江苏常熟）一路有元兵来捉。"这下帮了文丞相大忙，既是奸细元军怎么可能赶这么远的路，派兵来捉拿？

杨师亮又认真核实了谍报，在万无一失的情况下，不顾李庭芝的军令，亲自到城外迎接文天祥，将其接到州衙，安排好吃住，还热情周到地帮着筹办渡海南下的船只。

在通州，文天祥一行受到同胞情同兄弟般的关爱。在这里，文天祥也感受到官场同僚的支持和理解。至此，从文天祥出使元营被扣，到历经各种艰险死里逃生的两个多月时间，终于宣告结束。

也是在这里，发生了令文天祥最痛心的一件事，年仅四十二岁的金应身染热病，不治而亡。他是庐陵吉水人，性情刚烈又深明大义，追随文天祥已有二十年。文天祥起兵勤王，他先后受封承信郎、东南第六正将，驻扎赣州；文天祥出使元营，他任江西兵马都监；尤其是文天祥被拘北上到镇江脱逃，一路相护，不离左右。

复兴大业未酬，文天祥唯有用诗寄托自己的哀思：

> 我为吾君役，乃而从主行。
> 险夷宁异趣，休戚与同情。
> 遇贼能无死，寻医剧不生。
> 通州一丘土，相望泪如倾。

> 明朝吾渡海，汝魄在他乡。
> 六七年华短，三千客路长。
> 招魂情黯黯，归骨事茫茫。
> 有子应年长，平生不汝忘。

从入元营的十二人，到现在死的死，逃的逃，只剩下六个人。

文天祥在通州，一边打听二王的消息，一边把写的诗作编辑成集。他自离开临安后，每遇事都以诗记录心迹，到通州已经写完一百多首。仿照杜甫以诗记事，以诗记史，诗前用小序加以说明补充的做法，取名为《指南录》，他将这些诗编为三卷：从出使敌营，被羁留北关外编为一卷；从北关外出发，经吴门、昆陵、渡过瓜洲，又回到京口编为一卷；从京口逃脱，奔真州、扬州、高邮、泰州、直到通州编成一卷。

编完诗集后，文天祥又在福州补写了一篇后序，生动再现了逃生的经过，这就是名传后世的《指南录后序》：

> 呜呼！予之及于死者不知其几矣！诋大酋当死；骂逆贼当死；与贵酋处二十日，争曲直，屡当死；去京口，挟匕首以备不测，几自到死；经北舰十余里，为巡船所物色，几从鱼腹死；真州逐之城门外，几傍徨死；如扬州，过瓜州、扬子桥，竟使遇哨，无不死；扬州城下，进退不由，殆例送死；坐桂公塘土围中，骑数千过其门，几落贼手死；贾家庄几为巡徼所凌迫死；夜趋高邮，迷失道，几陷死；质明避哨竹林中，逻者数十骑，几无所逃死；至高邮，制府檄下，几以捕系死；行城子河，出入乱尸中，舟与哨相后先，几邂逅死；至海陵（泰州），如高沙，常恐无辜死；道海安、如皋，凡三百里，北与寇往来其间，无日而非可死；至通州，几以不纳死；以小舟涉鲸波，出无可奈何，而死固付之度外矣。呜呼！死生昼夜事也，死而死矣，而境界危恶，层见错出，非人世所堪。痛定思痛，痛何如哉！

文天祥在通州等来两个消息：一个是坏消息，元军押送赵㬎和全太后行至瓜州，李庭芝和姜才率四万人军兵趁夜夺驾，激战三个时辰没有成功。一个是让文天祥振奋的好消息：益王赵昰、广王赵昺在浙江永嘉府（今浙江温州）建立元帅府，并发布檄文，号召各路忠臣义士前来勤王，共图复兴大业。

文天祥听到消息后兴奋不已，急着去觐见二王。第二天便登上杨师亮为他置备的海船，渡海南去，期待宋室能东山再起。

3. 松风一榻雨潇潇

通州的七星港码头，连日来拥挤着很多想要追随二王南下的达官贵人。然而偌大的码头，只停泊三条船，其中有两条船是刚从台州来的已被太监曹镇雇用，还有一条也早已有人定下。住在通州半个月，文天祥也在为等不到船犯愁，凑巧这天有去定海送文书的人，办完事被用海船送回，知州杨师亮利用职务之便，优先把这条船派给他，让他与曹镇等乘坐的三条船结伴南行。

于是，就在德祐二年（1276年）闰三月的十七日，文天祥与杜浒、张庆、夏仲、吕武、邹捷共六人，终于从七星港坐船离开通州。通州到永嘉（今温州）的海路不算太远。由于元军侵占了长江口以南的许多岛屿，只能乘海船，先走江口以北的北洋，绕一个大圈子，避开元军的封锁，然后再从江口下南洋[①]才可抵达永嘉。

几天后，他们乘坐的船绕回到扬子江口，终于要入海南下追随二王，文天祥抑制不住心中的兴奋，写下千古名诗《扬子江》：

[①] 南洋，宋时以扬子江口为界，以北的海洋叫北洋，以南叫南洋。

几日随风北海游，回从扬子大江头。

臣心一片磁针石，不指南方不肯休。

面对着一望无际的大海，文天祥深刻地感受到人的渺小。在过去，人们一直视南洋为蛮瘴僻远的天涯之地，人迹稀少，曾是朝廷贬谪罪臣的发配重地。文天祥此时想起苏东坡，也在四十多岁的时候，因"乌台诗案"，分别被流贬到三个离京师越来越远的地方，最远的地方就是荒远之地海南。面对艰苦的生活条件，他却从容豁达地面对人生窘境，写过一篇《试笔自书》的寓言故事，用来自娱自嘲消解心中的苦闷。

故事是这样讲的，他说我初到海南的时候，心情低落到了极点，环顾四周水天一色，无边无际，不禁凄然，何时才能离开这座小岛啊？但是转念一想，"天地在积水中，九州在大瀛海中，中国在四海中"，我们赖以生存的地方，都像这小岛一样被海水包围，难道还有什么生命是不生活在岛上的吗？就像把一盆水倒在地上，漂浮起一枚叶片，叶片上正好趴着一只蚂蚁。蚂蚁看到叶片周围全是水，吓得都不知道要往哪里走。过了一会儿水干了，蚂蚁爬下叶片，见到同伴就上前哭诉道："我差点儿因为没有路再也见不到你，哪知道过了会儿，道路又四通八达出现在我面前。"

苏东坡拿蚂蚁自喻，面对困难出凡人的智慧，给了文天祥坚定信念的勇气。他写下《出海》一诗，来表露对的苏轼苏东坡的敬仰：

一团荡漾水晶盘，四畔青天作护阑。

著我扁舟了无碍，分明便作混沦看。

水天一色玉空明，便似乘槎上太清。
我爱东坡南海句，兹游奇绝冠平生。

文天祥自临安沦陷后，冒着生命危险从元营逃脱，又因被自己人误解，使他困境重重，他遭逢的一应变故，也都如实写进诗里，一改从前应酬的洒脱之风，诗情也变得沉郁顿挫。而今就要觐见二王，他满怀希望，期待着为中兴宋室社稷倾尽全力。他为之焦灼和苦闷的心，也得以舒展。真是心里有梦想，眼里有光，再加上路上看到的清新如画的风景，新奇的感受和明亮的抒情，仿佛又从他的笔端喷薄而出：

海山仙子国，邂逅寄孤篷。
万象画图里，千崖玉界中。
风摇春浪软，礁激暮潮雄。
云气东南密，龙腾上碧空。

虽然行驶在浩渺无际的大海上，也时常有险况发生。船刚入东海，突然遇到十几条海盗船向他们急驶而来，幸亏艄公驾车就熟，急忙就近驶入灵山岩海路躲避。周旋了一夜，到了天明时分方才脱险。船到明州（今浙江明州），又被驻扎的元军发现，好在元军没有上前盘查，他们乔装成渔船的样子，在元军数百艘战船面前经过，如果稍有怀疑，船上悉数人等都会在劫难逃。

文天祥一行三十日到达台州，并拜会当地的豪杰之士。接着他们又继续赶路，终于在四月初八日这天到达永嘉，落脚在瓯江口的江心寺。一百多年前，金兵南下，高宗曾避居在江心寺，寺里还留有高宗的御座。这次二王的元帅府，也设在江心寺。只可惜文天祥还是来晚了一步，二王与大元帅府已在一个月前由海道移师福建福州。文天祥赶紧写信，命人送到福州。陈宜中等人正筹划拥益王为帝，便马上派人来永嘉与文天祥商议，并要文天祥在永嘉候命。

文天祥一边等待朝廷的诏令，一边又积极招募勤王义兵。在临安被遣散的义军旧部，张汴、朱华等人闻讯从福建赶来永嘉前来迎接。台州、处州（今浙江丽水西）和当地的豪杰之士，也纷纷表示要追随他举义抗元。台州的张和孙，是宋初名将张永德的后代，陈宜中和张世杰想要召他，他都没有答应。反倒是投奔到文天祥的帐下。黄岩县的牟大昌高举义旗，并在旗上题诗曰："大宋忠臣牟大昌，义兵今起应天祥。赤城虽已降为虏，黄山不愿为之氓。（《黄岩县志》卷六）"甘愿在文天祥的帐下听令。

五月初一日，远在北方的元朝京城大都，被废的皇帝赵㬎朝见忽必烈，被降封为检校大司徒，瀛国公。就在同一天，七岁的益王赵昰，在福州即位，史称宋端宗，改年号为景炎元年（1276年）。还册封赵昰的生母杨淑妃为皇太后，广王赵昺晋封为卫王。行在①福州改为福安府。

这个临时的行朝，任命陈宜中为左丞相兼枢密使，都督诸路军马；任命李庭芝为右丞相兼枢密使；张世杰为枢密副使；陆秀夫为端明殿学士签书枢密院事；陈文龙为参知政事；任命江万里的弟弟江万载为殿前禁军都指挥使，并设行军中事；苏轼后代苏刘义为检校少保、殿前指挥司司马、保康安民讨元使兼广东西策

---

① 行在，皇帝所在的地方。

大使。

朝廷任命远在永嘉的文天祥，以观文殿学士侍读的身份前往福安府。接到诏书后，他从陆地取道自江西去觐见新皇帝，途经吉州老家，当晚就住宿在庐陵青原寺。夜深人静的时候，窗外下起了绵绵细雨，茕烛无眠，身处故乡的文天祥，百感交集，为即将展开的复国大业壮怀不已；又感到朝中能够济事的人才良莠不齐，为国家的前途充满担忧，索性谈起他心爱的七弦琴，一边弹，一边吟唱：

> 松风一榻雨潇潇，万里封疆夜寂寥。
> 独坐瑶琴遣世虑，君恩犹恐壮怀销。
> （吴锡麟：《有正味斋诗集》卷五《文丞相琴歌》）

朝廷写给文天祥的诏书是这样写的：

> 具官某：骨鲠魁落之英，股肱忠力之佐。仁不忧，勇不惧，坎惟心之亨；国忘家，公忘私，蹇匪躬之故。敌裔虏之猾夏，率义旅以勤王。慷慨施给铠之资，豪杰雷动；感激洒登舟之泪，忠亦天知。虽成败利钝逆睹之未能，然险阻艰难备尝之已熟。独简慈元之爱，爰升次辅之联。方单骑以行，惊破夷虏之胆；及免胄而入，大慰国人之心。天地之所扶持，鬼神亦为感泣。
> （《文天祥全集》卷十七《纪年录·注》）

诏书出自陆秀夫之手。陆秀夫是宝祐四年（1256年）和文天祥的同榜进士，与文天祥同岁，此人"性沉静，不苟求人和"。

知其文笔看其人，文天祥也不由得夸他"文笔英妙"。他原是李庭芝幕府的参议官。元军南下，幕僚纷纷逃散，唯陆秀夫不为所动，因而被李庭芝推荐到临安，历任宗正少卿兼权起居舍人、礼部侍郎。

陆秀夫也是一位孤忠劲节之士，在驸马都尉杨镇护卫二王难逃之时，他和苏刘义一起率军赶上，一路护卫到永嘉。因新皇帝年幼，又和从定海（今浙江镇海）赶来的张世杰，一起请出因丧母回到温州老家的陈宜中出山主持朝政。

然而在元军大肆攻夺下，临时搭建起的南宋小行朝，仍是内讧不断。陈宜中知道陆秀夫长期在军队里熟知军务，刚开始有政务上的事，还征求陆秀夫的意见再去办理。陆秀夫也全心全意为他出谋划策，知无不言。可是没过多久就因为意见不合，陈宜中指使谏官弹劾陆秀夫并罢免了他。张世杰知道后，也很负气地说："这都什么时候了，还动辄让台谏官弹劾人。"陈宜中这才意识到错误，急忙又召回陆秀夫。

五月二十六日，文天祥到达福安。一到福安，便在垂拱殿被授予通议大夫、右丞相兼枢密使、都督诸路军马，却辞不拜。这是因为，文天祥才知道朝中任命的大臣名单，放下远在扬州一路追杀他的李庭芝暂且不论，他辞相不拜，是感到与掌管大权的陈宜中和张世杰共事，自己根本无法施展自己的才能，只能徒有丞相之名而已。

陈宜中这个庸懦无能的家伙，只会困守不会进攻。他是怎样一个人，文天祥心里比谁都清楚。他曾为了不触怒元军，达到议和目的，诬陷文天祥起兵是"猖狂"之举，还阻碍入卫勤王；五木之战，他派来亲信的张全不但不助战，反而见死不救反杀自己人，陷麻士龙、朱华和尹玉义军于绝境，事后又拒不查办。还有这次文天祥追寻二王到通州，知州杨师亮建议打造几百艘海船，组织水军从海上收复江淮、浙东，文天祥在永嘉就将此事具报给陈宜中，又未得理睬。尤其不能容忍他在临安大敌当前的危急时刻，身为宰执大臣的他不能救国家于危亡，甩下皇室，悄悄逃回了清澳老家。

所以文天祥一见到陈宜中，直言责问道："当奉两宫与二王同奔，奈何弃其所重？"

文天祥问到迁都的事，陈宜中刚开始是反对的，这是文天祥知道的。但是文天祥不知道的是，陈宜中后来也率群臣入宫请求迁都，并求得了谢太后同意。问题出在陈宜中定的是次日出发，由于匆忙间没有禀奏清楚，谢太后以为是当晚启行，整装待发后，连宫车也都准备好，陈宜中等人却迟迟不见动静，谢太后一气之下才拒不迁都，结果导致两宫束手就擒。

面对文天祥的指责，胆小怕事的陈宜中，虽然心中不满却也无言以对，他虽是一人之下万人之上的股肱之臣，遇事却总是被人牵着鼻子走。所以文天祥指责他"纪纲不立，权戚用事"。

文天祥对张世杰早先援守鄂州、襄樊，坚守郢州，以及同自己一样率先孤军勤王的表现都极力赞赏。自从焦山决战中，他由于战法保守导致惨败，尤其是在临安陷落前避战南遁，文天祥对他有了更进一步的认识。认为他刚愎自用，胸无大志，拥有重兵，打起仗来却不是远遁就是消极防御，回过头来，只会专制朝廷。

因此他见到张世杰，便问他朝廷现有多少兵。张世杰说，只有自己的部队。正如所料想的那样，文天祥感到很失望，英气逼人地说："公军在此矣，朝廷大军何在？"文天祥以大局出发，面对举步维艰的抗元形势，朝廷用兵被张世杰把持，言外之意是批评张世杰拥兵自重，不团结一切可以团结的抗元力量。张世杰听他这么说，表面上没有说什么，心里自然不痛快。

一个还在被元军围追的流亡小朝廷，拥立一个不谙世事的小皇帝，朝政被一向懦弱的陈宜中把持，朝廷用兵又被张世杰独揽。国家还在存亡中，根基不稳，大臣之间又矛盾重重，陈宜中想要将陆秀夫逐出朝廷，张世杰对陈宜中心生不满，又与荆湖老将苏刘义不和，张世杰又与文天祥政见不合，文天祥主张开府永嘉北上抗元，张世杰主张开府广州方便南逃。文天祥在朝中被张世杰掣肘，他对张世杰专制朝政极为不满，便有了不想留在朝中的想法。

　　随后他撰文写道："国方草创，陈宜中尸其事，专制于张世杰。余名宰相，徒取充位，遂不敢拜，议出督。"（《集杜诗·至福安第六十二》）文天祥不图丞相虚名，想要重回永嘉去募兵，凝聚力量壮大抗元的队伍。永嘉南可保福安，北可向钱塘江流域发展，更重要的是，那里还有苗再成、杨师亮、李庭芝这样的拥兵守国的将领。李庭芝虽听信元军的谣言，中了敌人的离间之计，一心想要置文天祥于死地，却也是抗元的一员悍将。然而陈宜中却想倚重张世杰收复两淮，不同意文天祥去永嘉。

　　此时南宋天下，还有几分自己的领土。如福建的福州，浙江的永嘉、台州、处州（今浙江省丽水市），广东的广州、南雄州，长江以北的扬州、真州，虽被元军围困，但宋军仍在坚守城池。四川虽大部分已落入元军之手，但钓鱼城、凌霄城等依靠山形而建的城池，依然在坚持抗元。

　　到了六月，浙东各州大部分城池逐渐落入元军之手，广州也宣告沦陷，只有江东、江西的部分军民还在与元军进行顽强的抵抗。朝廷本想命文天祥去广州，既然广州失守，又命文天祥为枢密使、都督诸路军马，开同都督府于南剑募兵。

4. 再起勤王志弥坚

景炎元年（1276年）七月初四，文天祥从福安出发，到达南剑州（今福建南平）。地处福建北部，俗称闽北，位于闽江上游剑溪、沙溪的汇合处，山多水少地势险要，素有"八闽屏障"之称。

文天祥在南剑开府募兵的消息不胫而走，人们仰慕文天祥是个爱国志士，朝野各界人士纷纷响应。在南剑州开府募兵，与前一年文天祥组织勤王军大不一样，那时文天祥是凭一己之力，自筹军队和粮饷，这次有朝廷做后盾，更是招募来许多有名之士。

除了一直跟随文天祥的杜浒、吕武、张汴等人外，主要投奔幕府的人物有：曾任荆湖都统的巩信，官吏赵时赏，文天祥少时的恩师曾凤，曾任衢州教授、国子监丞；和文天祥同榜的进士，以敦厚、清俭著名，为官很有声望的七十一岁的陈龙复，太学名士谢杞和许由、李幼节、吴文焕、林栋、林琦，还有三山名士林俞、林元甫，以及江淮人谢翱、缪朝宗，温州人士徐榛等，其中既有富于谋略的文官，又有久经戎旅的武将。

文天祥将这些人的名单，标明每个人的专长，上报给朝廷，再由朝廷委以重任。

其中老将巩信是行伍出身的正统军官，他为人沉着冷静，有勇有谋。他初到开府时，文天祥拨给他一千义士，他婉言谢绝，到江西后自己招兵买马，亲自训练军队，做好战备；赵时赏是和州宗室，是度宗咸淳元年进士，其人"神采明隽，议论慷慨"，知旌县（今安徽旌德）时，以一县之力抵抗元军有功，因功升任军器少监，临安陷落后辗转入闽，在开府仍然自带军队独当一面。

林琦是福建人，文天祥当年入卫京师时，像杜浒一样，曾召集赭山（浙江萧山东北）数千义士投于文天祥帐下，被朝廷遣散后又守卫海道抗元，此次又听命于文天祥。为人忠实，既能带兵打仗又有文才，做事劳而不怨。

缪朝宗，江淮人，为人做事干练诚实，任知梅州（广东梅县），曾在平江府跟随文天祥勤王，听说文天祥又在开府抗元，从婺州（今浙江省金华）抄小路赶来投奔，为人做事干练诚实，是文天祥得力的助手，在督府任环卫官，主管督府军器。

谢翱，福建长溪（今福建霞浦）人，虽然年轻，从小熟读圣贤书，又子承父业专治《春秋》，其诗作重苦思凝练，博取诸家之长，又能开创心意，享誉南宋末年诗人之冠。在国将破亡之际，献出全部家产以作军资，招募乡人数百投奔文天祥，被委任咨事参议。二人感情深厚，后来文天祥还将自己珍爱的"玉带生砚"赠给了他。

徐榛，温州（今浙江）人，精干勤勉，做事谨慎，文天祥让他替代已故的金应，以典笔札枢密。

老幕僚张汴主管军府事务，还有许多福建当地忠义才学之士，如谢杞、许由、李幼节等人，都是进士及第的名士，在同督府任秘书、架阁等官职。后到的发小儿刘沐，继续担任督帐亲卫的旧职。

曾良孺和曾明孺是兄弟俩，也是文天祥的表弟，他们也来追随文天祥抗元。曾良孺任过永丰县令，其人智勇超人，也是难得的人才。文天祥把他们视为威猛的门神——唐朝的秦琼和尉迟敬德一般。

赣州与吉州的勤王军旧部及更多的乡人，也闻讯陆续赶来相投。还有许多旧部如张云、陈继周在赣州、吉州等地已暗中联络好，只要义师一到，立马响应。

文天祥在开府募兵抗元，一时响应者云集，就连远在东莞义士熊飞，也起兵投奔到南剑府。特奏进士李春叟为此写诗送行："龙泉出匣鬼神惊，猎猎霜风送客程。白发垂堂千里别，赤心报国一身轻。划开云路冲牛斗，挽落天河起甲兵。马革裹尸真壮士，阳关莫作断肠声。"

为了进一步加强影响，壮大声势，文天祥又派台州人杜浒，去往台州、温州招兵买马；派太平人吕武，去淮东筹饷招兵；陈龙复是朝廷很有威望的老臣，文天祥安排他去广东积粮聚兵。

文天祥的用意很明显，想要联合两浙、两淮的抗元力量，团结在一起共同北进，收复失去的旧河山。因为他自镇江逃脱前往福安途中，亲身感受到民心所向以及拥兵守国拒不降敌的将领，他们都是可以团结起来共同抗元中坚力量。

只是文天祥此时还不知道，李庭芝和他手下的骁将姜才已被元军杀害。小朝廷虽然内部矛盾重重，权臣都还是想要中兴复国，朝廷命李庭芝来福安拜相。此时李庭芝据守的抗元重镇扬州的粮道已被阿术掐断，正不知如何是好，接到朝廷诏令，便令淮东制置副使朱焕守城，带领战将姜才率领七千精锐之兵，冲出元军的包围圈奔赴泰州，准备从海路去福安。不料前脚刚走，朱焕便献城迎降。元军随即围困泰州，还从扬州城驱赶来李庭芝手下将士的妻儿，见此情景，宋兵哪还有心再战，纷纷放下兵器投降元军。李庭芝见大事不好，突围不成转身投池，谁知水浅自杀不成，由于他和姜才拒不投降，被元军抓回扬州当众斩首。

李庭芝虽然中了元人的离间计，对文天祥下了追杀令，不过，李庭芝这个人，在襄樊之役和守卫扬州中，还是表现得英勇善战，不为元军的利诱所动，屡次怒杀劝降者。文天祥虽然对李庭芝也

— 231 —

有成见，说他在扬州十多年，"畏怯无远谋，惟闭门自守，无救于国。"但听他这一死，转而又说："虽无功于国，一死为不负国矣。"也不失忠节大义。

文天祥得知和李庭芝一起赴死的部下姜才，不惧敌人人多势众奋勇抵抗，因背部疽痈疼痛发作，不幸被敌俘获，面对敌人的威逼利诱，杀身成仁的事迹更是赞不绝口。还给予了高度的评价："淮东猛将，扬州前后主战，皆其人也。及泰州破，被执，虏爱其才勇，啖以官爵，不肯降，骂诸负国者。临刑，含血以喷，骂虏不绝口。其英风义烈，淮人言之，无不伤叹"。（《文天祥全集》）他的刚烈连敌人都敬重几分，文天祥不禁传颂：

屹然强寇敌，古人重守边。
惜哉功名忤，死亦垂千年。

扬州被元军所破，宋军战局急转直下。真州苗再成战死，滁州、高邮、处州、永嘉相继投元，陈宜中仍然对文天祥心存嫌隙，还背着文天祥派人去通州找杨师亮商讨抗元之事，杨师亮见没有文天祥的书信为凭，来人又支支吾吾地说不出所以然，便起了疑心，并对朝廷深感失望，一怒之下，也投了元军。为此通往福建的门户洞开，元军在南宋降将王世强引导下，向福建发起大举进攻，朝廷急忙命令文天祥移师汀州。

汀州位于福建西部，地处崇山峻岭中，是客家人的聚集地。南与广东近邻，西接江西，与文天祥的故乡接壤。文天祥刚到汀州，小时的玩伴，少时的挚友刘沐，带领一支勤王军风尘仆仆赶来会合，他在江西忠义之士中颇有号召力，继续担任督帐亲卫的旧职。

还有肖明哲、陈子敬也率领被遣散的勤王义军赶来会合,萧明哲是吉州贡士,生性刚毅,遇事有胆量,明于大节,任督干架阁监军;陈子敬以资力雄乡里,为人忠信有谋,任督干监军。他们都重新归到文天祥的帐下听令,是文天祥的股肱亲随。

他们的到来,极大地鼓舞文天祥抗元热情。与老友刘沐的重逢,备酒接风,遣怀叙旧。念往昔,历数桩桩件件,不经悲喜交加,对酒当歌,唯有以诗感怀,寄托心中万千感慨:

> 万里飘零命羽轻,归来喜有故人迎。
> 雷潜九地声元在,月暗千山魄再明。
> 疑是仓公回已死,恍如羊祜说前生。
> 夜阑相对真成梦,清酒浩歌双剑横。

文天祥想到自己历经九死一生,今日还能活着与老友重逢,真好像是被西汉神医仓公施了起死回生之术,又恍如西晋名臣羊祜[①]复现,云里梦里,有隔世之感。既高兴也朋友再度重逢,又希望能和朋友一起完成抗元大计。

十一月,元军阿剌罕部攻占了建宁府(福建建瓯)、邵武军、南剑州,福安屏障尽失。福安的知南剑州王积翁见元军大举南下,早已弃城逃跑,十四日到达福安向朝廷报告,引起朝中大臣恐慌,此时行都福安尚有宋军十七万人,民兵三十万,能征善战的淮军一万多人,但陈宜中和张世杰却不敢与元军决一死战,护持着小

[①] 羊祜,西晋时期杰出的战略家、政治家、文学家,曹魏上党太守羊衟之子,汉末才女蔡文姬的外甥。

皇帝赵昰、卫王赵昺及杨太后乘船逃往海上，成为名副其实的流亡政府。

行朝一跑，极大挫伤宋军抗元信心，福安的知南剑州王积翁与知福安府王刚中一道献城投降。各郡县守将或逃或降或败，东南守备土崩瓦解。

文天祥在汀州攻略江西的作战计划是，派遣参谋赵时赏、咨议赵孟溁率部前往石城，与准备在宁都起事的邹沨、刘钦里应外合从而夺回宁都；命参赞吴浚率部攻取雩都（今江西于都），准备拿下赣州城，并派唐仁做内应，派陈子敬和唐仁控制赣水下游的皂口（今江西赣江口岸），断绝元军增援赣州的水路，接应吴浚攻取赣州；派武冈军教授罗开礼夺取吉州永丰县等。这一系列举措意在江西打开一条出路，扭转江西抗元的被动局面。

但随着行朝一走，他孤悬一线的作战方式，也受到影响。宁都起事失败，邹沨被抓，他趁慌乱乔装打扮改名换姓才逃出魔掌，而刘钦却死于乱兵当中；赵时赏、赵孟溁在城外无功而返。攻占赣州也因吴浚投元，陈子敬流落皂口下落不明、唐仁病故宣告失败。罗开礼攻取吉州兵败被俘，绝食八天后死在监狱里。杜浒、吕武也跟着战事失利，辗转在返回途中。

更令人气愤的是，投降元朝的吴浚，受元将李恒派遣反过来又要招降文天祥，文天祥一气之下，将其当众斩首。文天祥也清醒地意识到，从宋土上赶走元军实非易事，他无法做到像管仲那样"尊王攘夷"。但是以家国为天下的他，抱定死节明知不可为而为之，决心用生命去实践从小"尽忠报国"的志向。

5. 捷报频传慰亲人

景炎二年（1277年）元月，元军进逼汀州，文天祥本想据城抗敌，奈何同督府军大部受命在外，又发现汀州守将黄去疾听说行朝逃往海上，按兵不动，似有叛变迹象，为了保存实力，文天祥不得已将同督府迁往漳州龙岩县。

率军占领福安，使南宋小朝廷逃往海上的，不是别人，正是几个月前文天祥被扣押元营的馆伴唆都。如今他已由建康安抚使升任福建宣慰使，行征南元帅府事。得知吴浚劝降被文天祥处斩，他并没有迁怒于文天祥，而是让南剑州降臣王积翁的淮军旧部罗辉再次去劝降。

唆都之所以这么做，是因为跟文天祥有过交情，又佩服文天祥的人品。文天祥这次也没有杀来劝降的罗辉，而是让他带给唆都一封信：

> 天祥皇恐，奉复制使、都承、侍郎天祥至汀后，即建（指建宁）、福（指福州）以次沦失。朝廷养士三百年，无死节者。如心先生（陈文龙）差强人意，不知今果死否？哀哉，哀哉。坐孤城中，势力穷屈，泛观宇宙，无一可为，甚负吾平生之志。三年不见老母，灯前一夕，自汀移屯至龙岩，间道得与老母相见，即下从先帝游，复何云！（唆）都相公去年馆伴，用情甚深，常念之不忘，故回书复遣罗辉来。永诀，永诀！
>
> 伏乞台照。
>
> （《文天祥全集》卷十八《拾遗·正月书》）

两年前应诏起兵勤王时，文天祥就表明举义勤王是不可为而为之，他之所以忠义感慨而行，是深恨国家在危厄之时无人挺身而出，他要打破这令人悲哀的沉寂，用自己的行动感召天下忠臣义士闻风而起。如今临安陷落，赵㬎与被降为寿春郡夫人的谢太后被押北上，江南大部分地区已被元军占领，小朝廷也已流亡海上。如果当初文天祥还想在军事上有所作为，现在已经不抱太多幻想，面对逐渐沦陷的国土，他随时准备以死殉国，并在临死前，见一见老母，再为国尽忠。文天祥在信中，再次声明为了家国天下，宁死不屈，直到死也不变节的志向。

这年二月，文天祥并没有放弃抗元的希望，在龙岩，他在汀州和漳州招募到一万兵力。也在同一个月，广东各州大部分陷落。就在宋军看似没有转机的时候，北方高丽谋反，忽必烈命阿术回兵前去镇压；蒙古和平王也发动叛乱，忽必烈又命伯颜前去围剿。各路元军大量北撤，给宋军绝地反击提供了最佳时机。

文天祥迅速出击，攻占了梅州（今广东梅县）。南宋将领陈瓒也起兵收复了兴华。与此同时，福建、广东的抗元形势也出现了转机。

文天祥占领梅州后，大弟文璧接到文天祥的书信，带领老母和文天祥的妻妾子女，历经艰辛从循州辗转来到梅州，一大家子的人终于得以相见。文天祥自赣州起兵勤王开始至梅州重逢，已经三年没有见过家人，在这兵荒马乱之时，亲人相见别有一番滋味。可是骨肉中，唯独不见定娘和寿娘，文天祥在文山山庄病重时，依稀记得乖巧懂事的定娘床前床后端饭送水，活泼可爱的寿娘膝前膝后引人开心。如今她们却与文天祥阴阳两隔，文璧说她们已于去年不幸病故，并埋葬在惠州河源县（今广东河源市）的三角村。

作为人父，文天祥听了痛心不已，他为抗元大计，连两个幼女的尸骨都无法收殓，并为此写下一首诗，难掩心中悲痛：

痴女饥咬我，郁没一悲魂。
不得收骨肉，痛哭苍烟根。

（《文天祥全集》二女第一百五十）

是可恨的战争和元军的入侵，才使人们陷入颠沛流离中骨肉分离，为了与元军继续战斗下去，文天祥准备回到他视为第二故乡的赣州，他曾在那里任过知州，比较熟悉当地的环境。赣州位于江西南部，山多水多，有利于跟善战的元军骑兵周旋。

发兵前，文天祥与帐前文官武将又进行了周密部署，整肃部队，严明军纪，将不遵守军规军纪飞扬跋扈的钱汉英、王福二将断然斩杀，以振军威。

到了五月间，文天祥率同督府军开拔，在翻越梅岭时，文天祥难以抑制心中豪情，在马背上吟诗一首：

去年伤北使，今日叹南驰。
云湿山如动，天低雨欲垂。
征夫行未已，游子去何之？
正好王师出，崆峒麦熟时。

（《文天祥全集》卷十三《指南录·即事》）

文天祥率领的大部队进入江西后，就有赣州、吉州的义兵来投。去年底在宁都被俘脱身的邹洬，又在永丰和兴国聚兵，听闻文天祥又回到江西，率兵赶来会合，同督府奏授他为江西安抚副使，统兵数万；以武功赐第的勤王军旧部刘伯文也来相投，又奉命带着同督府文书，联络远近义士。

不断壮大的同督府军士气高昂，作战勇敢，很快就收复了会昌县（今江西会昌），接着乘胜出击，夺回被元军重兵把守的雩都，又一鼓作气进军兴国，兴国人钟绍安响应文天祥起义勤王，散尽家财招募里中义兵八百多人起来响应，兴国县反正。

六月二十一日，同督府移驻兴国。雩都大捷和兴国开府，一连串的胜利使文天祥声威大振，人们也深受鼓舞，仿佛看到了收复国土的希望，抗元声势越来越大，尤其是从临安被遣返、一直在暗中蛰伏的赣州勤王军旧部，纷纷揭竿而起。

在兴国站稳脚跟后，文天祥于七月指挥三路出击，一路由参谋张汭监军，赵时赏、赵孟溁等率主力攻打赣州；一路由安抚副使邹渢率赣州诸县兵力，攻打永丰、吉水；另一路由招谕副使黎贵达率吉州各县兵力，进攻泰和。

不久之后捷报传来，在南面的赣州，同督府主力在当地豪杰的配合下，连下虔化、信丰、瑞金、石城、安远、龙南，加上会昌、兴国和雩都，攻占了赣州所属全部九个县，陷赣州于孤城。吉州八个县一举收复了五县。抚州五个县，收复了一个。

文天祥留在老家的亲属也不甘示弱，大妹文懿孙不但支持哥哥勤王，还拥护丈夫孙槼召集义勇，并拿出自己珍藏多年的金银首饰以供军资，支持丈夫收复龙泉县城。二妹一家也不甘示弱，二妹夫彭震龙曾在赣州和文天祥一起兴兵勤王，如今他又联络肖敬夫、肖焘夫兄弟等再图义举，在文天祥刚收复会昌时，他号召各义士收复永新县。

肖明哲监赣县义兵，收复了万安县后，到龙泉与孙桌会合。抚州人何时起兵收复崇仁县（今江西崇仁）；袁州（今江西宜春）刘伯文起兵响应文天祥。然而抗元斗争也不是一帆风顺，泰和针工刘士昭与乡人密谋恢复泰和县，事败后，咬破手指，在帛上写下血书："生为宋民，死为宋鬼，赤心报国，一死而已！"以帛自刭而死，见证以身报国的忠心。

抗元的胜利也鼓舞其他地区的义军，相继派人来同督府请令，愿凭文天祥调遣。

袁州的吴希奭、陈子全、王梦应等人领兵收复萍乡县，杀了元军头目来万户等六人。在此之前，刘伯文带着同督府的文书前往萍乡联络抗元之事，因仆从酒后失言泄密，被来万户所杀，如今杀了来万户，也算为刘伯文报了仇；南安军在去年元军攻陷江西时，守将杨公畿投降，唯有南安县不降，三县管界巡检李梓发等守城对抗元军。元朝丞相塔出与张弘范、吕师夔率兵一万多人攻打南安县，久攻不下，转而到城下劝降，遭守兵大骂，塔出还差点儿被炮击中。急得塔出一筹莫展，对张弘范、吕师夔说："城子如堞大，人心乃尔硬耶！"李梓发因守城有功，被文天祥任命为同督府团练使。这些义军的头领，有官员乡绅，还有当地的豪杰，已经投降元军的夏贵，他的家僮洪福，却组建了抗元的结贵军，并一度收复了被元军占领的镇巢军，主仆二人也是忠奸对照鲜明。

文天祥率同督府自五月入驻兴国，短短三个月的时间，号令通江淮，打出一个"大江以西，有席卷包举之势"的大好局面，打破以往宋军被动挨打弃城失地的尴尬境地，有的义军不光听命于同督府，还送钱粮以供军资，可见人心所向，并不甘心做亡国奴。

文天祥之所以取得江西大捷的局面，是有多方面的原因：一是元军主力北撤，造成元军前线兵力薄弱，为文天祥反击提供绝佳的时机；二是文天祥懂军事谋略，擅长下围棋的他，知道如何排兵布阵，曾自创四十局的围棋棋谱，足见他据有整体作战布局的战略智慧；三是离不开当地抗元力量的积极配合。

后来文天祥被囚在元大都，忽必烈正在犹豫杀不杀他时，任江西行中书省左丞的麦术丁极言杀之而不留后患，他对忽必烈说："文丞相英才伟略，古今罕有。曩者开督府于汀州，筹略号令，本朝将帅均不可及。苟释之使去，彼必遁回江南，号召天下，为国家之大患。"能够号令江西，不是一般人所能做到的，这无疑是比较中肯的评价。

随着元朝平定内乱之后，大部分元军又重返前线，抗元形势又进一步恶化。文天祥早已抱定视死如归的决心，如果"天若祚宋，则是举也，幸而一捷，国事垂成之候也"（《文天祥全集》卷十三《集杜诗·赣州》）：

崆峒杀气黑，洒血暗郊垌。

哀笳晓幽咽，石壁断空青。

战争是残酷的也是血腥的，功败垂成似乎早有定数。

第八章 浩然正气，留取丹心照汗青

1. 空坑受挫即被俘

景炎二年（1277年）七月，文天祥取得江西大捷，围攻赣州的消息传至元大都，忽必烈尤为震惊，特设江西行中书省，专门负责江西事宜，以塔出为右丞、麦术丁为左丞，李恒、蒲寿庚、程鹏飞为参知政事，在隆兴元帅府部统一部署兵力，然后又命李恒率大军南下，镇压文天祥的同督府军。

李恒是西夏国主之后，祖父在成吉思汗征西夏时战死，父亲被蒙古宗王收养，他自小在蒙古军中长大，熟悉作战谋略，因作战有功，升任左副都元帅。此人对文天祥的作战部署进行针对性的部署：一面出动五万大军，分散镇压攻至赣州城的张汴、攻至永丰的邹沨、攻至泰和的黎贵达三军，防止他们联合起来进行对抗；一面亲率精兵，突袭文天祥同督府所在兴国。

八月十五日这天，李恒率精锐部队突然杀到兴国，驻留在兴国的同督府军所剩无几，文天祥被突然冲出的元军杀得猝不及防，仓促中只得率部带着同督府官员转移到泰和一带。太和钟步村，有个乡绅叫袁得亨，慷慨以家产助军饷给文天祥。

黎贵达听说文天祥转移至泰和，率领他的一千多人马赶来接应。在途中，遭遇李恒偏师迎面攻击。打得正难分难解之时，有部分元军绕到其身后，身后是袁得亨临时发动的民兵，被真刀真枪的血腥场面吓蒙圈，转眼被元军骑兵冲得溃不成军，两相夹击黎贵达战败。

太和县失守，文天祥又往永丰转移，但他不知道，邹沨所率的步兵也已被元军击溃。就连围攻赣州的张汴、赵时赏和赵孟溁的数万主力，也在元军铁骑的冲击下溃败。

没有在兴国一举歼灭文天祥的李恒，在后穷追文天祥四百里，终于在庐陵东固的方石岭下追上了文天祥。方石岭有个隘口，有一夫当关，万夫莫开之势，老将巩信占据显要位置，率领十几名士兵顽强守护，掩护文天祥撤离。

交战中巩信虽寡不敌众，却视死如归，拼杀元军数十人，把攻上来的元军打压下去。李恒见巩信不惧元军人多势众，怀疑山中埋有伏兵，便不敢贸然进军。他见巩信端坐在隘口巨石上，步卒们左右侍立，便命弓箭手放箭。奇怪的是巩信在箭雨中仍岿然不动。李恒更加生疑，就抓来农夫带路，绕到山后，才发现山后并无伏兵。李恒得报后再攻巩信，抵近一看，才知巩信及身边的士卒已中数十箭，早已阵亡，死前他们以命谋敌，摆好架势设阻，为文天祥逃走赢得时间。

文天祥虽逃过一劫，对巩信舍身相救一直感慨不忘，后来在集杜诗《巩宣使信》一诗中这样写道："壮士血相视，斯人已云亡。哀哀失木狖，夜深经战场。"还曾想奏请朝廷为他立庙，追封他为靖远军承宣使。

文天祥带领的同都督府一行人中，既有官员和家属，又有众多百姓和各自的家当，行走在逼仄的山道，行动十分缓慢。所幸在途中，溃于赣州的张汴、赵时赏率部前来会合。进入永丰境内，退出县城的邹沨也率残部来聚合。

八月二十七日夜幕降临时分，文天祥他们到达永丰县一个叫空坑的山寨。连日来元军疯狂追赶，使军民疲惫不堪，倒地便睡。文天祥借宿在山前陈师韩家，他安顿好家人，转身走出屋外，想起这些天的遭遇，仰望星空夜不能寐。

岂料他们刚刚休息下，元军就已逼近空坑，文天祥想要发令抵抗，却被陈师韩阻止，不由分说拉着文天祥一行从小路突围。文天祥刚离开，追骑就冲到寨前。为头首领举着火把，喝问文天祥在何处，并叫嚷着要交出文天祥，半天过去见无人应答，被激得蛮性大发，见了山寨人举刀便砍，还放火烧了寨子。

文天祥连夜逃出空坑，没走多远，五百督帐卫兵随后赶到。在他们身后，能隐隐听到元军追兵的战马嘶鸣声。他们急忙砍山树做鹿角在身后设障，路障还没设好，元军追骑旋即冲了过来，卫兵在夜色中与之杀作一团。眼看着就要打败，忽然"山坠巨石，横壅于路"，一块大如数间房屋的巨石从山顶滑落，挡住了元军的追赶。山体滑坡持续了一阵，给文天祥他们逃生赢得了充裕的时间。

天明十分重雾弥漫，几米之外看不清人影，但凭马蹄声便可知元军追兵将至。实际上文天祥所率领的义军，除去老弱妇幼家属，能够作战人员不足两万，还都是农民武装力量，根本不是身经百战的元军对手。在元军铁骑的追击下，一时间漫山遍野宋军乱作一团，李恒这时喝令手下，重点要抓当官的。

情急之中，赵时赏假扮成文天祥，坐上轿子，走在大路中央。没行几步就被赶上来的元军拦截。元军抓住赵时赏，见其"风姿伟然"，逐喝问其姓名，赵时赏从容回答："姓文。"元兵只听说文天祥体貌丰伟仪表堂堂，以为此人就是文天祥，便把他押解到李恒面前。李恒不认识文天祥，不敢掉以轻心，当即亲自审问。赵时赏一口咬定自己就是文天祥。为慎重起见，李恒又叫轿夫来辨认，轿夫摇头说不知。又把俘虏来的义兵拉来一一辨认，慑以淫威，有胆小者终于经不住威吓，招道："此赵通判时赏也。"李恒听罢大怒，下令把他押解到隆兴府处置。

赵时赏的舍生取义，为文天祥赢得了宝贵的时间。督帐兵护卫着文天祥边战边走，卫兵们英勇抵抗，战死的战死，打散的打散，其中有几个打散的伤兵，跑到文天祥夫人欧阳氏的身边。欧阳夫人急于知道文天祥的安危，还没开口说话，便被元兵追骑赶上。欧阳夫人、两位小妾黄氏和颜氏、次子佛生、次女柳娘、三女环娘均被元军所俘押往元大都。欧阳夫人不想落入虎口一心想死，几次要跳崖、投水，都被严加防范的元军看管住，始终未得机会。

空坑受挫使文天祥损失惨重，不仅妻妾被掳儿女被俘，那些一起勤王义举的战友，更是伤亡惨重。多名同督府将领和幕僚战死或被俘遇害。赵时赏被押送到隆兴后，谁来劝降都会被他劈头盖脸一顿臭骂，让他指认抓来的同督府将官身份，他一概回答："小小签厅官耳，执此何为？"保护了很多将官；督帐亲卫刘沐，不顾个人安危，竭力护卫文天祥，后被元军所俘，面对敌人诱降，怒斥元军无端侵宋，把元军骂得狗血喷头。赵时赏和刘沐均被元军惨无人道地施以裂刑。

同督府在空坑遇难或被俘的战友，还有参议官张汴、通判张

— 244 —

日中、司农少卿彭茂才、机要秘书谢杞、环卫官缪朝宗、同督府架阁吴文焕、许由、李幼节，督遣林栋等。刘沐的长子、次子，均战死在空坑，四子也死在国难，三子被文天祥收养，后也战死在广东。文天祥为这些死难的战友写了许多诗来悼念他们，其中《哭刘沐》（《文天祥全集》卷十六《集杜诗·刘沐》）是这样写的：

> 王翰愿卜邻，嵇康不得死。
> 落月满屋梁，悲风为我起。

严峻的战斗还在继续。元军疯狂镇压各地的抗元力量，文天祥的大妹夫孙桌，仍然据守家乡龙泉县城进行顽强抵抗，元军多日不克，最后被族人出卖被俘，押解到隆兴府，因劝降无果惨遭杀害。文懿孙和婆婆及二子一女，也都被掳去元大都。

文天祥的二妹夫彭震龙及肖敬夫、肖焘夫固守永新县城，李恒派叛将刘槃进攻永新，久攻不下，后策反亲信张履翁做内应破城，彭震龙大骂刘槃卖国，被刘槃押到吉州腰斩。肖敬夫、肖焘夫兄弟俩也同时遇害。永新破城后，彭震龙余部继续抵抗，由于拒不向元军投降，被围困在城郊袍陂峡谷中，张、刘、颜、段、吴、龙、左、谭八姓豪杰率三千余族人投入袍陂潭就义。

泰和野陂的胡文可、胡文静兄弟，其兄与肖明哲同时被捕遇害；其弟被捕后拒绝诱降，大义凛然地说："吾宁死不负赵宋！"践行了其兄写给他的诗句："丹心一寸坚如铁，矢石前头定不惊。"元兵见他意志坚贞，不但杀了他，还把他的首级送到帅府，又屠其家族数百人。

邹沨在空坑之战中率领残部与敌血拼，死伤惨重，最后幸而脱险。邹沨又在溪峒联络各地豪杰继续与元军作战，虽屡受重创，却不肯退却。陈子敬跑到黄塘聚兵，并联结黄塘山寨义军，支撑抗元危局，元军派重兵攻陷山寨，义军失利后，其下落不明。刘子浚溃败后收散兵于洞源，与各处抗元义军相呼应。曾明孺装死躺在死人堆中，幸免于难，后收集散兵，与弟曾良孺继续追随文天祥抗元。

其他地区响应同督府的抗元力量，如江淮、荆湖、广东等地的义军，也在元军的反扑下几乎都溃败，所收复的州县再告沦陷。首领吴希奭、王梦应、赵璠、熊桂等，有的战死，有的被俘遇害，有的仍在不懈地战斗。

就在四个月前，文天祥一家因得以团聚，还其乐融融的。转眼间，空坑兵溃后，妻离子散，身边只剩下老母、长子道生、女儿监娘和奉娘老少四人。即便是这样，在如此残酷的打击下，文天祥也并没有倒下。所幸护卫老母的肖资，既保护了老人，又保全了同督府的大印。文天祥又召集残部赵孟溁等人，于当年十月，重返福建汀州，准备重整旗鼓。

听闻文天祥又回到汀州，附近一带的南剑、建宁、邵武等地的归正者又陆续赶来投奔，当地的畲军[①]也有心起来抗元。元军急忙遣兵围剿，文天祥甩开敌人的追捕，十一月到达循州（今广东龙川），入冬后屯兵南岭（广东紫金县东南）。

在南岭期间，条件十分艰苦，夜间靠燃竹照明，不但缺吃少穿，

---

① 畲军，元朝在少数民族地区编制乡兵一类的军事组织。有所在行省设军府管理，主要是维持地方治安，一般不出戍，必要时也被调出征或镇守其他地区。畲军主要由福建漳州、汀州、建宁等地畲民组成，是现在畲族人的先人。在宋元两朝交替之际，曾助宋抗元，南宋灭亡之后，又在其首领陈桂龙、许夫人等的领导下多次起兵反元，直至被元朝击败。

白天湿气重，夜晚还有蚊虫叮咬不得入眠。前方又传来广州沦陷、广东制置使张镇孙被俘的消息。这时招谕副使黎贵达暗中联络元军图谋叛变，文天祥察觉后当机立断将其斩首，稳定军心。

文天祥率所部在南岭度过漫长艰苦的冬天，孤军困屯终不是事，由于消息闭塞，一直没有探寻到行朝的下落。景炎三年（1278年）二月，他们走出南岭进军惠州海丰县，三月又屯兵在丽江浦（今广东海丰县西南长沙港），并继续打探行朝的下落。

到了五月，文天祥终于得到行朝的消息：赵昰病死，八岁的赵昺即位，改年号为祥兴，杨太后继续垂帘听政。陈宜中见事不可为，借口去占城（今越南中南部）调兵，从此一去不返，再一次私自逃跑。行朝中实际掌握军政大权的还是张世杰。

文天祥在六月将同督府移至海滨船澳（今广东省惠东县南沿海），上疏自劾督师无功，还为建立战功的部下求授官职，并奏请入朝合兵抗元。行朝回诏却奖谕有加，却唯独"优诏不许"：

> 才非盘错，不足以别利器；时非板荡，不足以识忠臣。昔闻斯言，乃见今日。卿早以魁彦，受知穆陵（理宗），历事四朝，始终一节。虏氛正恶，鞠旅勤王；皇路已倾，捐躯殉国。脱险机于虎口，涉远道于鲸波。去桀就汤，可观伊尹之任；归周避纣，咸喜伯夷之来。方先皇侧席以需贤，乃累疏请身而督战，精神鼓动，意气慷慨。以匈奴未灭为心，弃家弗顾；当王事靡盬之日，将母成行。忠孝两全，神明对越。虽成败利钝非能逆睹，而险阻艰难亦既备尝。如精钢之金百炼而弥劲，如朝宗之水万折而必东。

（《陆忠烈公全书·奖谕文天祥诏》）

诏书依然出自陆秀夫之手，回诏中既肯定了他的耿直忠节，也赞扬了他的担当，其中不乏"忠孝两全，神明对越"的褒奖之词。还按文天祥上报人员的官职，允以准奏，然而新皇即位，就是不许文天祥入觐。

文天祥接着又奏请任命反正归宋的陈懿知潮州，张顺权知循州，李英俊为梅州通判暂权州事。行朝也得以准奏。

每次上奏疏，文天祥都表示要奏请入觐。陆秀夫除了尽到自己的职责之外，对入觐之事无以为助，以张世杰为首的大臣，对文天祥有所畏惧，害怕个性刚直、德高望重的文天祥入朝后，对自己的权力构成威胁，借口说等陈宜中回朝后再作决定。

去行朝遭拒，文天祥打算去广州，此时广州已失而复得，到那里或可规复两湖。文天祥的想法是好的，可惜收复广州的凌震和王道夫，却视其为争夺自己的地盘而来。不便明着反对，就耍了花招，派船说是去接文天祥，中途却找个借口又折回广州，这让文天祥的打算又落空。

八月，行朝加封张世杰为越国公。为了安慰在外的文天祥，又加封文天祥为少保、封信国公，并封其母曾德慈为齐魏国夫人，同督府文武官员也各升官职，还赏金三百两犒劳同督府军。行朝越是这样，反倒是让文天祥怒不可遏，写信给陆秀夫，说："天子幼冲，宰相遁荒，诏令皆出诸公之口，岂得以游词相拒！"

明知道行朝就在崖山（今广东省新会市），却不得入朝，文天祥受困于船澳。不幸的是，当地正在流行一种瘟疫，受疫情影响，义军已是死者过半。文天祥的老母曾德慈也不幸染疾，文天祥一面和家人们在床前悉心服侍，一面通知远在惠州的文璧尽快赶到。然而还没等文璧见母亲最后一面，曾德慈就于九月初七日不幸去世。

安排完母亲入殓，文天祥、文璧照惯例要丁忧，但是由于战争形势吃紧，朝廷不许他们离职，还加任文璧为户部尚书，其他任职照旧。还没走出丧母之痛，文天祥又痛失爱子，道生病死于惠州文璧府衙中，年仅十三岁，自幼聪明好学，为祖母所爱，祖母刚走，道生便也紧跟其后走了，小小的年纪却跟父亲阴阳两隔，怎么能不让文天祥痛不欲生？

二儿子佛生在空坑被俘，传说也已经病故。文天祥为了抗元复国早已将生死置之度外，却万万没有料到仅有的两个儿子，竟然都早他而亡。不孝有三，无后为大，文天祥写信给文璧，要求将他的次子文陞过继给自己为子，以续宗祠香火，文璧爽快地答应了。文天祥不知道的是，次子佛生并没有死，而是被自称是他好友的罗宰救下，并认为义子抚养。

此时的文天祥率领他的同督府已移到潮阳。同督府的分司设在潮州管理下的潮阳县，督府参政陈龙复在潮阳积粮治兵颇有成效，也招来四方豪杰义士前来响应。文天祥来潮阳还另有目的，做过海盗的潮州陈懿反正归宋后，经文天祥奏请，还做了知潮州兼管内安抚使。可是他却不服节制，依旧为害百姓，作恶多端，是潮州一大祸害。

文天祥应当地上万士民请求，对其进行讨伐。邹沨和刘子俊得知消息后，从江西带数千兵力来到潮阳，他们合兵一处，征讨盘踞在潮州以陈懿为首的海盗军。从海门的西征路上路过蚝坪，在这里双方发生了激战。最终陈懿战败，逃往山中。他们抓住另一个杀戮百姓的大盗首领刘兴，歼灭了规模不小的海盗军。可惜的是，陈懿的逃脱，留下了后患。

十二月十五日，文天祥截获一艘被大风吹至岸边的元军战船，俘获元军水兵二十余人。从俘虏口中确知，元将张弘范正率大军水陆并进，向南宋行朝大兵压境而来，情况紧急，文天祥立即派人送情报给行朝。

大敌当前，敌我双方力量对比悬殊，硬抗无异于以卵击石。为了避其锋芒，保存抗元实力，文天祥率领仅剩七千多名义军移师海丰，准备入南岭，再回到老根据地江西。这时元军由于不熟悉海路，难以在潮州登陆。陈懿为报私仇为元军当向导，从潮州成功登陆后，见同督府已经迁走，马上判断出文天祥他们去了海丰。一路紧随其后，于二十日中午，在海丰北面的五坡岭，化装成进山捕鹿的乡人，以迅雷不及掩耳之势偷袭文天祥。

2. 崖山观战心悲切

五坡岭位于海丰北门外四里路的地方，这里是通往南岭的主要路口。文天祥率领他的同都督府军，带着上千家眷和都督府的辎重，行军至此已是中午。好多将士都被瘟疫拖垮了身体，出现精神倦怠、手脚酸软等症状，队伍行走缓慢。文天祥见此情景，下令就地休息。

各营的火头军，开始忙碌起来，砍柴、打水、埋锅造饭。士兵没有解甲，有的坐着就睡着了；战马也没有卸鞍，只是松开了肚带，尽情吃着路边的野草。天空被乌云遮盖，空气沉闷，似有风雨即将到来。

士兵们正在埋头吃饭，一抬头发现山中冒出许多人。文天祥坐在虎皮胡床上，和程龙富、刘子俊边吃饭，边商讨接下来如何防御和练兵的计划，见山中多出许多人，忙问手下随从，得知是山民在狩猎。便放松了警惕，都觉得张弘范人马不会来得这么快。待再看时，那些山民疾走如飞，大有包围之势，向他们俯冲下来，还能隐隐看到暗藏在腰中元军常用的轻薄而锋利的弯刀。

这时才知大事不好，原来是陈懿引领元军前来偷袭。有些义兵奋勇抵抗，有些没上过战场的，见那些人来势汹汹，见人就砍，吓得纷纷往南岭路上溃散。一时间，同督府军乱作一团，文天祥匆忙跨上战马，一面战斗，一面鼓舞士气。眼看着就要冲出敌人的包围圈，只见阿里海牙又带领两万元兵掩杀过来。

文天祥左冲右杀直至战到身疲力竭。又因前段时间老母和儿子病故，伤心过度突患眼疾，视力模糊，最后连人带马跌落在一人多高的乱草堆里。他身边的护卫也都战死，耳听着元兵要奔他这里来，他慌忙从怀里掏出事先准备好的脑子[1]有二两多重，一口气吞服下去，想以此殉国。

不承想被俘的文天祥，又在颠簸的马背上苏醒过来。眼看着身边的将士都被剿杀，心痛难忍的文天祥也只有一死。他以为吞了脑子，再喝水会加剧药性的发挥。他听说贾似道失势后，他的忠实幕僚廖莹中就是采用此法而死。醒来后，他便大吵着要喝水。山路上找不到泉水，便在路旁的田间马蹄涡里掬几口浊水。

又走了一段路，药性发作，文天祥感到浑身发冷，肚痛如绞，

---

[1] 脑子，又名片脑、冰片、橘片、艾片、龙脑香、梅花冰片、羯布罗香、梅花脑、冰片脑、梅冰等，是由菊科艾纳香茎叶或樟科植物龙脑樟枝叶经水蒸气蒸馏并重结晶而得。其中毒反应表现为：当用量过大时，使胃肠道有刺激作用，会出现恶心、呕吐、腹痛，可见肝、脾大，可使中枢神经兴奋，引起惊厥、意识丧失、痉挛，严重会导致呼吸衰竭而死亡。

便又昏死过去。这样昏迷几天,又大泻几次,不但没死,还治愈了眼疾。明代的李时珍在《本草纲目》中,还加以注明:"宋文天祥、贾似道皆服脑子求死不得,唯廖莹中以热酒服数握,九窍流血而死。此非脑子有毒,仍热酒引其艰香,弥散经络,气血沸乱而然尔。"(《本草纲目·木一·龙脑香》)

看到文天祥被俘,领着四千人马殿后的邹洬,痛心疾首。由于自己的失职,让化了装的元军从自己眼皮子底下溜过去。几次想冲过去营救,都被增援上来的元军抵挡在外没法靠近。见营救无望,便拔刀自刎,被身边的亲随抢救下来,扶着他从间道走脱。十多天后伤发而亡。

逃过空坑大劫的同督府将领,多在五坡岭中被杀被俘。除了前锋赵孟溁已先行十里,还有一位徐榛得以脱险,七十多岁的陈龙复被元军抓获,不屈遇难。林琦被俘后伺机逃脱,又被抓获,被用重枷押至建康病死。正患重病年轻英俊的萧资也被抓住杀害。文天祥的同都督府军在元军血腥的屠杀下,几乎全军覆没。就连他的女儿监娘和奉娘,也在乱兵之中无法幸免。

在文天祥被俘之前,他的同里闬①,小时挚友刘子俊为了掩护文天祥脱逃,也学赵时赏,声称自己就是文天祥,被元军抓住。奈何大局已定,忽必烈要对南宋的行朝斩草除根,文天祥的同督府却是宋室有利的后盾,他一直牵制着元军的追击。元军为了消除这个隐患,派张弘正从福建追到江西,又从江西追到广东,张弘正一直紧咬文天祥不放,直到在五坡岭俘获了文天祥。

文天祥不想再拖累好友,坚称自己才是文天祥。张弘正为了

---

① 闬,乡里。

慎重起见，通过文天祥的手下识别出真假。两位患难的兄弟，就在张弘正的帐中，痛骂元人以求速死，帐中卫兵举刀威胁，文天祥虽手脚被缚，引颈笑道："死，末事也。此岂可以吓大丈夫耶！"（《心史·文丞相叙》）张弘正被骂得无言以对，就拿刘子俊出气，将他投入油锅中烹死。

七天之后，文天祥被悄悄转移到张弘范的大营。进入帐中，左右卫兵要文天祥下跪，文天祥宁死不从，并说："我当年见伯颜和阿术都不曾下跪，见你们张元帅，我也只能行宋礼。"张弘范敬重义天祥是有风骨的之人，自打圆场说，文丞相实乃为忠义人，在皋亭山的风采，我当时也在场领教过。立刻命人松绑，以拱手作揖为礼互见。

张弘范是元朝名将张柔的儿子，他从小师从郝经，也就是后来被贾似道幽禁在真州十六年之久的郝经，深受儒教熏陶。渐渐养成"恭则不侮，宽则得众，信则人任焉，敏则有功，惠则足以使人"的品质。浙东归降后，治安得不到稳定，有些州县降而复叛，还杀了派遣在当地的元使，他并没有像蒙古人的惯例鲁莽屠城，只是杀了为首的几个人平定骚乱。他虽在战场上，做着杀伐了断之事，却也是心存善念之人，在他写过的《述怀》一诗中，就流露出内心的矛盾，面对战争屠戮生命，感到痛苦和内疚。诗中说："磨剑剑石石鼎裂，饮马长江江水竭。我军百万战袍红，尽是江南儿女血！"

张弘范想要劝降文天祥，文天祥从小就是崇尚忠杰义士之人，哪里是谁想劝降就能劝降得了的。记得还是在去年夏天，文天祥想去崖山入朝，却被同是抗元的主要干将张世杰排斥。即便是心有委屈不被同仁理解，不得不带领同都督府军移驻到潮阳。路过

双忠庙时,文天祥还是特意下马拜谒爱国志士的英灵。为此还填"沁园春"词一阕:

> 为子死孝,为臣死忠,死又何妨!自光岳气分,士无全节,君臣义缺,谁负纲常?骂贼睢阳,爱君许远,留得声名万古香。后来者,无二公之操,百炼之刚。人生翕歘云亡,好轰轰烈烈做一场。使当时卖国,甘心降虏,受人唾骂,安得流芳!古庙幽沉,遗容俨雅,枯木寒鸦几夕阳。邮亭下,有奸雄过此,仔细思量!

(《庐陵诗存·题张许双庙》)

人总是要一死,死亡并不可怕,它是生命完成过程中必不可少的一环,也就是说死是人生的一部分。国家正处在危亡之际,文天祥用这首词追崇忠义,蔑击叛国降将的不耻行为,表达出自己为国尽忠,向死而生的气节。

既然无法劝降文天祥,有人主张杀之而后快。张弘范却说杀人不过头点地,杀了文天祥反倒成全了他的忠节,何不将他留下来,日后也能为我所用。

祥兴二年(1279年),也就是元世祖至元十七年正月初二日,张弘范起兵潮阳,走海路直奔南宋小行朝落脚处崖山,还把已是阶下囚的文天祥关押在船中,想让他招降流亡朝廷。十二日,船过广东珠江的零丁洋,零丁洋北起虎门,口宽约四公里,南达港澳,水域面积约为二千一百平方公里。放眼望去,满眼都是起伏不定的波涛。

文天祥想到此去崖山,宋元大战将即,事关国家生死存亡,不禁内心掀起万千波澜，一时间国恨家仇，连同个人际遇，同付笔端，写下气壮山河、忠愤感人的《过零丁洋》：

> 辛苦遭逢起一经，干戈寥落四周星。
> 山河破碎风飘絮，身世浮沉雨打萍。
> 惶恐滩头说惶恐，零丁洋里叹零丁。
> 人生自古谁无死，留取丹心照汗青。

（《文天祥全集》卷十四《指南后录》）

十三日元军抵达崖山。崖山是三面环江、一面临海的洲岛。山口恰似一道山门，从厓门口向银洲湖望去，只见宋军战阵桅樯如林，旌帆遮天蔽日，俨然一座森严壁垒的舟城。张世杰认为这地方占据天险易守难攻，遂在山上建行宫三十余间，军舍三千间，使小皇帝、太后及文武百官终于安顿下来。并在此训练士兵，制造兵器、船舰，还开辟"草市"方便贸易。所需粮食资给，从鄂西和琼州等"海外四州"取办。

自蒙古在亚欧大陆开启他野蛮侵略的征程，从长安到罗马的古丝绸之路也因此断绝，南宋的对外贸易，转而走海路。北起胶州湾，中经杭州湾和福州、漳州、泉州金三角，南至广州湾，再到琼州海峡，全部对外开放发展贸易，船只来往于西洋和南洋诸国。南宋对沿海城市明州、泉州和广州，进行了大规模的开发，尤其是对外贸易最前沿的泉州，可以说是当时世界上航海贸易的集散中心，有络绎不绝的异国商船，还有来自世界各地的水手和商人。

泉州的舶司提举是阿拉伯人，祖上是占城（今越南中南部）的富商，迁徙到广州就任番长，负责招商引资，处理侨民事务，享有治外法权。几辈的番长承续下来，到了蒲寿庚这代，因协助官兵击退猖獗的海盗有功，还被朝廷授予福建、广东招抚使，坊间传言他富可敌国。

南宋行朝弃福安入海南逃时。浩浩荡荡的船队先来到达泉州，蒲寿庚曾表示希望行朝留下来驻驾泉州。张世杰想征用他的船只，蒲寿庚却坚决不同意。张世杰看出他并非真心实意留下行朝，甚至是对行朝另有所图，没有买他的账，而是将船队转移到了潮州。由于行朝数十万人漂泊海上，缺少船只和后勤给养，张世杰又返身泉州，抢劫了蒲寿庚的海船和财产。蒲寿庚恼羞成怒，索性撕掉伪装，屠杀泉州的赵氏宗室三千三百人，淮兵二千五百多人，手无寸铁的士大夫不计其数，然后伙同知州田子真向还在远方的元军献城投降。

行朝在潮州也无法立足，又转往惠州。转年行朝又移至广东的浅湾（南澳岛），受文天祥在江西抗元取得大捷的影响，又亲率淮兵来攻打泉州，蒲寿庚闭城不出。两个月后，元军从海路攻打浅湾，张世杰不敌，拥小皇帝退走秀山（广州南珠江口）；后来又向井澳（广东珠江口外大横琴岛、小横琴岛海湾间）转移，途中陈宜中见事不可为，借口去占城调兵，关键时刻又跑掉了，从此一去不返；十二月，行朝遭到飓风袭击，小皇帝惊恐成疾，张世杰刚收拢好残兵，元军又来攻至，行朝仓皇逃往谢女峡（香港九龙）入海。

又过一年，行朝迁到碙州（广东雷州湾外硇洲岛）。四月，年仅十岁的小皇帝赵昰病死，谥端宗。随行遗臣见此，认为是行朝气数已尽，都想离去自谋生路。这时陆秀夫痛心陈词："度宗皇帝一子尚在，将焉置之？古人有以一旅（五百人）、一城（十平方公里）中兴者，今百官有司皆具，士卒数万，天若未欲绝宋，此岂不可为国邪？"一席话说得众人又燃起了斗志，拥立七岁的赵昺为帝。两个月后，这只流亡的小朝廷，最终移到崖山。

在元军从潮阳港出海刚到甲子门时（今广东陆丰东南家子镇附近），宋军就已收到探报。有幕僚建议张世杰，守住崖门出海口，据此地迎敌，胜是国家的福气，不胜还可以西逃。张世杰却不听劝告，担心军部在外，会有离散之心，所以放弃了对崖门入海口的控制，把千余艘战船背山面海，用大铁锁链连接，四面围起楼栅，组成水寨方阵，不过吸取了焦山战败的教训，将木制战船两侧糊上厚厚的泥浆，防备元军用火来攻。他还烧掉崖山上的行宫和营房，准备跟元军决一死战。

张弘范率军赶到，果然先控制了崖门出海口，因崖山北面水浅，元军战船无法靠近，一时还无法强攻。他没有着急作战，先是切断了宋军的退路，又控制路上淡水水源和粮道。

文天祥对张世杰火烧"行朝草市"感到可惜，对两军实力进行了暗中观察：宋军有巨舰千余艘，将士和民兵二十余万；元军大小船只五百，一部分还在途中，将士只数万，且北人不习水战，对崖山水道又生疏。论实力宋军占优势，两军决战，尚有胜算。如果宋军开战能有胜券，元军中水军主力主要是福建、浙江人，见朝廷得胜很容易倒戈回来，所以两军对决，鹿死谁手还未可知。不过，张世杰作战一向以攻为守，虽然防守严实，文天祥还是感到一丝隐忧："行朝依山作一字阵，绑缚不可复动，于是不可以攻人，而专受攻矣。"（《文天祥全集》卷十六《集杜诗·祥兴》）

张弘范先想到的是劝降，张世杰有一个外甥姓韩，张弘范不但收留了他，还给他官做，又派他去劝降张世杰。去了三次，都

第八章 浩然正气，留取丹心照汗青

被张世杰痛骂回来，张世杰还说："我知道投降后，不仅能够保住自身性命而且能够富贵，但是都不足以撼动我舍身效忠皇帝安危的志向。"张世杰虽有令人诟病的地方，但是他对大宋的忠心日月可鉴，他像所有抗元做出流血牺牲的志士一样，个人的荣华富贵，乃至生命都不足以为惜。

张弘范见张世杰的外甥不成事，接着又派李元帅去劝说文天祥，让文天祥写信给张世杰。文天祥见来人侃侃而谈，沉吟良久，转身取出手书一札，交给来人。并说："我自救父母不得，乃教人背父母可乎？"手书交到张弘范手里，他打开一看，原来是在此之前文天祥写的一首诗《过零丁洋》。对诗词有所擅长的张弘范非常欣赏文天祥的这首诗，连夸："好人！好诗！"自然懂得文天祥诗中的用意，不再提招降之事。

正月二十二日，李恒带领后续部队赶到崖山，与张弘范部会合，元军力量增强。张弘范命他从崖山北面的水道绕到银洲湖，转战到宋军身后，切断宋军退路。这样一来，就把宋军的一字舟城夹在了中间。接着又占领了崖山，断绝供养，对宋军形成夹围之势。

二月初一日，趁着夜黑人静，张世杰的部将陈宝降元。初二日，为了恢复士气，陆续有宋军夜袭元兵，小有斩获。

二月初六日清晨，围困宋军二十多天后，元军部队得到休整，并摸清了水道，后继兵力也越聚越多，张弘范认为决战时机已到。他把主力分成四路，命三路从北、东、西三面向宋军进攻，自己则守在南面的出海口，等待时机进行截击。

两军相接，喊杀声震天，宋军各舰船上击鼓飞旗，大小将领吆喝着挥剑指挥，兵士们阵法有秩，顽强抵抗。靠近中军处，一支梭镖从冲锋在前的元军战船上飞出，正中一位宋将的面门，副统领挺身而出，带领兵士跳上敌船，把船上的二十多名元兵尽数杀灭。

只可惜刚战一会工夫，张弘范就命令鸣金收兵。元军战船纷纷掉头退走，宋军以为元军吃了败仗不禁一阵欢呼。张世杰也手举酒杯，睥睨着元军撤退。他不知道他以守为攻的战术，已将宋军陷入被敌军包围之中，元军看似败退其实是欲擒故纵的一种策略。

待到中午时分，潮水开始上涨，张弘范的帅船上竟然奏起了鼓乐。宋军还以为元军要举行宴会，紧张待战的心松弛下来。没想到的是，元军随即疯狂反扑，张世杰指挥官兵仓促应战，急令向攻过来的元军战船放箭，可是那些箭矢落在元军事先准备好的船篷上，对藏身篷下的元军毫无杀伤力。元军这时又发射大炮，炮石纷纷砸向宋船，宋军伤亡惨重。

经过一轮密集的炮石打击，元军渐渐取得主动权。他们登上固定在一处的宋船，发挥他们短兵相接的长项，与宋兵杀成一团。交战之处一片刀光剑影，血肉横飞，船船相撞浪花激溅，海风裹挟着浓烟和血腥气翻卷着旗幡。早已疲惫不堪的宋兵阵脚大乱，甲板上血肉横飞，掉入海中的死伤者更是不计其数。元军越战越勇，连破七艘宋船，将士伤亡大半。张世杰一看形势不好，下令砍断绳索，向中央靠拢，保护好小皇帝。

这时又有宋将借机投降，好多宋军战船上的旗幡被砍断。张世杰指挥十余艘战船，护卫着杨太后逃出崖山出海口，发现小皇帝赵昺不在船上。又急忙命人回去接驾。

此时天色已晚，海上雾气沉沉，面对元军的重重包围，陆秀夫一个文弱书生虽不能上阵杀敌，但也是个血性男儿。他仿佛看

第八章 浩然正气，留取丹心照汗青

到亿万百姓从此之后被践踏在元军的铁蹄之下，瀛国公、谢太后已经受此大辱，南宋的灭亡趋势无法逆转，既然无力回天，他不愿意小皇帝再受此凌辱。随后作出惊天地泣鬼神的决定，先逼着自己的妻儿跳海，然后跪下对着吓得大哭的小皇帝说："国事至此，陛下当为国死。德祐皇帝辱已甚，陛下不可再辱。"义无反顾地背着幼主跳海殉国。

本来张世杰带着一部分将士冲出重围，血战惨胜的宋军尚有可为，在得知宋帝已被陆丞相背着投海自尽，顿时军心大散，宋室大势已去。获救的杨太后哭道："我忍辱至今，只为赵氏最后一块骨肉。今事已至此，我还有何颜面苟活耶？"趁人不注意也投海自尽。

冲出重围的张世杰逃到螺岛（今广东阳江海陵岛），遭遇海上飓风。部下劝张世杰的船赶紧靠岸，他却不为所动，站在船头迎风傲立，仰天长叹道："我为赵氏，亦已至矣。一君亡，复立一君，今又亡。我未死者，庶几敌兵退，别立赵氏以存祀耳。今若此，岂天意耶？"说着被一阵大浪打来，落水溺死。

"舟遂覆，世杰溺，宋亡。"史书上短短八个字，结束了宋朝有过兴衰荣辱三百一十九年的历史。

3. 远去故国赴一死

祥兴二年（1279年）二月初六日，文天祥经历了这一生最痛苦的一天。他只能站在元军船只的甲板上，观看这场声势浩大，宋军战局最为惨烈的海战。他看到炮火齐发，箭矢在空中如蝗虫过境般狂飞，不断有宋兵中箭倒地，也不断有宋兵奋起迎敌。他也看到，在响彻寰宇的炮火声、鸣镝声、金鼓声、刀枪撞击声中，南宋将士们不惧生死。直到战到山穷水尽，陆丞相背负少帝跳海而亡，许多臣民也紧随其后跳海殉国。

望到眼前惨烈的一幕，国已亡，文天祥岂想偷生，几次要冲到船边跳海以殉之，都被看护他的元军死死摁住：

> 楼船千艘下天角，两雄相遭争奋搏。
> 古来何代无战争，未有锋蝟交沧溟。
> 游兵日来复日往，相持一月为鹬蚌。
> 南人志欲扶昆仑，北人气欲黄河吞。
> 一朝天昏风雨恶，炮火雷飞箭星落。
> 谁雌谁雄顷刻分，流尸漂血洋水浑。

战斗结束后的第七天，海面上飘起浮尸有十万多具。元兵在清理浮尸，忙着捞取浮财时，捞起一具身穿黄衣佩有玉玺的小孩儿尸体，玉玺上有"诏书之宝"四个字。元兵取下玉玺，送到张弘范手上。张弘范断定这是从赵昺身上取下来的物件，急忙命人打捞其尸体，海风裹着浓厚的血腥味和战火的硫黄味，转眼之间又哪能再寻得到。

元世祖至元十六年（1279年）三月十三日，文天祥被张弘范押至广州。次日，张弘范设宴犒劳诸将，文天祥因为身份特殊，张弘范又特别欣赏他的为人与才华，也在被请之列。酒过三巡，张弘范想进一步诱降，语重心长地对文天祥说："国亡矣，忠孝之事尽矣。丞相其改心易虑，以事大宋者事大元，大元贤相，非丞相而谁？"

国亡文天祥只想速死，哪知张弘范偏偏对他"礼遇日隆"。知其另有所图，文天祥不便理睬，但是听到"国亡"二字，还是禁不住流下眼泪，声色凝重地说："国亡不能救，为人臣者死有余罪，况敢逃其死而贰其心乎？"

张弘范听了，不死心又继续劝说："国亡矣，即死，谁复书之？"

文天祥从容说道："商亡，而夷、齐不食周粟，亦自尽其义耳，未闻以存亡易心也。岂论书与不书？"（《文天祥全集》卷十九《附录·文丞相传》）

伯夷和叔齐是商末孤竹国国君的两个儿子，因不满纣王的暴政逃往西周，不料周文王死后，周武王伐纣灭了商国，二人为自己投奔敌国感到羞耻，干脆不食周粟饿死在首阳山。

张弘范听后也为之动容，知其报节守志之心不可动摇，便不再说什么。

酒宴过后，张弘范将文天祥的表现及不杀他的原因，写成奏章上报给朝廷。二十多天后，使臣带回忽必烈的圣旨，其中说道："上有谁家无忠臣之叹，旨令善视公，以来大都。"（《文天祥全集》卷十七《纪年录·注》）忽必烈对文天祥的忠肝义胆很是欣赏，要张弘范将文天祥送到大都听候发落。

眼睁睁看着国家战败，崖山之战不复有国，文天祥还没从战争的阴影中走出来，这时候他的老部下，与文天祥患难与共情同兄弟的杜浒突然来访，文天祥不禁喜极而泣。之前他听说杜浒已战死，没想到还能再见面，只是短短几个月没见，杜浒竟变得形销骨立，不成人形。

原来同都督府自船澳移军潮阳时，杜浒奉命护卫海船去官富场①，因张弘范领兵来犯封锁了海路，无法再转回同都督府，只得去往行朝，在崖山之战被俘后抱病在身，听说文丞相也在广州，不顾病重前来看望。

回想起文天祥起兵勤王时，义军入卫都城驻扎在临安城郊的西湖，意气风发的杜浒与之响应，两人共议救国大计的情景还历历在目；文天祥身陷元营被拘北上，杜浒不离左右，肝胆相照护其周全，不是兄弟却胜似生死兄弟；刚建同都督府时，杜浒奔走呼号，组织抗元力量；文天祥五坡岭兵败被俘时，杜浒虽不在跟前，仍在与元军抵抗到底。如今宋军兵败，两人相见已是亡国人，难免相对哽咽。哪曾想此次一别竟成永诀，数天后，传来杜浒死于狱中的消息，文天祥不胜悲伤，哀叹其曰："呜呼，可谓义士！"

听说文天祥要被押解到大都，好多人前来送别。文璧也特意从惠州前来与兄长告别。这时文璧已将惠州降元。哥哥要对亡宋抱死守节，而弟弟却要做出投降之事，对于这件事，文天祥写给文璧的《寄惠州弟》一诗里，流露出他的态度：

> 五十年兄弟，一朝生别离。
> 雁行长已矣，马足远何知？
> 葬骨知无地。论心更有谁？
> 亲丧君自尽，犹子是吾儿。

---

① 官富场，南宋政府在现今香港九龙东部一带所设的官方盐场。

作为兄长，文天祥在诗中并没有指责文璧的意思。他和弟弟文璧只差一岁，五十年的手足之情非同一般。文璧为人厚道，对兄长也非常敬重。当初在父亲的陪同下，兄弟俩赴京殿试，因父亲身患重病，文璧放弃考试照顾父亲，文天祥才得以顺利参加考试并中了状元。文天祥举义勤王后，转站东西居无定所，一直是文璧在背后默默支持，侍奉母亲，照管文天祥的妻小，料理祖母和母亲的后事。文天祥一心想以身殉国为国家守忠，文璧只好退而保全文家香火以家为重。这次兄长要离别故土被押送到元大都，便再次跟文天祥敲定，将自己的次子过继给他，给哥哥留存一点儿念想。

四月二十二日，张弘范派都镇石嵩和将官囊家歹，押送文天祥北上大都。一同被押解的，还有在崖山被俘的礼部侍郎兼权直学士院邓光荐，他是文天祥庐陵同乡，曾受江万里引荐，随文天祥赞募勤王，擅长诗词，文笔甚佳，两人在路上相互为伴，相互照顾，可谓是无话不说。后来文天祥英勇就义，邓光荐对文丞相友情深厚，为其撰写了《文信国公墓志铭》《信国共像赞》《文丞相传》《文丞相督府忠义传》《哭文丞相》《挽文信公》等诗，邓光荐也因与文天祥交往而留名史册。

从五坡岭侥幸走脱的同督府将官徐榛，听到文天祥要被押解北上，忙从惠州匆匆赶来，自愿陪伴其左右。另外，还有刘荣、孙礼等六人也来相随照应。

石嵩和囊家歹押着文天祥自广州出发，一路北上，经英德、韶州，翻越梅岭进入江西，五月二十五日到达南安军。南安军这座英雄的城池，在江西已经沦陷下，能征善战的元将塔出却在此久攻不下，南安军城守将李梓发率领军民一直战到崖山宋军兵败后四十天，终因势单力孤才致城破，李梓发全家自焚而死，城内军民也同仇敌忾与敌人展开巷战，直到战斗到最后一息。

文天祥路过此处，依然能够感受到英雄的气概犹存。他在《南安军》一诗中写道：

> 梅花南北路，风雨湿征衣。
> 出岭谁同出，归乡如不归。
> 山河千古在，城郭一时非。
> 饥死真吾志，梦中行采薇。

文天祥被元军押送着由南向北走，从广东南雄县（今广东南雄市），越过大庾岭，进入江西大庾县。江西是文天祥的老家，也是他曾经抗元的根据地。想起那时浩浩荡荡的义军队伍，如今只剩他身穿囚衣，形单影只地被押解在去往元大都的路上，但文天祥并没有气馁，他站在历史的高度，化用杜甫的"国破山河在"进而说出"山河千古在"，那些被元军侵占的城池只是暂时地受其管制，它终将会回到属于它的人民的手里。为此他要效仿伯夷和叔齐不食周粟，誓不向元人投降，准备绝食饿死在家乡。

到了江西就等于回到了文天祥的大本营，石嵩和囊家歹异常警觉，在押解的同时不敢掉以轻心，生怕文天祥的旧部前来营救，为了保险起见，改走行程便捷、易于戒备的水路，还干脆将文天祥禁足在船舱里，由贡江水路行往赣州。

虽说是回到自己的家乡，文天祥却以囚徒的身份不得自由。他只好安排孔礼带着他写的《告先太师墓文》（南宋追封文仪为太师）悄悄上岸，替他在老家父亲坟头诵读焚化，并约定在六月初二日到庐陵见面。文天祥开始拒绝进食，他放下舱内的窗帘，静静等待死神的降临，实施他精心计划好的自杀时间，七天后殉节在家乡。

谁知初夏的赣江水流湍急，再加上顺风，船经赣州、万安（今江西吉安市万安县）、泰和，原本计划六月初二日到达庐陵，却提前一天到达。文天祥在焦急地等待孙礼的消息，可是孙礼一直没有出现。原来看押他们的元军根本没让孙礼下船，而是将他囚禁在另一艘船上。

就在这时，在赣州和隆兴一带，不管是驿站、码头、山墙和石壁上，只要是有人群的地方，突然之间张贴出一张《生祭文丞相文》，这篇文章出自曾捐尽家产助文天祥起兵勤王的王炎午之手，他希望文天祥能看到这篇文章，来加速死节，保全在赵宋遗民心中的名节。被囚禁在船舱里的文天祥，又哪里能看到这篇文章。石嵩和囊家歹怕在庐陵生变，只在庐陵稍事休息，便连夜赶路。

人七日不食可以饿死，文天祥自南安开始绝食，不吃不喝七八天的时间，原计划正好到庐陵可以归葬故里。但是文天祥要是死成，石嵩又怎么能向忽必烈交差？他命人控制文天祥的身体捏紧他的鼻子强行灌食。

由于顺风顺水，六月初四日，船已过庐陵抵达丰城，既然没在家乡死成，又有消息说他们将在建康休整的消息，与其被人强行灌食求死不得，不如自己进食，找准机会，像上次镇江脱险那样，给自己一个逃脱的机会。

从广州出发时，文天祥身边还有七个随从，在途中或逃跑或被逐，到丰城只剩下徐榛和刘荣两个人。徐榛尽心尽力照顾文天祥，却因不幸染病死在丰城。这时庐陵好友，当年拒绝文天祥不愿出来做官的张弘毅，这时候竟愿誓死追随文天祥，照顾文天祥的起居和饮食。文天祥心中不胜感激,从此,张弘毅一直留在文天祥的身边。

六月初五日这天船到隆兴。文天祥不止一次到过隆兴:第一次是在开庆元年陪文璧进京殿试;第二次是在咸淳元年任江西提刑;第三次是勤王军被指定在此驻屯;第四次便是这次以囚徒的身份路过这里,他在《隆兴府》一诗中,这样写道:

> 半生几度此登临,流落而今雪满簪。
> 南浦不知春已晚,西山但觉日出阴。
> 谁怜龟鹤千年语,空负鹏鹍万里心。
> 无限故人帘雨外,夜深如有广陵音。

文天祥到隆兴的消息不胫而走,百姓纷纷涌向岸边来观看这位大英雄。邓光荐用笔记录下当时的场面:"观者如堵,北人有骇其英毅者,曰:'诸葛军师也!'"

很快船离开隆兴,穿过鄱阳湖进入长江航道,过池州,到贾似道兵败过的鲁港,于六月二十日到达建康。船队经过长途跋涉,要在此休整,为了防止文天祥再次脱逃,张弘范也赶到建康,亲自部署预防措施和行程。

在建康驻留两个多月的时间,真有江淮义士要营救文天祥,在后来他写给弟弟文璧的信中,曾提道:"居七十多日,果有忠义人约夺我于江上,盖真州境也。及期失约,怅然北行,道中求死,无其间矣。"

八月二十四日,文天祥离开建康,邓光荐因病不能同行,两人就此依依惜别。张弘范命令船只从建康东北面的东阳镇渡江北上,还派水军战舰一路夹持押解舟船,两岸有步兵骑兵沿途巡逻警戒,只在真州一闪而过,不敢停留。这样一来,文天祥与江淮义士商定好的行动计划根本就无法实施。

八月二十一日,船队已经过了扬州、高邮、宝应,到达淮安军(今江苏淮安)。渡过长江就脱离了南宋原来的领地,看守和防范也不需要那么紧张了,囊家歹又去执行新的任务,把押送文天祥的重任交给了石崇。到淮安,过淮河押送的队伍开始走陆路。

九月初七日,从邳州(今江苏省徐州市下辖县级市)前往徐州的路上,赶上这一日,正好是文天祥母亲曾德慈的忌日。想到身受母亲的养育之恩,母亲病逝却不能送葬,文天祥心中无限悲痛,想着母亲生前的教诲,文天祥写下"母尝教我忠,我不违母志",来表达此去赴死的决心。

4. 国亡家破见忠臣

元世祖至元十六年(1279年)十月初一日,经历了一百五十八天的长途奔波,文天祥从广州被押送到元大都。石崇把文天祥送到京城有名的会同馆已是夜晚,可是这里只接待投降的宋朝官员,不收留文天祥这样的囚犯。石崇费了好大一番交涉,文天祥才被安顿在会馆的偏房过夜。

第二天,还是在同样的会馆,馆人与昨天简直是判若两人,不仅给文天祥安排上好的房间,还有美味佳肴款待,说这些都是元丞相孛罗特意吩咐。年轻时候的文天祥,有一阵也是很喜欢奢华的，后来遭逢国家变故，他视这些如过眼烟云，诱惑面前文天祥不为所动。他只吃张弘毅送的饭菜，知道孛罗要来劝降，他身穿宋朝的衣冠面南坐等到天明。

不出文天祥的预料，孛罗虽然没有出面，却派来了留梦炎，昔日南宋的状元宰相。当年文天祥入卫勤王，他勾结陈宜中和黄万石横加阻挠，文天祥到临安后，又被他打发到平江府。元军破独松关时，留梦炎私自逃回衢州老家，衢州陷落随即向元军投降。这种没有骨气的奸臣，文天祥哪有心思听他胡说八道，劈头盖脸将他臭骂一通。直到留梦炎被骂得灰溜溜地走了，仍不解气，又写《为或人赋》，将他这样的人口诛笔伐一顿：

悠悠成败百年中，笑看柯山局未终。
金马胜游成旧雨，铜驼遗恨付西风。
黑头尔自夸江总，冷齿人能说褚公。
龙首黄扉真一梦，梦回何面见江东。

诗中江总和褚公都是什么样的人呢？江总是南朝时梁人，曾任梁太子中书舍人，陈灭梁国后，他入陈国做到宰相之职，整日却不理政务，后来隋灭陈，他又入隋朝做官；褚公是南朝时齐人，是宋武帝的驸马，升为尚书右仆射，后来失节于齐。留梦炎背信弃义叛宋降元，就像江总和褚公，无论生前还是身后，都被世人所不齿。

留梦炎被骂走了。一计不成，孛罗又生一计，派来赵㬎，现在的瀛国公，曾经的德祐皇帝。孛罗倒要看看，你家的皇帝都已经纳降了，作为国家的忠臣，皇帝要是开口说话，你是降还是不降？

第八章　浩然正气，留取丹心照汗青

文天祥一见到九岁的赵㬎，忙将其让到上位，自己面北跪下便拜。不容赵㬎开口，文天祥伏地已是痛哭流涕，嘴里连声说着："乞回圣驾，乞回圣驾……"本来还是个孩子，经历了太多的变故，赵㬎坐在那里，看着文天祥一个劲儿请他回去，也不知道说什么好，只有怏怏地回去了。

前两个劝降都是无功而返，孛罗还是不死心，他见怀柔政策归顺不了文天祥，又派元朝的平章政事阿合马。阿合马善于理财被忽必烈重用，此时正权倾朝野，不可一世。他带着一大帮随员虚张声势地来到会馆，喝令文天祥前来问话。

文天祥来到堂前，伸手作了个揖，然后径直坐到对面。阿合马见惯了对他卑躬屈膝的人，没想到文天祥竟然没把他放在眼里，于是厉声喝问道："知道我是谁吗？"

文天祥从容应答："刚才听人说，知道是宰相要来。"

阿合马说："既然知道我是宰相，为何不跪？"

文天祥不卑不亢反问道："南朝宰相见北朝宰相，为何下跪？"

阿合马碰了个钉子，按住心头怒火，奚落道："既然是南朝宰相，何以至此？"

文天祥朗声说道："南朝早用我为相，北朝可不至南，南朝可不至北。"

阿合马见文天祥说话很硬气，继续施压道："今日你的生死掌握在我的手中。"

文天祥不但不惧怕，还说道："亡国之人，要杀便杀，说什么由你不由你！"

阿合马本想给文天祥一个下马威，没承想他根本不吃这一套，劝降不成反倒气急败坏地打道回府了。

十月初五日，张弘范班师还朝的第二天，便被孛罗和阿合马召去，商议如何劝降文天祥一事。他们一致认为，文天祥被俘到大都的表现，不会轻易就范，只能让他身体上先受点儿苦头，来摧毁他的意志。

当日中午，文天祥被押至兵马司（今北京东城区府学胡同），套上木枷，捆住双手，投入了土牢。兵马司是主管地方军事、维护治安的一个衙门，文天祥就像囚犯一样被关押在里面。张弘毅每日在外面送饭菜过来，都一概被狱吏挡回。每天只有一钱五的伙食费，饭菜还要自己在狭窄阴暗的土牢里做。这还不算，狱吏还呵斥他戴着枷锁浇灌菜地，想着法儿折腾他。在阴暗寒冷尘土扑扑的土牢里，他身上很快生出虱子，长出了癞疮和痈疽。

就这样关了正好一个月，到十一月初五日，文天祥被带到枢密院。可是到了枢密院，却没有人接待，白等一天，到晚上又被押回兵马司关进土牢。初六日一大早又被押到枢密院，还是等了一天，到晚上又白跑一趟。初七日、初八日依然如此。

初九这天，元朝才正式提审文天祥。只见大堂之上场面威严，孛罗高坐正中，张弘范坐次位，左右两旁列坐院判、院签等官员。文天祥虽然被虐待得衣衫褴褛，蓬头垢面，依旧有一副不屈的傲骨，到得大堂上，象征性地作了个揖，便站在一旁。

只听堂上执事兼翻译官长呼一声："跪——"

文天祥掷地有声地说："南朝行揖，就是北朝下跪。我已经礼毕，为何要下跪！"

一向盛气凌人的孛罗按捺不住了，心想，你一个亡国之臣竟敢不跪，还振振有词说得出礼毕，喝令左右一齐上手，按足倚背想强行让文天祥跪下。文天祥挣扎着就是不从，愤而抗议着："你

第八章　浩然正气，留取丹心照汗青

— 271 —

们这样做就是在施刑法,哪还讲什么礼节!"

李罗见来硬的不行,令左右退下,发问道:"时至今日,你有什么话要说?"

文天祥怒斥道:"天下事有兴有废,自古以来帝王将相,灭亡诛戮,何代无之!天祥忠于宋,宋既亡,我今日也只求速死。"

李罗自恃有汉学功底,想在言谈中压倒对方,接过话题说:"你说天下事有兴必有废,那么从盘古到今,共有多少帝王,一一为我说来。"

文天祥不屑地说:"一部浩瀚的十七史,从何说起!我今日不是应博学鸿词科[①],没有时间泛论。"

李罗见文天祥不肯就范,便厉声说:"我因你提到兴废,故问及古今帝王。你既不肯说,那么在古时,有没有人臣将宗庙、城郭、土地送给别国,而自己又逃掉了呢,有此人否?"

这是暗指文天祥出使元营被扣,又从真州脱逃那件事。

文天祥驳斥道:"我奉旨出使伯颜军中,但丞相的任命我并没有接受,却被无理扣押。凡是把国家拱手送人的,那就是卖国,他有利可图,又何必逃掉?既然逃走,就不是卖国。宋朝灭亡,我本应殉节,当时为何不死,是因为度宗还有两个儿子在浙东,我还有老母在广东。"

李罗打断说:"德祐皇帝就不是你的君主吗?"没等文天祥回答,李罗又接着说:"你们抛弃嗣君另立二王,这是忠臣所为吗?"

文天祥坦然作答:"德祐皇帝是我们的君主不假,但不幸失

[①] 博学鸿词科,简称词科,也称宏词或宏博。是科举考试制科的一种,是在科举制度之外,笼络知识分子的一种手段。

国。国一日不能无君，此时社稷为重，君为轻。我们别立君王，是为宗庙社稷着想，为忠臣。相随怀和愍①而北者非忠臣，相随元帝②存宗庙为忠；本朝追随徽、钦二帝到金国的不能算忠臣，而跟随高宗南下的方为忠臣。"

孛罗本想难为文天祥，没想到文天祥对答如流。孛罗一时语塞，坐在一旁的张弘范也暗暗为其叫好。

这时一个院判出来解围，问文天祥："晋元帝、宋高宗上位是有来历的，二王又是受命于谁？"

张弘范也跟着说："问得有道理，二王是逃走的，立得名不正言不顺，有篡位之嫌。"他要看文天祥如何作答。

文天祥思维敏捷，振振有词反诘道："二王是奉太皇太后之命出镇闽广，图谋复兴，如何是无所受命？端宗是度宗皇帝长子，德祐皇帝的亲哥，如何是名不正？登极在德祐已去天位之后，如何是篡位？祥兴皇帝是德祐和端宗的胞弟，继承皇位有何不可？"

孛罗未置可否地说："二王出镇，正当战乱之际，太皇太后的诏命有谁可作证？"

文天祥轻慢地说："天与之，民归之。即使没有传受之命，由天下臣民推戴拥立，又有什么不可？"

孛罗无言以对，又挑话题道："你既为丞相，本应跟三宫走方是忠臣；不然理应率兵出城，与伯颜丞相决一胜负，才是忠臣。"

文天祥立马驳回说："这话可以责陈丞相，不可以责我。我当时并不担任宰相。"

---

① 怀、愍，西晋末年逃跑和降敌的怀帝司马炽和愍帝司马邺。

② 元帝，东晋的开国皇帝司马睿。

孛罗又问:"二王虽立,你又建何功劳?"

文天祥回答:"国家不幸丧亡,我们立新君是为存宗庙。存一天,作为臣子就尽一天做臣子的职责,说什么功劳不功劳。"

孛罗听罢不以为然:"明知道做不得功劳,你又何必去做?"

文天祥听了很是愤怒,便不想再废话:"人臣事君,就好像儿子对待父亲。父亲不幸身患重病,明知病入膏肓,又岂有不下药之理?我尽了心,还不可救,则是天命。今日天祥至此,唯有一死而已,何必多言!"

孛罗见文天祥发怒,他也恼羞成怒道:"你要死,我偏不叫你痛快死,偏要囚禁你!"

文天祥冷笑道:"我以义死,囚禁又如何能伤害到我!"

文天祥后来把这番唇枪舌剑的经历,写进《纪年录》里,并说明:"所记言语,大略如此。当时泛应尚多,不能尽记。"

到十一月初十日,这天是冬至,按元朝惯例,每逢节日停止用刑。文天祥抱定杀身成仁的决心,做好随时就义的准备。可是元朝还是没有放弃劝降他,经过投降元朝的王积翁、谢昌元等宋臣的建议,十二月十一日,派遣道士灵阳子前去狱中劝降。

文天祥从小受外祖父曾珏的影响,对道教、佛教很是心仪,这一点从他对两个儿子道生、佛生起名中可窥见一斑。后来他只潜心道教,自号浮休道人。灵阳子到得狱中,对文天祥大谈"大光明正法",这是道教龙门派从境象角度界定真性的术语,也是身心修行的一个法门。这次讲道,使文天祥看破了生死,更了悟了生命的真谛,也更坚定保持名节的信念。

一心想要杀死文天祥的孛罗,将他的想法上奏到元世祖忽必烈那里,忽必烈没有同意。元朝的许多大臣也不希望杀文天祥,甚至还奏疏文天祥忠于所事，希望对其从宽释放。就连奸诈的留梦炎也附和说："若杀之，则全彼为万世忠臣。不若活之，徐以术诱其降，庶几郎主可为盛德之主。"（《心史·文丞相叙》）

抓住文天祥，又对文天祥待遇有嘉的张弘范，自从灭了南宋小朝廷班师回朝后，因在南方染上的瘴疠，久治不见好转。这位元朝的大功臣，在临死之前，建议忽必烈不要杀文天祥。忽必烈也想要显示自己的皇恩浩荡，见劝降失败，便将文天祥先囚禁起来，等待有朝一日想通了就会为自己所用。

5. 成仁取义传千古

进入寒冬腊月，天气越发寒冷。文天祥被囚在阴暗狭窄，地势低洼的土牢内，门窗矮小，四周墙壁却高三尺二，终日进不得一丝阳光。在这里时间仿佛是静止的一样，长夜漫漫日长似岁。在苦闷的煎熬中，文天祥的内心却并不孤独，他心怀古国，思念亲友，为了对抗元朝对他的折磨和打击，他将自己的思绪融进诗里，开始编辑和创作《指南录》和《集杜诗》。

文天祥整理出《指南录》共分四卷，是在南宋王朝还没有灭亡之前写就。第一卷写德祐二年正月入朝觐见宋恭帝，到出使元营被拘，共十八篇诗作；第二卷写被驱北上的路途记录，多是凭吊战场和战友，共十五篇诗作；第三卷写从京口冒死逃脱，出真州，过扬州，至高沙，到通州以图再兴，共四十四首诗作；第四卷写东归途中和南剑起兵前后的经历和感怀，共二十九首诗。将《指南录》里面的诗序串联起来看，类似于现在意义上的自传体小说，纪实性非常强。

在诗歌创作上，文天祥受杜甫影响很大。他用集句诗①的方式，把杜甫的诗句重新组合成五言绝句，创作出二百首一卷的《集杜诗》，并在序言中袒露道："子美与吾隔数百年，而其言语为吾用，非性情同哉。昔人评杜诗为'诗史'，盖其以咏歌之辞寓记载之实，而抑扬褒贬之意灿然于其中，虽谓之史可也。予所集杜诗，自余颠沛以来，事变人事，盖见于此矣，是非有意为此诗者也。后之良史，尚庶几有考矣。"

文天祥严谨认真的创作态度，有意识地把《集杜诗》作为诗史来写。诗中通过自身经历所见所闻，记叙南宋败亡这一重大历史事件和相关的人物，时间跨度从起兵赣州到五坡岭被俘被囚禁大都，在中国文学历史上具有开创性地位。

在文天祥潜心诗歌创作的同时，小窗外的枝头上已悄悄萌发新绿，原来春天不会因为这里是禁锢自由的地方而吝惜它的生机。同样在这春天里，文天祥收到来自女儿柳娘的书信。自从空坑被俘后，欧阳氏和柳娘、环娘被李恒押送在大都，三年来她们穿着道袍，整天过着寄人篱下的生活。

看到女儿的书信，文天祥悲喜交加。同在大都近在咫尺，亲人却不得相见。女儿的书信，字里行间尽满是哀劝他归顺元朝之辞。原来忽必烈为了劝降他，真是费尽心思，想利用亲情来撼动他以死报国的决心。文天祥写下《得儿女消息》来不改其志：

---

① 集句诗，又称集锦诗。选取现成的诗句，再巧妙集合成新诗。

故国斜阳草自春，争元作相总成尘。

孔明已负金刀志，元亮犹怜典午身。

肮脏到头方是汉，娉婷更欲向何人？

痴儿莫问今生计，还种来生未了因。

（《文天祥全集》卷十四《指南后录·得儿女消息》）

这首诗既回答了女儿的问题，又表明他坚持自己操守的决心。他要像诸葛亮扶助刘备兴复汉室那样，鞠躬尽瘁死而后已；也要像陶渊明忠于司马氏一样，尽忠于赵宋王朝。他多么希望国顺民安，来生与女儿还做父女，再续父女之情，天伦之乐。

就像文天祥在一首诗中说的那样："人谁无骨肉？恨与海俱深。"难道文天祥不想念、不心疼自己的妻女，不希望她们过得更好一点儿吗？只是国家败亡，遭逢乱世，亲情在挫败敌人企图面前，是把双刃剑，对敌人的毫不留情，也是对亲情的决绝，这是一种痛苦的抉择。

随后他给流落到大都的一座寺庙里，又被家铉翁赎出的大妹文懿孙的书信中坦言：

收柳女信，痛割肠胃。人谁无妻儿骨肉之情？但今日事到这里，于义当死，乃是命也，奈何奈何！途中有三诗，今录至。言至于此，泪下如雨……

《邳州哭母小祥》（原诗略）

《过淮》（原诗略）

《乱离歌六首》（原诗略）

一、读此三诗，便见老兄悲痛真切之情。事至于此，为之奈何！兄事只待千二哥至，造物自有安排。

一、可将此诗呈嫂氏，归之天命。仍语靓妆、琼英，不曾周旋得，毋怨毋怨！徐妳以下，皆可道达吾此意。当此天翻地乱，人人流落，天数，奈何奈何！

一、可令柳女、环女好做人，爹爹管不得。泪下，哽咽。

一、此诗仍可纳之千二哥。

兄文天祥家书，达百五贤妹

信中的"千二哥"当指文璧，"百五贤妹"当指文懿孙。"途中有三诗"当指文天祥被押北上一路写下的诗作中的三首。这是文天祥写给大妹的信，信中文天祥也特别提到给妻子及女儿看的信，可惜文懿孙没能收到，欧阳夫人极其他们的女儿也没能看到，而是落到了时任元朝兵部尚书王积翁手里。几年后他出使日本，在使船上因强征来的船工哗变被杀，他死后，此信被其子季境在家中的故纸堆里发现，作为珍贵墨宝得以保存下来。

元世祖至元十七年（1280年）五月，文璧接到元朝的诏令来到大都。这时候忽必烈已按惯例去上都（今内蒙古锡林郭勒）避暑，要等九月才能返回。至元十八年（1281年）春，忽必烈在宴殿召见文璧，任命文璧为元朝少中大夫、惠州路总管兼府尹。有大臣向忽必烈介绍文璧就是文天祥的弟弟，忽必烈一怔问道："谁是文天祥？"左右忙说："就是文丞相。"说到文丞相，忽必烈才恍然大悟道："是好人也。"忽必烈非常看重文璧的稳诚持重，热情地款待了他，还对他寄予厚望，希望他以手足之情说服他的哥哥归顺元朝。

兄弟俩一个被囚禁在元朝的土牢里，一个在元朝做官。文天祥闻听弟弟来大都，知其也要来劝降，便在《闻季万至》一诗中，表达了他跟弟弟虽是一奶同胞的兄弟，却不愿同在元朝统治的天下苟活：

> 去年别我旋出岭，今年汝来亦至燕。
> 弟兄一囚一乘马，同父同母不同天。
> 可怜骨肉相聚散，人间不满五十年。
> 三仁生死各有意，悠悠白日横苍烟。

诗中文天祥对兄弟二人的境遇，做了鲜明的对比。字里行间并没有斥责弟弟，还说到"三仁生死各有意"，其中"三仁"是指古时候的微子、比干和箕子，引自孔子所说的殷有三仁：殷纣王淫乱不堪，微子劝说无效便选择离开；比干冒死进谏，纣王发怒将其剖胸挖心而死；箕子见状非常害怕，装疯被囚得以全身而退。虽然他们表达的方式不同，但都是出于自己的本心，来表达对纣王的不满。

在文天祥看来，他们弟兄三个，要像"三仁"那样各有其志：身为长子的他原为国尽忠而死；作为二弟文璧，选择入仕元朝，其原因是以家为孝；作为三弟的文璋，选择隐居在山中读书，不闻世间事。正如文天祥给继子文陛的信中所说："吾以备位将相，义不得不殉国；汝生父与汝叔姑，全身以全宗祀。惟忠惟孝，各行其志矣。"

文璧准备启程回江西临江府（今江西樟树市）去上任，临别时，给哥哥送去四百贯元钞，文天祥很反感："此乃异物，我不要。"文璧羞愧地收起钱。后来文璧遵从哥哥的嘱托，将哥哥的诗稿不远千里带回家乡妥善地保留下来，并在哥哥就义后，在祖宅为哥哥立下祠堂，教育家中后辈，不可忘记文天祥舍生取义的精神。文璧陆续寻回两个妹妹，还将文天祥的妻子、女儿赎回到身边，提供给她们安稳的生活。

八月十五中秋节，举家欢乐家人团圆的日子。文天祥站在阴暗潮湿的土牢里，隔着小窗望不见夜空中那轮圆满的月。曾经是一大家子的人，妻贤妾美，儿女绕膝，如今却亡的亡，散的散。还好这天有原南宋宫廷琴师汪元亮携琴来看望文天祥。

汪元亮擅于写诗填词，对琴艺又很精通，曾是侍奉谢太后和宫中女官王昭仪的琴师。自临安沦陷后，他随三宫入燕，忽必烈赏识他的才华，封他做官被他一口谢绝，他不愿侍奉元朝，甘愿放下红尘为黄冠道士。

文天祥雅好弹琴，在这月圆之夜，二人以琴会友。汪元亮更是一展琴技，借景生情弹奏起《胡笳十八拍》。胡笳曲是古乐府琴曲名，是汉末才女蔡文姬被匈奴掠去后，借用胡笳哀怨的音调，创作"文姬归汉"的琴曲。琴音如诉如泣，悲怆沉郁，令人为之断魂。两人嗜好相同，弹琴论诗互为慰藉相谈甚欢，直到东方破晓汪元亮才离去。

一个多月后，汪元亮又来到土牢看望文天祥。文天祥赠他新写的《胡笳曲》组诗，在诗中，文天祥忘不了元军在战争中的破坏和杀戮，沉痛地写下："中天月色好谁看？豺狼塞路人烟绝""恸哭秋原何处村？千村万落生荆杞""江头宫殿锁千门，千家今有百家存""汉家山东二百州，青是烽烟白人骨"。

文天祥不但赠给汪元亮新写的诗，还赠予他一些旧作。汪元亮将这些诗作带出土牢，人们私下里争相传诵，为诗中的气节所感。

前来慕名求诗的人，也越来越多，有的还将他的诗作偷偷刊印带到南方，被南宋遗民寄以情思，广为流传。

元至元十八年（1282年）五月十七日，是夜大都突降暴雨。密集的雨点顷刻间汇集成一片汪洋，不断地从低矮的门缝间漫入土牢，不大会儿的工夫就淹过木床。文天祥连忙呼喊着狱卒，由于雨太大，狱卒也懒得过来看上一眼。黑暗中，老鼠也从它墙根的洞穴里逃出来，在水中"吱吱"乱叫着，在水中扑腾了一阵，最终溺死。文天祥抱着枕头，站在床上直到天亮。云开雾散太阳也出来了，终于等到狱卒过来打开土牢的门开沟排水，一开沟渠，积水就像决堤一样倾泻而出。

积水刚排出去，阳光又开始炙热起来，土牢内空气不流通，一阵风吹来，潮热的空气夹杂着隔壁狱卒做饭的烟火味和不远处谷仓粮食发霉味，还有死老鼠和厕所的臭味。在这恶劣的环境中，并没有摧毁文天祥的意志，他在土牢内，写下流传千古的《正气歌》：

余囚北庭，坐一土室。室广八尺，深可四寻。单扉低小，白间短窄，污下而幽暗。当此夏日，诸气萃然：雨潦四集，浮动床几，时则为水气；涂泥半朝，蒸沤历澜，时则为土气；乍晴暴热，风道四塞，时则为日气；檐阴薪爨，助长炎虐，时则为火气；仓腐寄顿，阵阵逼人，时则为米气；骈肩杂遝，腥臊汗垢，时则为人气；或圊溷，或毁尸，或腐鼠，恶气杂出，时则为秽气。叠是数气，当之者鲜不为厉。而予以孱弱，俯仰其间，于兹二年矣，幸而无恙，是殆有养致然尔。然亦安知所养何哉？孟子曰："吾善养吾浩然之气。"彼气有七，吾气有一，以一敌七，吾何患焉！况浩然者，乃天地之正气也，作正气歌一首。

天地有正气，杂然赋流形。下则为河岳，上则为日星。
于人曰浩然，沛乎塞苍冥。皇路当清夷，含和吐明庭。
时穷节乃见，一一垂丹青。在齐太史简，在晋董狐笔。
在秦张良椎，在汉苏武节。为严将军头，为嵇侍中血。
为张睢阳齿，为颜常山舌。或为辽东帽，清操厉冰雪。
或为出师表，鬼神泣壮烈。或为渡江楫，慷慨吞胡羯。
或为击贼笏，逆竖头破裂。是气所磅礴，凛烈万古存。
当其贯日月，生死安足论。地维赖以立，天柱赖以尊。
三纲实系命，道义为之根。嗟予遘阳九，隶也实不力。
楚囚缨其冠，传车送穷北。鼎镬甘如饴，求之不可得。
阴房阗鬼火，春院闭天黑。牛骥同一皂，鸡栖凤凰食。
一朝蒙雾露，分作沟中瘠。如此再寒暑，百疠自辟易。
嗟哉沮洳场，为我安乐国。岂有他缪巧，阴阳不能贼！
顾此耿耿在，仰视浮云白。悠悠我心悲，苍天曷有极。
哲人日已远，典刑在夙昔。风檐展书读，古道照颜色！

元至元年十九年（1282年）三月，元朝发生了一件震动朝野的事件：善于理财，专权暴敛的权臣阿合马被暗杀。忽必烈急需有才能的宰相，辅佐他对内巩固政权，对外扩张领土。当他询问南北丞相谁最贤能时，群臣说北人当属耶律楚材，南人非文天祥莫属。一个是社稷之臣，一个是有忠肝义胆不屈于荣华富贵，又博学多才，忽必烈听后连连点点头。

耶律楚材此时已驾鹤西去，可文天祥还活着，忽必烈有意要请文天祥出来做丞相。王积翁和谢昌元马上将这个好消息告诉了文天祥，文天祥不为所动，他说："诸君义同鲍叔，而天祥事异管仲。管仲不死，而功名显于天下；天祥不死，而尽弃其平生，遗臭于万年，将焉用之？"（《文天祥全集》卷十九《附录·丞相传》）

忽必烈知道文天祥不愿出来为元朝所用，也因有臣子说："当今不杀文丞相，君义臣忠两得之。"便将这事暂且搁置起来。新任右丞相麦术丁，却视文天祥为劲敌。五年前，麦术丁任江西行中书省左丞，正值文天祥率领都督府军转战到江西，他非常知晓文天祥的威望，既然文天祥不肯出仕，他不但没收了文天祥的诗稿，为绝后患还极力主张杀掉文天祥。

事也凑巧，这时太子真金截获一封匿名信，信中说："两卫军尽足办事，丞相可以无虑。"又说："先焚城上苇子，城外举火为应。"两件事加在一起，元朝不由得联想到土牢中的文天祥。于是全城戒严，还将瀛国公赵㬎和全太后母子，以及被封为平原郡公的福王赵与芮等赵宋宗室，全部迁往上都以北。

这件事让忽必烈忧心忡忡，特意从福建请来得道高僧妙曦，请他占卜星相。妙曦预言说："十一月土星犯帝座，恐生有变。"果然在中山府（今河北定县）的薛保住聚众造反，自称是宋朝赵室的后代，聚集义士两千人，扬言要劫狱救出文天祥。

十二月初八日，文天祥被带到元朝的大殿之上，他见忽必烈依然是长揖不拜。忽必烈要为劝降他做最后的努力："你在此已经三年之久，如果能改心易虑，像故宋一样对待我大元，朕即用你当中书丞相。"

文天祥眼睛一横，早已下定决心："天祥受宋朝三帝恩惠，号称状元宰相，今事二姓，非所愿也。"

忽必烈追问:"所愿为何?"

文天祥从容作答:"宋无不道之君,无可吊伐之民,不幸太皇太后年老体迈,恭帝幼小无知,权臣误国,用舍失宜。你们利用叛将叛臣,攻入国都,毁其宗社。天祥相宋于再造之时,宋亡,天祥当速死,不该再活在世上。"

忽必烈见文天祥心如铁石,便加大筹码:"你不愿做相臣,也可为枢密使掌管军事。"

文天祥死意已决:"一死之外,别无所求。"

忽必烈命文天祥退廷。文天祥刚去,孛罗上奏:"天祥不愿归附,当如其请,赐之死。"忽必烈仍是犹豫不决。麦术丁急了,上前一步劝道:"文天祥在宋人中的号召力,本朝将帅无人能比,如果把他放了,他必回江南鼓动天下,为国家大患,不如从其所请,以绝祸根。"

忽必烈终于准奏。

第二天,至元十九年(1282)十二月初九,大都的柴市刑场(今北京西城区菜市口西)上,文天祥面南而拜,说道:"我宋列圣在天之灵,愿俾天祥早生中原,遇圣明之主,当剿此胡以伸今日之恨。"

宣谕使问:"丞相今有甚言语?回奏尚可免死。"

文天祥断然道:"死则死耳,尚何言!"

说完引颈受刑,年仅四十七岁。

忽必烈决定杀文天祥又后悔了,但是诏令送达刑场为时已晚,事后他自责道:"文丞相好男子。不为吾用,一时轻信人言杀之,诚可惜也。"(《说郛》卷九十七《效颦集·文文山传》)

文天祥的夫人奉旨收尸,在衣带里,发现文天祥写的一首《自赞》诗：

> 吾位居相国，不能就社稷、正天下，军败国辱，为囚虏，其当死久矣。倾被执以来，欲引决而无间。今天与之机，谨南向百拜以死。
>
> 孔曰成仁，孟曰取义。
> 唯其义尽，所以仁至。
> 读圣贤书，所学何事？
> 而今而后，庶几无愧！

至元二十一年（1284年），张弘毅将文天祥的灵柩送回家乡庐陵，安葬在离富川二十里的鹜湖大坑虎形山。

到了元至治三年（1323年），庐陵已改为吉安县。吉安郡学乡贤祠为文天祥塑像以供奉，又在城南的忠节祠增设了他的塑像。文天祥从小的誓言得以实现，位列欧阳修、杨邦乂、胡铨、周必大、杨万里之中，成为了"五忠一节"的一员。

被文天祥视为敌国的元朝，在南宋的土地上血腥屠杀，国土虽遭沦丧，但像文天祥一样死忠于宋的志士仁人不胜枚举，他们表现出的气节，为后世所敬仰。历史学家说："宋之亡，不亡于皋亭之降，而亡于潮阳之执；不亡于崖山之崩，而亡于燕市之戮。"文天祥舍生取义的浩然正气，与那些英魂一样充沛在天地间，铸就出威武不屈的魂魄。

主要参考书目

[1] 文天祥．文天祥全集 [M]．北京：中国书店，1985．

[2] 杨德恩．文天祥年谱 [M]．北京：商务印书馆，1939．

[3] 郭晓晔．文天祥传 [M]．北京：中国文史出版社，2020．

[4] 王国平．南宋史研究丛书（全集）[M]．北京：人民出版社，2008．

[5] 易中天．易中天中华史 [M]．杭州：浙江文艺出版社，2016．

[6] 何郁．文天祥传 [M]．长春：长春出版社，2017．

[7] 刘文源．文天祥研究资料集 [M]．北京：中国社会科学出版社，1991．

[8] 周新曙．历代进士殿试策对名篇赏析 [M]．武汉：湖北长江出版社集团、湖北人民出版社，2010．

[9] 史在新，刘敬堂．文天祥别传 [M]．北京：中国文史出版社，2019．

[10] 江西省历史协会．浩然正气 [M]．南昌：江西教育出版社，1988．

[11] 刘文源．文天祥诗集校笺 [M]．北京：中华书局，2018．

[12] 夏彦章. 文天祥诗文赏析[M]. 成都：巴蜀书社，1994.

[13] 杨正典. 文天祥的生平和思想[M]. 济南：齐鲁书社，1992.

[14] 杨友今. 文天祥[M]. 北京：中国广播电视出版社，2006.

[15] 陈清泉. 文天祥[M]. 上海：上海人民出版社，1982.